KB265343

영국 노동불안기 연구
- 영국사의 전환점 1911~1914 -

김 명 환

서울대학교 서양사학과를 졸업했으며 동대학원에서 석사 및 박사 학위를 받았다. 2002~2003년 영국 케임브리지 대학 사학과에서 연구교수로 활동했으며, 2009~2010년에는 미국 컬럼비아 대학 사학과에서 연구교수로 활동했다. 신라대학교 인문과학 연구소장을 역임했으며 현재 신라대학교 사학과 교수로 있다.

저서 | 『영국의 위기 속에서 나온 민주주의』, 『영국의 위기와 좌우파의 대안들』, 『영국 사회주의의 두 갈래 길』, 『서양의 지적 전통 II』(공저), 『역사와 혁명』(공저), 『옥스퍼드 영국사』(공역), 『근대 세계 체제』(공역)

논문 | 「페이비언 사회주의의 렌트 개념」, 「제국주의에 대한 페이비언들의 태도」, 「자유와 재산 방어 연맹의 빈곤과 임금제에 대한 해석」, 「자유와 재산 방어 연맹의 개인주의와 사회주의 개념」, 「영국 자유주의의 다섯 가지 기원」, 「보수파, 보수주의, 기업 옹호 자유주의 : 자유와 재산 방어 연맹을 중심으로」 등.

영국 노동불안기 연구 - 영국사의 전환점 1911~1914 -

김 명 환 지음

2011년 11월 30일 초판 1쇄 발행

펴낸이 | 오일주
펴낸곳 | 도서출판 혜안
등록번호 | 제22-471호
등록일자 | 1993년 7월 30일

⏣ 121-836 서울시 마포구 서교동 326-26번지 102호
전화 | 3141-3711~2 / 팩시밀리 | 3141-3710
E-Mail hyeanpub@hanmail.net

ISBN 978-89-8494-437-4 93920

값 25,000 원

영국 노동불안기 연구
-영국사의 전환점 1911~1914-

김 명 환 지음

혜안

(위) 1911년 8월 철도원들의 파업에 운수노동자들의 동조파업이 시작되면서 리버풀 파업은 총파업으로 치달았다. 사진은 리버풀의 세인트 조지 광장St. George's Plateau에 운집한 사람들을 보여주고 있다. 양복을 입고 스트로보우터straw boater 나 바울러bowler 모자를 쓴 사람들과 노동자 캡을 쓴 사람들이 뒤섞여 있다. 리버풀 파업에 중간계급의 호응이 컸다는 점을 알 수 있다. 사람들이 올라갈 수 있는 곳이면 어디든지 올라가 빼곡히 들어차 있는 모습이 흥미롭다.

(아래) 리버풀의 세인트 조지 광장St. George's Plateau에 운집해 있는 사람들의 모습이다. 노동자계급의 캡cap 모자와 중간계급의 스트로보우터steaw boater와 바울러bowler 모자가 뒤섞여 있는 것을 볼 수 있다. 사진에 보이는 3개의 배너에는 모두 배가 그려져 있어서 노동자들의 성격을 짐작하게 한다. 모여 있는 사람들이 예외없이 모자를 쓰고 있는 모습도 이채롭다.

(위) 파업의 와중에 한켠에서 놀이를 즐기고 있는 사람들의 모습이다. 그림자로 보아 해가 뉘엿뉘엿 지는 저녁 무렵인 것 같고, 아마도 크리킷 게임을 하고 있는 것으로 보인다. 머리를 빡빡 깎은 아이들이 제각기 심각한 표정을 짓고 있는 것이 매우 재미있다. 공을 치려고 포즈를 취하고 있는 아이의 모습은 야구로 치면 마치 홈런이라도 날릴 것 같은 진지함을 보여준다. 아이들이 맨발로 서있는 점도 흥미롭다. 사람들 뒤에는 건물에 에일Ale이라는 문귀가 선명하게 보인다.

(아래) 리버풀의 로드 가Lord Street에서 벌어진 행진을 보여준다. 제복을 입은 승무원들과 노동자캡을 쓴 비숙련노동자들이 함께 행진하고 있다. 파업 과정에서 숙련공과 비숙련공들이 연합하고 있음을 보여주고 있다. 가운데 행진하는 사람은 파업자 수를 250명이라고 보고한 기사에 항의해 1,000명임을 주장하는 플래카드를 들고 있다. 옛날이나 지금이나 시위자의 수자에 대해 다르게 집계하는 사례는 동일한 것 같다.

(위) 1911년 8월 13일의 검은 일요일 사건으로 절정을 이룬 리버풀 총파업과 8월 17일 전국 철도파업이 일어나는 와중에 8월19일 리버풀의 머지강에는 군함 안트림 HMS Antrim 호가 출현했다. 이 배는 며칠 여기에 정박해 있다가 조용히 사라졌다.

(아래) 성냥공장 여공들의 모습. 신조합주의 운동으로 영국 노동운동의 성격에는 큰 변화가 일어났다. 신조합주의 운동이 시작된 지 20년 만에 노동불안기가 시작되었다. 신조합주의 운동의 문을 연 것은 성냥공장의 여공들이었다. 1888년 브라이언트 앤드 메이 Bryant and May 성냥공장에서 여공들은 파업을 일으켰다. 앳된 모습으로 보아 여자들은 10대로 보인다. 하지만 이들의 무표정한 얼굴에서 10대 소녀의 발랄한 모습은 찾아보기 어렵다.

(위) 노동불안기를 지나며 영국의 정치 지형에는 커다란 변화가 일어났다. 1차 대전 후 노동당은 제1야당으로 부상했다. 1918년 선거권이 모든 성인 남자와 30세 이상의 여성들에게로 확대되며 노동당의 득표율은 현저히 증가했다. 노동당은 1923년 12월 선거에서 득표율과 의석수는 비록 1/3에 못 미쳤지만 자유당과 연합해 1924년 최초로 집권하게 되었다. 사진은 노동당 1차 내각의 모습이다. 앞줄 왼쪽에서 다섯 번째의 사람이 수상 맥도널드R. MacDonald이다. 맨 뒷줄 왼쪽에서 첫 번째가 시드니 웹Sidney Webb이다.

(아래) 1929년 노동당 2차내각의 모습이다. 1929년 선거는 21세 이상의 여성 모두에게 선거권이 주어지며 치러진 선거였다(이를 플래퍼flapper-경박한 젊은 여성을 일컫는 말-선거라고 부른다). 영국 역사상 사실상 첫 번째의 보통선거였다. 노동당은 선거에서 최다득표를 하지 못했지만 다수의석인 287석을 확보하며 의회 내 제1당이 되었다. 앞줄 왼쪽에서 네 번째부터 필립 스노우든Philip Snowden, 램지 맥도널드Ramsey MacDonald, 아더 헨더슨Arthue Henderson, 시드니 웹Sidney Webb이 앉아 있다.

(위) 1929년 6월 노동당 2차내각의 각료들의 모습. 다우닝 스트리트 10번가에서 찍은 사진이다. 노동당은 최초의 보통선거 이후 실세의 집권 정당으로 출발하려 하고 있었지만 몇 개월 뒤 불어닥칠 대공황의 충격을 누구도 알지 못하고 있었다. 앞줄에 왼쪽부터 차례로 램지 맥도널드Ramsey MacDonald, 아더 헨더슨Arthur Henderson, 시드니 웹Sidney Webb의 모습이 보인다. 뒷줄 가운데 사람은 보건상 아더 그린우드Arthur Greenwood이다.

(아래) 1931년의 거국내각을 찍은 사진이다. 대공황의 충격은 결국 노동당을 분열시켰다. 수상 맥도널드는 보수당과 연합해 거국내각을 구성했다. 앞줄 왼쪽에서 첫 번째가 필립 스노우든Philip Snowden, 세 번째가 램지 맥도널드Ramsey MacDonald이다.

10년 만에 치러진 1945년의 총선에서 노동당은 거의 과반수에 달하는 득표율을 올렸고 의석수에서 보수당을 거의 두 배 가까이 압도했다. 이 선거에서 노동당은 복지국가의 청사진을 제시했다. 앞줄 세 번째부터 크립스 Cripps, 그린우드 Greenwood, 베빈 Bevin, 수상인 애틀리 Atlee, 모리슨 Morrison, 달튼 Dalton의 순으로 앉아 있다. 뒷줄 왼쪽에서 첫째가 베 번 Bevan이다.

서 문

지금으로부터 정확하게 백 년 전인 1911년 영국에서는 노동불안기Labour Unrest라는 시기가 시작되었다. 1912년 건조된 타이타닉Titanic호가 상징하듯 영국 자본주의는 이 시기에 절정기에 도달하고 있었다. 하지만 바로 이 시기에 영국은 산업혁명 이후 노동자를 포함한 일반인common people들로부터 가장 거센 항의를 받고 있었다. 마치 타이타닉호가 침몰하였듯이 영국도 침몰할지 모를 상황이 벌어지고 있었다. 몇 년을 두고 계속된 노동불안기의 거센 항의들은 1차 세계대전(1914년 8월)이 터져 영국이 전쟁에 돌입하고 나서야 비로소 진정될 수 있었다. 그렇지만 1차 세계대전이 끝난 후 영국의 민주주의와 자본주의에는 많은 변화가 일어났다. 노동불안기는 영국 사회에 어떤 충격을 주었던 것일까?

내가 노동불안기에 대해 접하게 된 것은 신디칼리즘에 대한 연구를 하는 과정에서였다. 영국의 신디칼리즘은 애초에 내가 흥미를 가졌던 주제는 아니었다. 여기에 대해 연구하게 된 것은 순전히 길드 사회주의 때문이었다. 길드 사회주의는 페이비언 사회주의를 연구하는 과정에서 흥미를 가지게 된 사상이었다. 그러고 보면 언급한 사상들은 연구 과정에서 다 연결이 되어 있는 셈이다. 이런 연구들이 어떻게 연관이 되어 내가 노동불안기에 대해 관심을 가지게 되었는지를 이야기해 보겠다.

페이비언 사회주의는 내가 처음 연구 주제로 삼은 것으로 영국의 주류 사회주의라고 할 수 있었다. 이 사회주의는 1880년대에 출현했다. 그런데 나는 이 사상에 대한 연구를 하는 과정에서 1910년대에 페이비언 협회 내에서 웹S. Webb이나 쇼G. B. Shaw같은 주류 페이비언들에 대해 도전이 제기되었다는 사실을 알게 되었다. 도전을 제기한 사람들은 코울G. D. H. Cole과 같은 대학에 있는 젊은 페이비언들이었다. 이들은 페이비언 사회주의에 대해 논리적인 이의를 제기했다. 길드 사회주의라고 불린 이 사람들의 아이디어는 페이비언들의 이론과 근본적으로 대비되는 부분이 있어 나의 흥미를 끌었다. 그런데 길드 사회주의를 연구하다 보니 페이비언 협회 내에서 일어난 길드 사회주의자들의 반란이 길드 사회주의자들만의 머리 속에서 나온 작품이 아니었다는 점을 발견하게 되었다. 길드 사회주의자들은 당시 출현한 또 하나의 사상에 크게 영향을 받았던 것이다. 그 사상은 톰 만T. Mann과 같은 사람에 의해 주장된 신디칼리즘이었다.

그래서 신디칼리즘에 대한 새로운 이해가 필요해졌다. 왜 길드 사회주의자들은 신디칼리즘에 공감하게 되었을까? 페이비언 사회주의자들은 신디칼리즘을 노골적으로 비판했음에도 불구하고 왜 협회 내에서는 이들에 공감하는 사람들이 출현하게 되었을까? 페이비언 협회 내에서 길드 사회주의의 반발이 일어난 시점은 1912년 무렵이었다. 그런데 이 시기에 영국에서는 신디칼리스트 운동이 최고조에 도달하고 있었다. 길드 사회주의자들의 출현은 바로 이 신디칼리스트 운동과 큰 연관 관계를 가지고 있었다. 결국 신디칼리스트 운동이 고조되었던 1910년대의 영국적 상황이 페이비언 협회 내에서 새로운 생각을 가진 사람들이 출현하도록 만들었으며, 길드 사회주의자들의 반란을 야기했던 것이다.

　노동불안기Labour Unrest라는 시기에 관심을 가지게 된 것은 바로 영국에서 신디칼리스트 운동이 활발하게 일어난 이 시기가 노동불안기로 규정된다는 점을 알게 되었기 때문이다. 노동불안기는 대체로 1911년에서 1914년에 걸친 시기로(혹은 1910년 후반부터 1914년의 기간으로 잡기도 한다) 규정된다. 이 시기에 노동운동은 이전 시기에 비할 수 없을 만큼 활발해졌고 공격적이 되었다. 공격적인 노동운동은 웨일즈의 탄광지대, 런던의 여러 부두 지역들, 리버풀의 부두와 물류거점들, 헐의 항구 지역들에 이르기까지 동서남북을 휩쓸고 있었다. 파업은 단순 파업에서 나아가 총파업으로 이어졌으며, 리버풀Liverpool과 같은 곳에서는 총파업에서 한 발 더 나아가 파업 지도부에 의해 국가 권력이 잠시 정지되는 모습까지 나타났다.

　노동불안기 동안 노동자들의 운동은 아일랜드 독립 문제, 여성 참정권 문제 등과 복합적으로 작용하면서 영국의 체제에 커다란 변화를 요구했다. 영국의 노동자들은 일찍이 이런 정도의 규모와 강도로 기존 질서에 항의한 적이 없었다. 도대체 이 시기는 어떤 성격을 갖는 것일까? 이런 의문이 노동불안기에 대한 나의 관심을 증폭시켰던 것이다. 이런 의문에 대해 대답해 나가는 과정에서 나는 노동불안기가 영국의 민주주의와 관련해 커다란 의미를 지닌다는 생각을 갖게 되었다.

　우리들이 가지고 있는 영국 역사에 대한 편견의 하나는 ‘영국이 민주주의를 일찍부터 순조롭게 발전시켜온 나라’라는 인식이다. 사실 이런 인식은 너무나 깊어 대부분의 사람은 영국 하면 의회 민주주의의 국가라는 이미지를 떠올리며, 아울러 영국은 의회 전통이 오래된 나라라는 점을 함께 떠올린다. 하지만 여기에는 치명적인 함정이 숨어 있다. 사람들은 ‘의회’라는 단어에 기만당한다. 사람들은 마치 의회가 ‘민주주의’와 등치되는 개념인 것처럼 생각하기 때문이다.

하지만 영국의 의회는 오랫동안 비민주적인 질서를 민주적인 질서인 양 숨겨주는 역할을 해 왔다. 영국의 역사를 이야기하며 흔히 청교도 혁명과 명예혁명을 영국에 의회 민주주의를 정착시킨 사건으로 규정한다. 하지만 민주화라는 관점에서 바라본다면 이런 사건들의 의미는 그렇게 크지 않다. 청교도 혁명의 결과 국왕 찰스 1세는 처형되고 왕정은 폐지되었으며 새로운 체제로 공화정이 들어섰다. 일어난 변화를 놓고 보면 혁명적이지만 크롬웰이 집권자로 등장한 공화정 체제의 내용을 놓고 보면 혁명의 의미는 반감된다. 왜냐하면 기존 정치 체제를 파괴했다는 점이 혁명적일 뿐 민주주의를 추구한 부분에서는 전혀 혁명적이지 않았다는 점을 발견하기 때문이다. 그는 독재정을 지속한 점에서 이전의 왕정과 다름이 없었으며 권력을 아들에게 물려준 점에서도 왕정의 권력 승계와 다름없는 모습을 보여주었다. 청교도 혁명기에 등장한 다양한 민주주의 사상과 세력들에 큰 의미가 있었지만 이 세력들은 청교도 혁명의 짧은 혼융기 이후를 견뎌내지 못했다.

청교도 혁명이 아니라도 명예혁명이 있다는 생각을 하는 사람이 있을 것이다. 사실 청교도 혁명에 이어서 일어난 명예혁명을 영국 사람들은 대단히 자랑스럽게 생각하는 것 같다. 혁명에 '글로리어스(glorious)'라는 단어를 붙여 놓은 것을 보면 혁명을 미화하고 싶어 하는 이들의 의도를 읽을 수 있다. 그래서 이 혁명이 영국의 왕정에 커다란 변화를 가져왔고, 의회 민주주의를 실현시켰다는 생각을 우리들로 하여금 가지게 한다. 게다가 '휘그Whig 자유주의'나 '휘그적 역사 해석'이라는 용어들이 만들어져 마치 '명예혁명이 영국에 자유주의를 실현시켰다'는 식의 인식을 강화시키고 있다.

하지만 실제의 모습을 들여다보면 언어가 우리에게 던지는 의미와는 사뭇 다른 모습이 나타난다. 명예혁명은 분명 왕의 권력을 제한하고 입헌왕정으로 나아가는 길을 열었다. 하지만 이 입헌왕정의 '입헌'은 결코 민주정을 의미하지 않았다. 왜냐하면 왕의 권력을 제한하는 의회의 실체는 유감스럽게도 귀족들이었기 때문이다. 귀족들은 완벽하게 의회를 장악했다. 귀족들은 귀족들로 구성되는 상원은 물론이고 평민으로 구성되는 하원도 실질적으로 장악하고 있었다. 하원의원들은 비록 법률적으로 평민의 신분이었다 해도 실질적으로는 귀족의 가문에서 나오는 경우가 많았고, 하원의원을 뽑는 얼마 안 되는 유권자들 역시 귀족의 조종을 받았기 때문이다.

이렇게 본다면 영국에서 민주주의의 발전은 명예혁명 이후에도 계속 정체되어 있었던 것이다. 영국 의회의 성격이 변화되기 시작한 것은 1832년의 선거법 개정 이후부터였다. 결국 명예혁명이 일어난 지 140년이 지나서야 귀족들의 과두 통치체제에 변화가 일어난 셈이다. 소수의 부유한 부르주아에게 선거권을 부여한 1832년의 선거법 개정은 지금의 눈으로 볼 때 그리 대단한 변화도 아니었다. 그럼에도 불구하고 당시에는 선거법 개정에 국왕의 개입이 일어나는 우여곡절을 겪을 만큼 귀족들은 거세게 저항했다.

귀족의 거센 저항을 뚫고 만들어 낸 변화였으므로 이것이 영국의 민주화에 커다란 의미를 지녔던 사건일까? 그러나 이 사건은 부르주아의 명예혁명이었을 따름이다. 마치 명예혁명이 그러했던 것처럼 사회적 지배세력이 정치적 지배세력에 편입된 사건에 불과했다. 선거법 개정으로 겨우 20만 명 정도가 선거권을 얻었을 따름이니 말이다. "선거법 개정"이란 용어는 마치 영국이 대단한 민주화를 이룩한 것처럼 보이게 하지만 사실 일어난 일은 귀족 과두정에 부르주아가 편입된 새로운 과두 지배가 형성된 것이었다. 선거법 개정 뒤 2년 만에 부르주아의 자유방임 논리를 극단으로 끌고 간 신빈민법New Poor Law이 만들어졌다.

영국의 민주화 운동으로 1840년대에 보통선거를 요구한 챠티스트 운동의 물결이 있었지만, 영국은 이 운동이 좌절된 이후 영국의 지배 질서에 근본적인 변화가 일어나지 않은 상태로 20세기를 맞았다. 19세기 후반에 2차와 3차 선거법 개정이 이루어졌지만 여전히 선거권은 성인 **열 명 중 세 명**에게 있는 정도에 불과했다. 영국은 보통선거마저 제대로 실현시키지 못한 상태로 19세기를 지속해 나간 것이다. 19세기 후반 보수당과 자유당에 의해 이런 저런 개혁들이 일어났고 이런 개혁들에 대해 우파 일부는 사회주의라는 비난을 제기하기도 했지만 귀족과 부르주아의 담합 지배는 잘 작동했다.

그러나 언제까지 담합 지배가 유지될 수는 없었다. 점증하는 영국의 모순은 지배층의 통치 전략과 이해관계를 갈라놓았다. 점증하는 대내외적 모순에 대처하기 위해 필요한 자금을 조달하는 문제에서 이들은 결정적으로 갈라섰다. 귀족계층은 이 문제를 관세로 해결하려 했지만 부르주아들은 토지에 대한 과세로 해결하려 했다. 이 갈등은 상원과 하원의 갈등으로 구체화되었다. 그리고 싸움은 하원의 승리로 끝이 났다. 하원은 1911년 의회법Parliament Act을 통과시켰고 상원의 힘을 무력화시켰던 것이다. 이로 인해 영국에서 사실상 귀족 지배는 공식적으로 종식되었다. 그런데 지배층의 분열의 이면에는 누적된 사회문제로 얼룩진 영국 사회의 현실이 놓여 있었다. 의회법을 둘러싼 논의는 다름 아닌 사회 문제 해결을 위한 인민예산People's Budget의 통과와 연결되어 있었기 때문이다. 귀족과 부르주아의 담합을 깨뜨린 것은 다름 아닌 영국 사회의 현실이었던 것이다.

노동불안기는 바로 영국의 담합 지배에 균열이 일어나는 시기와 맞물리고 있다. 그리고 바로 이 시기에 민주주의를 향한 영국인들의 목소리는 최고조에 달했던 것이다. 여성들은 이 시기에 보통선거를 주장했으며 노동자들은 이 시기에 산업의 민주주의를 외쳤다. 영국에서 민주주의는 지체되었지만 명예혁명 이후 220년 만에 민주화에 대한 요구는 지배층에 균열이 일어나는 현상 속에서 거센 파고를 이루며 체제를 위협했다. 그리고 이 노력으로 인해 영국은 진정으로 커다란 변화를 맞이하게 되었다. 영국은 결국 1918년 보통선거에 근접한 개혁을 하게 되었던 것이다. 그리고 영국에서는 20세기 영국 정치의 최대 사건이라고 할 자유당의 몰락과 노동당의 부상이라는 현상이 일어나게 되었다.

혹자는 보통선거가 실현되고 노동당이 부상하는 변화를 두고 1차 대전이 가져온 변화라고 주장할지 모르겠다. 모든 역사 해석이 그러하듯 다양한 견해들은 역사에 대한 우리들의 인식을 확장시키고 풍부하게 만드는데 기여할 것이다. 그러나 1차 대전에서 영국이 승전국이 되었기에 망정이지 만약 패전국이 되었다면 독일 대신에 영국에서 혁명이 일어났을지 모른다. 영국 국민들은 노동불안기에 터져 나온 요구들의 연장선 위에서, 독일에서 1918년 11월 황제를 몰아내고 공화정을 세운 것과 같은 사건을 영국에서 실현시켰을지도 모를 일이다.

영국 역사를 민주화의 관점에서 바라본다면 노동불안기는 커다란 의미를 지닌다. 노동불안기는 통신협회 운동이나 챠티스트 운동과 같은 좌절된 민주화 운동에 연속성을 부여했을 뿐 아니라, 그런 운동들로 꾸준히 축적되어 나온 민주화를 향한 영국 사회의 내재된 역량을 유감없이 보여주었기 때문이다. 노동불안기의 결말이 모호한 점이 더욱 노동불안기를 흥미롭게 만들고 있다. 노동불안기는 1차 대전의 발발로 말미암아 중단되어 버렸기 때문이다. 전쟁이 일어나지 않았다면 민주화의 요구가 관철되었을지, 아니면 혁명이 일어났을지, 아니면 또 어떤 결과가 일어났을지 아무도 장담할 수 없다. 그러니 어쩌면 영국의 근대사는 이 시기를 전후하여 구분하는 것이 타당할지도 모른다. 더욱이 이렇게 모순이 터져 나온 시기에 노동자들이 정치적 민주주의에서 한 발 더 나아가 산업에 대한 민주화를 요구했다는 점이 매우 흥미롭다. 노동자들은 19세기를 거치면서 노동운동을 민주화 운동으로 격상시키는 단계에 와 있었던 것이다.

영국의 민주주의에 대한 선입견과 함께 영국에 대해 가지고 있는 또 하나의 편견은 영국이 사회 개혁을 착실히 이루어나간 나라라는 생각이다. 이는 아마도 영국이 대륙의 다른 나라들에서 나타난 것과 같은 사회 혁명을 겪지 않았기 때문에 생긴 현상인 듯하다. 19세기 동안 프랑스에서는 1830년, 1848년, 1870년 세 번에 걸쳐 혁명이 일어났지만 영국에서는 어떤 혁명도 일어나지 않았다. 혁명이 일어나지 않은 것은 영국 사회에 문제가 없거나 적었기 때문이고, 문제가 없거나 적었던 것은 영국 사회가 여러 가지 개혁을 해 나갔기 때문이라는 식의 생각이 자리잡고 있는 것이다.

그러나 영국 사회에 문제가 없었다거나 혹은 문제가 심각하지 않았다는 생각은 잘못이다. 하나의 예로 빈곤을 들어 본다. 영국은 19세기 전반부의 빈곤 현상은 말할 것도 없거니와 19세기 후반에 이르러서도 광범위하고 심각한 빈곤 현상을 보여주었다. 19세기 후반에 이루어진 실증적 조사들은 런던과 같은 대도시에서 주민의 3분의 1이 만성적 빈곤 상태에 놓여 있었다는 점을 보여주고 있다. 당시의 한 잡지는 노동자들의 한 달 월급으로 계산해 보니 노동자들은 매끼 겨우 1페니짜리 식사를 하고 있었다는 점을 지적하기도 했다.

이런 심각한 사회문제에도 불구하고 영국에서 대륙에서와 같은 심각한 사회 혼란 현상이 나타나지 않은 것에는 이유가 있을 것이다. 사실 19세기 동안 노동과 토지, 교육 문제에 대해 의회에서 여러 가지 법안들이 만들어졌다. 그리고 선거법도 개정되어 나갔다. 19세기를 통해 프랑스에서 세 번의 혁명이 일어난 것과는 대조적으로 영국에서는 1832년, 1867년, 1884년 세 번의 선거법 개정이 순차적으로 일어났다. 그러나 과연 이런 법안들이 진정한 사회개혁을 이루어내었던 것일까?

사실 토지에 대한 절대적 소유권을 주장하는 귀족 계층과 경제 활동에서 완전한 계약의 자유를 주장하는 자본가 계층은 이러한 법안들을 두고 토지와 자본, 노동 문제에 대한 국가의 간섭으로 규정하고 심지어 사회주의적 조처들이라고 비난하기를 서슴지 않았다. 이러한 관점에 서 있었던 사람들에게는 이런 법안들은 분명히 좌파적이고 개혁적이었다. 그러나 디즈레일리Disraeli와 글래드스톤Gladstone의 시대를 거치면서 나타난 여러 가지 법안들은 그것들의 집단주의적Collectivism 성격을 인정할 수 있다고 해도 사회 체제의 성격을 변화시켜 나가거나, 사회를 공정한 균형 상태로 회복시키는 작업을 했다고 보기는 어렵다. 따라서 이런 조처들은 종종 대증 요법과도 같은 것이었으며, 비록 사회개혁이란 이름을 내걸고 진행되었다고 해도 사실은 사회 통제정책의 범주에서 벗어나지 않았다고 보아야 할 것이다. 노동불안기 이전과 이후에 처칠이 보여준 입장이 매우 시사적이다. 처칠은 1911년 국민보험법National Insurance을 입안하는 과정에서 로이드 조지와 함께 개혁적인 입장을 보여주었지만, 1912년 노동불안기의 상황에서는 파업노동자들을 무력 진압해야 한다는 극히 보수적인 입장으로 바뀌고 있다. 처칠의 입장 선회는 종교개혁기에 루터가 독일 남부 지역의 프로테스탄트 농민들에게 보여 준 태도의 변화를 연상케 한다.

영국이 선거법 개정으로 조금씩 유권자의 수를 늘려 나간 방식도 한 꺼풀 뒤집어 놓고 보면 분리 지배 정책을 국내에 적용한 것일 수 있다. 선거법은 개정되어 나가면서 유권자를 확대시키기는 하였지만, 복잡한 규정을 적용해 노동자도 기술과 소득, 지역에 따라 구별해 나가면서 선거권을 부여했던 것이다. 담합 지배를 하고 있던 기득권층은 노동자의 상위 계층을 지배층의 하단부에 끌어들이면서 엘리트 지배의 틀을 유지시켜 나갈 수 있었던 것이다.

독일에서 비스마르크가 20년 동안 능란하게 조종했던 사회통제 정책을 영국은 19세기 내내 작동시켰다. 비스마르크의 사회 정책을 본뜬 사회 입법을 비스마르크보다 30년이나 늦게 시행하는 기술을 보여주면서 말이다. 영국이 유럽의 다른 나라보다 사회개혁에서 앞서 나갔다는 생각은 혁명이 없었던 나라에 대해 우리가 갖는 선입견에 불과하다.

그러니 사실 영국은 민주주의도, 사회개혁도 그렇게 앞서 있었던 나라가 아니었다. 그런 영국적 상황에 커다란 전기를 만들어 준 사건들이 바로 노동불안기에 일어났다. 이런 관점에서 볼 때 노동불안기는 영국 역사에서 커다란 의미를 지닌 시기로 간주될 수 있는 것이다. 노동불안기 동안 영국에서 일어난 노동운동과 사회운동이야말로 영국의 민주주의와 사회개혁에 커다란 영향을 끼쳤던 것이다.

그렇다고 하여 19세기를 통해 영국에서 민주주의를 향한 노력이나 사회개혁을 향한 운동이 없었다는 이야기가 아니다. 거듭되는 실패와 좌절 속에서도 지속되었던, 민주주의와 사회개혁을 향한 다양한 개혁가들의 꾸준한 노력이 없었다면 영국의 평범한 사람들로부터 나온, 그렇게 단호한 요구와 그렇게 강력한 운동이 노동불안기에 출현할 수 없었을 것이다. 위장된 민주주의의 역사를 가지고 있는 영국에서 영국의 보통 사람들이 이루어 내려 한 민주주의는 쓰레기통 속에서 피어나는 장미꽃과도 같았다.

노동불안기의 의미와 중요성은 이 시기가 영국에서 진행된 민주화 운동의 절정기로서 자리매김될 수 있다는 점에 존재한다. 영국인들은 바로 이 시기에 어느 때보다 강력한 연대를 드러내면서 민주화에 대한 그들의 강한 열정을 표출하였다. 아울러 그들이 추구한 민주주의는 사회개혁을 향한 노력으로 연결되고 있었던 것이다. 영국의 불안한 자본주의와 불완전한 민주주의의 복합적 모순 속에서 터져 나온 노동불안기의 요구와 주장들은 자본주의와 민주주의의 문제가 지속되고 있는 현대 사회에도 시사하는 바가 크다. 자본주의와 민주주의의 문제가 계속되는 한 노동불안기의 현상들은 언제나 현실을 비추는 하나의 거울로 남아 있게 될 것이다.

이 책은 내가 저널에 발표한 몇 편의 논문들을 약간 수정하고, 여기에 새로 집필한 글들을 함께 묶어 펴낸 것이다. 이 책을 읽는 사람들이 영국사에서 노동불안기라는 시기가 갖는 중요성을 파악하고 그 시대적 의미를 이해할 수 있게 되기를 기대한다. 책을 만드는 과정에 많은 도움을 주신 모든 분들에게 감사의 말씀을 드린다.

2011년 11월

연구실에서

목 차

일러두기

1. **노동불안기의 시기에** 대해 잠깐 언급한다. 노동불안기의 기간에 대해 사람마다 약간의 차이가 있다. 노동불안기를 1910년에서 1914년의 시기로 규정하기도 하고 1911년에서 1914년의 시기로 규정하기도 한다. 1910년을 시작점으로 잡는 견해는 1910년 9월 남웨일즈의 광부 파업을 노동불안기의 시작으로 간주한다. 1911년을 시작점으로 보는 견해는 이전의 상황과는 판이하게 달라진 1911년의 노동운동의 양상을 중시하고 있다. 1911년에는 런던, 리버풀, 헐, 굴 등 전국적으로 파업이 일어났고 총파업과 전국 파업 등 파업의 양상이 이전과는 완전히 달라져 있었기 때문이다. 달라진 노동운동의 성격을 강조한다면 1911년이 분명히 더 강조되어야 할 것이다. 그래서 이 책에서는 노동불안기의 기간을 1911년에서 1914년의 기간으로 잡았다. 그렇긴 하지만 1910년 가을부터 발생한 남웨일즈의 광부 파업을 1911년을 준비한 사건으로 포함시켰다. 그래서 이런 표현이 적절할지는 모르겠지만 장기 11년을 시작으로 하여 1914년까지 지속된 기간을 노동불안기로 규정한다. 노동불안기의 종식 시기에 대해서는 이견이 없다. 그것은 1차 대전의 발발 시기와 일치하기 때문이다.

2. Syndicalism(신디칼리즘)은 **신디칼리즘**으로 표기했다. 이 용어는 대체로 프랑스어 발음을 따라 생디칼리즘으로 표기되지만 굳이 신디칼리즘으로 표기한 것은 영국의 신디칼리즘syndicalism을 대륙의 그것과 구분하기 위해서다. 영국의 신디칼리즘은 여러 면에서 영국적인 내용을 가지고 있고, 독자적으로 발전했으며, 여러 조류가 혼합된 특징을 가지므로 이 사상을 원래의 생디칼리즘과 구분하여 신디칼리즘으로 표기했다.

3. Respectable Worker(리스펙터블 워커)는 **존중받을 만한 노동자**로 표기했다. 사실 이 용어는 한 단어로 딱 부러지는 적절한 번역용어를 찾기가 힘들었다. 이 용어는 노동자들 중에서 기술을 가져서 높은 임금을 받는 잘 사는 노동자들을 대체로 지칭한다. 예를 들자면 목수, 기계공처럼 특별한 기술을 가지고 있어서 아무나 할 수 없는 노동을 하는 노동자들이다. 그러니 노동시장에서 독점적인 지위를 가지고 있어서 노동자들이지만 고용주들이 함부로 할 수 없는 노동자들이었다. 그런 노동자들에게 붙여진 용어라 '기술을 가진 잘 사는 노동자'라고 옮기는 것이 이해하기에는 편하지만 그렇게 하면 영어의 본래 뜻을 완전히 무시하는 꼴이 되는지라 형용사 '리스펙터블'respectable의 뜻을 살려 '존중받을만한 노동자'로 표기하기로 했다. 하지만 어떤 노동자를 가리키는지 내용을 떠올리며 이해해 주면 좋겠다.

4. Middle Class(미들클래스)는 **중간계급**으로 표기했다. 영국에서는 귀족과 노동계급이 아닌 계층을 미들클래스로 표기하는 경우가 많아 중간계급이라는 용어가 다소 애매해진다는 생각이 들기는 했다. 왜냐

하면 중간계급이란 용어가 너무 광범위한 계층을 의미해, 중간계급이라는 의미가 확정되기 어렵게 되기 때문이다. 하지만 원래의 영어 표기 자체가 넓은 외연을 가지고 있으므로 직역을 하여 중간계급으로 표기하기로 했다. 그러나 중간계급의 사회경제적 의미는 문맥에 따라 그 때 그때마다 상인, 금융가, 전문직 종사자, 급여를 많이 받는 샐러리맨, 급여가 적은 사무직 종사자, 소시민 등으로 달라질 수 있다는 점을 유의해야 할 것이다.

5. Unionist Party(유니오니스트 파티)는 **보수당**으로 표기했다. 원문을 살렸을 때 정확한 표기는 통합당이 되어야 마땅하다. 그런데도 보수당으로 표기한 것은 Unionist Party를 보수당이 아닌 다른 정당으로 생각하는 혼란을 막기 위해서다. 보수당은 19세기 후반 자유통합당이 보수당과 연합하면서 Unionist Party라는 명칭을 쓰게 되었지만(정확히는 체임벌린이 솔즈베리 내각에 들어간 1895년 이후부터이다) 그렇다고 하여 보수당의 연속성이 끊어진 것은 아니었다. 따라서 혼란을 막기 위해 그대로 보수당으로 표기한다. 하지만 경우에 따라 통합당이라는 표현을 쓰기도 하였으니 독자들은 이해해 주기 바란다. 1909년 보수당과 자유통합당이 공식적으로 합당한 이후의 보수당의 정확한 명칭은 '**보수 및 통합당**'Conservative and Unionist Party이 되었다. 그러나 대부분 보수당으로 표기되고 있다.

한 가지 덧붙여 Unionist Party(유니오니스트 파티)를 통일당이라고 하지 않고 통합당이라고 표기하는 이유에 대해 언급한다. 그 이유는 Unionism(유니오니즘)의 내용에 기인한다. Unionism(유니오니즘)는 잉글랜드에서 일어난 운동으로, 19세기말 아일랜드에서 독립운동이 일어났을 때 아일랜드가 영국에서 떨어져 나가서는 안 된다는 주장을 담고 있다. 즉 Unionism(유니오니즘)은 아일랜드의 독립을 허용할 수 없으며, 영국과 아일랜드가 통합 상태로 있어야 한다는 주장을 담고 있으므로 분리된 두 나라가 통일하자는 주장과는 구별된다. 통일이란 용어를 쓰게 될 때 풍기는 뉘앙스가 Unionism(유니오니즘)의 내용을 오해하게 할 우려가 있다고 생각되어 통합이란 용어를 선택했다.

6. Upper House는 상원으로 표기했다. 그러나 이 용어는 주의를 요한다. 왜냐하면 영국에서 이 용어는 귀족원House of Lords이라는 다른 명칭을 가지고 있기 때문이다. 영국의 상원은 귀족들로만 구성된다. 그러므로 상원은 영국 이외의 다른 나라들이 가지고 있는 상원과 그 성격이 다르다는 점에 유의해 주기 바란다.

7. Collectivism(컬렉티비즘)은 **집산주의** 혹은 **집단주의**로 표기했다. 이 용어는 집산주의의 의미를 지닐 경우가 많지만, 집산주의보다 더 큰 함의를 지닌 집단주의로 표기해야 할 경우도 있어서 경우에 따라 양 쪽으로 표기했다. 이 용어가 경제적 함의를 지니게 될 때는 집산주의로 표기하는 것이 타당하다. 그러나 이 용어가 '국민적 단결을 이루어 내자'는 것과 같은 사회적 함의를 담게 될 때는 경제적 차원에서 개인주의를 넘어서자는 의미가 아니라, 정치적 사회적 측면에서 개인주의를 넘어서자는 의미를 담고 있다. 이런 경우에는 이 용어를 집산주의로 표기하면 그 의미가 달라져 버린다. 이런 경우 컬렉티비즘Collectivism은 개인주의에 대비되는 용어가 되기 때문에 집단주의로 표기했다.

8. Utilitarianism(유틸리태어리어니즘)은 **효용주의**로 표기했다. 이 용어
는 공리주의功利主義라는 말로 익숙해져 있기는 하나 굳이 효용주의로
표기한 것은 공리功利라는 단어가 더 이상 일상용어로 쓰이지 않기
때문이다. 지금 대부분의 사람들은 한글로 '공리'라는 용어를 공공복리
公共福利로 이해한다. 혹은 수학에서 사용하는 '기본 명제'라는 의미의
공리公理 개념을 떠올린다. 공리라는 단어를 '공로功勞와 이익利益'의
의미로 받아들이는 사람은 거의 없는 것으로 보인다.

　　여기서 공리는 영어의 유틸리티에 해당한다. 유틸리태어리어니즘
은 '유틸리티를 중시하는 사상이나 태도'라는 의미이다. 여기서 유틸리
티utility는 '쓸모있음'을 의미하고 있다. 영어의 유틸리태어리어니즘
Utilitarianism이란 유틸리티utility(쓸모있음)를 인간행위의 도덕적 판단
기준으로 삼는 사회적 태도를 가리킨다. 유틸리티utility는 지금 효용效用
으로 옮겨지고, 표기되고 있으므로 효용주의라는 용어를 선택했다.
사실 '자유'와 '자유만능주의'로 번역되는 liberty와 libertarianism의
관계를 놓고 보면 utility와 utilitarianism은 '효용'과 '효용만능주의'라
고 옮기는 것이 더 정확하다는 생각이 들기도 한다. 하지만 여기서는
단지 효용주의라고 표기한다.

9. Poor Law(푸어로)는 **빈민법**으로 표기했다. 구빈법이라고 표기하지
않고 빈민법으로 표기한 것은 이 법이 빈민들을 구제하는 법이라고만
볼 수는 없었기 때문이다. 튜더시대의 헨리 8세부터 엘리자베스에
이르기까지 만들어진 이 법의 목적은 빈민들을 구제하려는 것이라기보
다는 빈민이 사회적 문제가 되지 않도록 하려는 것이었다. 그래서
이 법에는 빈민들을 구호하는 내용도 일부 들어 있지만 빈민들을

처리하는 내용이 더 큰 부분을 차지한다. 여기서 빈민은 주로 유랑자와 걸인들이었는데 이들을 처리하는 내용은 온정적이기보다는 매우 가혹했다. 빈민처리법이라고 표기하는 것이 이 법의 내용을 살리는 용어일 것 같다는 생각이 들기도 했지만, 빈민에 대한 법이라는 보다 넓은 의미에서 빈민법이라고 표기했다.

10. 이 책에서 쓰인 '영국'은 大브리튼-아일랜드 연합왕국을 의미하나, 1922년 아일랜드가 독립한 이후에는 大브리튼-북아일랜드 연합왕국(이 용어는 공식적으로는 1927년 이후부터 사용되었다.)을 가리킨다. 大브리튼은 지리적으로 브리튼 섬을 지칭할 따름이지만, 여기서 이 용어는 이 섬에 존재하는 잉글랜드, 스코틀랜드, 웨일즈 세 나라를 의미하고 있다. 하지만 브리튼Britain, 브리티시British, 잉글랜드England, 잉글리시English도 '영국'으로 옮겼으므로 '영국'의 의미는 혼용되고 있음을 밝혀둔다.

1. 신형 노동조합New Model Trade Unions

영국의 노동운동은 노동불안기에 이르러 전투적이고 공격적인 성격을 띠게 되었지만 그 이전에는 대체로 볼 때 온건한 성격을 유지했다. 특히 19세기 중반의 영국의 노동운동은 온건하고 보수적인 속성을 보여준다. 이 시기에 출현한 노동조합을 신형 노동조합이라고 부르고 있다. 대체로 신형 노동조합은 1850년대와 1860년대의 영국에서 나타난 노동조합을 지칭한다고 보면 되겠다. 시드니 웹과 비에트리스 웹은 1894년 출간된 그들의 공동 저작인『노동조합주의의 역사』에서 이런 표현을 사용했는데, 웹 부부는 빅토리아 중기의 직능별 노조의 특이성을 제시하기 위해 이 용어를 쓴 것이다. 신형 노동조합은 1830년대와 40년대의 전국연합노조 Grand National Consolidated Trade Union와는 달리 주로 개별 노동조합에 국한되었 다. 노동조합을 구성하는 노동자들은 임금을 많이 받는 숙련 노동자들로 기계공, 가구 제조공, 인쇄공, 직조공과 같은 노동자들이었는데 노동자들의 상위 10～15% 정도에 해당되었다. 회원들에게는 비교적 많은 회비가 부과되었는데, 우애조합Friendly Society처럼 신형 노동조합의 회원들은 질병, 사고, 실업이 발생했을 때 부조금을 받을 수 있었다.

노동조합의 지도부는 보수적이고 온건한 성격을 유지하는 한편, 자신들의 특권을 유지하려는 노력을 기울였다. 그들은 파업보다는 협상을 중시했으며 이러한 태도는 그들을 '존중받는respectable 노동자'로 보이게 했다. 보수적이고 온건한 노동조합 전략이 가능했던 것은 고용주들이 이들을 우대했기 때문이다. 숙련 노동자들의 수가 적어 고용주들은 대체 노동력을 구하기 어려웠고 그 결과 이들을 우대하게 되었던 것이다. 이런 상황은 역으로 신형 노동조합이 독점적이고 폐쇄적인 성격을 띠게 만들었다. 신형 노동조합은 도제 제도를 활용해 회원들의 숫자를 제한하는 방식으로 자신들의 임금이 떨어지는 것을 막을 수 있었다. 그 결과 숙련공들과 비숙련공 사이의 간격은 매우 깊었던 반면, 숙련공들과 하층 중산계급의 간격은 그렇게 크지 않았다. 그래서 이들은 노동귀족labour aristocracy으로 불리기도 했다.

1860년대 중요한 신형 노동조합으로는 목수 및 소목 연합회Amalgamated Society of Carpenters and Joiners, 기계공 연합회Amalgamated Society of Engineers, 벽돌공 협회Operative Bricklayers' Society 등이 있었다. 중요 지도자로는 로버트 애플가쓰를 들 수 있다. 신형 노동조합은 1860년대에 활발하게 활동했으나 1871년 노동조합 회의를 위한 의회 위원회가 수립되면서 그 영향력을 상실했다. 역사가들 중에는 빅토리아 중기의 영국의 사회적 안정을 이들의 보수적이고 현상 유지적인 태도로 설명하는 사람들이 있다.

2. 신조합주의 New Unionism

신형 노동조합이 1860년대를 특징짓는다면, 신조합주의는 1890년대를 특징짓는다. 신조합주의는 1880년대 후반 영국에서 출현한 새로운 경향의 노동조합 운동을 가리키고 있다. 여기서 노동조합주의에 '새로운'이라는 의미를 부가시킨 이유는 이전의 노동조합주의 즉 신형 노동조합으로 대표되는 노동조합주의와 구별하기 위해서이다. 이전의 노동조합이 숙련공 중심이고 온건한 성격을 지녔던데 반면, 새로운 노동조합은 비숙련공 중심이며 호전적인 성격을 지녔기 때문이다. 신조합주의 운동은 1888~ 1892년 경기가 호전되는 상황에서 나타났다. 신조합주의 운동의 주체는 비숙련공들이었다. 신노동조합의 결성에 참여한 비숙련공들로는 부두 노동자, 가스 노동자, 선원, 일반 노동자들을 들 수 있다. 새로 출현한 이 노동조합들은 이전의 노동조합과는 여러 면에서 달랐다. 신노동조합은 보다 광범위하게 여러 부류의 노동자들을 끌어들였으며, 조합의 가입비와 회비를 낮게 책정해 가입의 문턱도 낮추었다. 신조합주의는 노동운동의 방법에서도 이전의 노동운동과 성격이 달랐다. 신조합주의는 호전적인 성격을 보였으며 파업과 같은 공격적인 방법을 적극 활용했다. 아울러 신조합주의는 사회주의자들과도 협력하면서 운동을 펴 나갔다. 가장 유명한 신노동조합으로는 부두 노동자 노조, 가스 노동자 노조, 전국 선원 및 화부 노조 등을 들 수 있다.

  신조합주의가 주도한 가장 유명한 파업은 1889년 8월 20일 시작되어 9월 16일 끝난 런던 부두 파업이었다. 이 파업은 기존의 숙련공들이 조직한 노조가 아니라 비숙련 노동자, 일용 노동자들이 주축이 되어 조직한 신노동조합이 주도한 파업이었다. 요구 사항은 시간당 6펜스의 임금 요구였는데 매닝Manning 추기경이 중재에 나선 이 파업은 중간계급으로부터 큰 호응을 받았다. 런던 부두 파업을 이끈 사람들은 톰 만Tom Mann, 벤 틸렛Ben Tillet, 존 번즈John Burns 등이었는데 이들은 사회주의 이념과도 연결되었고, 이 책에서 다루는 노동불안기의 시기에도 중요한 노동 지도자로서 활약하게 된다. 이 파업의 성공으로 신노동조합들이 결성되고 기존 조합의 노조 회원 수가 증가하는 등 신조합주의 운동은 크게 발전하게 되었다.

신조합주의는 1890년대에 고용주들의 반격을 불러왔다. 고용주들은 선원과 부두 노동자들, 가스 노동자들에 대해 곧 반격을 가했고 그 절정은 1901년 노동조합에 대해 손해배상의 책임을 묻는 태프배일Taff Vale 판결로 나타났다. 그 결과 노동자들은 법을 만들 수 있는 영역 즉 정치적 영역으로 노동운동을 확대시켜야 한다는 생각을 갖게 되었다. 그 결과 노동자들이 직접 의회에 진출해야 한다는 생각이 힘을 얻게 되었고, 결국 노동조합과 온건한 사회주의자들 사이에 이루어진 정치적 동맹이 1906년 노동당을 탄생시키게 된다.

3. 신디칼리즘 Syndicalism

신디칼리즘은 20세기 초 영국에서 두드러지게 나타난 국가권력과 산업 질서에 대한 사상으로 넓은 의미에서의 사회주의 사상이라 할 수 있다. 영국에서 신디칼리즘 사상은 1910년대에 출현했고 1910년에서 1914년에 이르는 노동불안기Labour Unrest에 크게 발전했다. 신디칼리즘의 경우는 사상과 운동이 결합되어 있는 특징이 있다. 노동운동과 함께 발전해 나간 사상이기 때문이다.

영국의 신디칼리즘은 유럽 특히 프랑스에서 생디칼리즘이란 이름으로 나타난 사상과 밀접하게 연관되어 있다. syndicate(프랑스어로 생디카)란 노동조합을 가리키는 것으로 이 용어 자체가 노동조합주의라는 의미를 지니고 있다. 아울러 미국에서 발전한 산별노조주의Industrial Unionism와도 밀접한 연관관계를 가지고 있다. 어느 경우이든 신디칼리즘이 노동조합주의에 기반하고 있음을 알 수 있다.

신디칼리즘이 일반적으로 알고 있는 노동조합주의와 다른 점은 신디칼리즘이 산업통제에 대한 대안을 제시하고 있다는 점에 있다. 신디칼리즘은 작업에 대한 통제가 위로부터 이루어지는 방식에 반대했다. 아울러 산업통제가 산업 외부로부터 가해지는 권력에 의해 이루어지는 것에 대해서도 반대했다. 달리 말하면 산업, 기업, 작업장에서 행사되는 권력은 모두 아래에서부터 나와야 한다는 주장을 하고 있는 것이다.

이런 생각은 시민사회의 권력의 기원에 대한 생각을 산업과 기업에까지 확대시킨 것이라고 할 수 있다. 시민사회에서 권력의 기원이 사회를 구성하는 사람들에게 있다면, 산업에서 권력의 기원은 산업을 구성하는 사람들에게 있다는 생각인 것이다. 즉 산업의 영역도 민주화해야 한다는 주장을 하고 있는 셈이다.

신디칼리즘은 페이비언 사회주의와는 달리 국가의 역할에 큰 비중을 두지 않았다. 당대의 모순은 산업의 영역에서 민주화 운동을 벌여 나가는 과정에서 해결되어 나갈 것이라고 생각했기 때문이다. 그 과정에서 신디칼리즘은 변화가 장기적으로 임금제를 폐지하는 단계까지 나아갈 것을 주장했지만, 단기적으로 임금을 인상하고 노동시간을 줄이는 것과 같은 현실적인 개혁조치들을 함께 주장했다.

신디칼리즘의 가장 중요한 특징의 하나는 이들이 엘리트주의에 반대하고 있다는 점이다. 사실 민주주의 자체가 엘리트주의와는 반대되는 원리를 담고 있다. 그러나 지역을 기초로 하여 이루어지는 시민사회의 민주주의는 시민들이 선거로 대표를 뽑아서 권력을 만들어 내기는 하지만 권력에 대한 통제가 피부에 와 닿지는 않는다. 그러나 직능을 기초로 하여 이루어지는 신디칼리즘의 민주주의는 자신이 가장 잘 아는 분야에서 대표를 뽑을 뿐 아니라, 자신이 활동하고 있는 작업장 안에서 대표를 접촉하게 되므로 언제든지 권력에 대한 통제가 가능한 상태가 되는 것이다. 신디칼리스트들은 자신들의 운동과정에서도 엘리트에 의해 주도되는 상황을 배제하려고 노력했다.

　신디칼리즘 사상은 국가권력에 대한 민주화와 함께 기업권력에 대한 민주화가 필요하다는 주장을 한 셈이다. 그러나 기업권력의 민주화가 생산자들의 집단적 이익추구로 전락해 버릴 것이라는 비판이 제기될 수 있다. 하여튼 신디칼리즘이 생산자들의 지위에 무게중심이 두어져있다는 점에서 페이비언 사회주의와는 그 접근방식이 다른 셈이다.

　신디칼리즘은 1910년대에 나타난 노동불안기의 여러 노동운동에서 일정한 성과를 거두었다. 정당이나 정치세력보다는 노동운동 속에서 추동력을 찾는 신디칼리즘은 노동운동의 전개과정과 밀접한 연관관계를 맺는다고 볼 수 있다. 노동운동이 임금이나 노동시간에 대한 요구가 아닌 작업통제권이나 대표 선임 문제 등에 대해 발언하고 있다면 그것은 신디칼리즘의 의미가 담긴 운동을 하고 있는 셈이다. 노동자 혹은 생산자 혹은 직원들이 보다 민주적인 기업환경, 조직환경을 요구하는 운동이 곧 신디칼리즘이다. 소위 낙하산 공천에 반대하여 조직 내부에서 조직 구성원들이 받아들이는 대표를 뽑아야 한다는 주장 같은 것도 이런 원리의 연장선 상에 있는 것이다.

4. 길드 사회주의 Guild Socialism

　길드 사회주의는 노동불안기 동안 신디칼리즘의 영향을 받아 출현한 사회주의 사상이다. 그러므로 노동불안기와 관련하여 알아 두는 것이 유용할 것이다. 길드 사회주의는 영국 사회주의의 한 종류로, 민주주의를 경제적 영역으로 확대시키자는 주장을 담고 있다. 길드 사회주의는 그 방안으로 산업 통제권을 노동자들에게로 확대시킬 것을 주장했다. 산업의 '노동자 통제'는 민주적으로 선출된 노동자 대표들을 길드 회의에 보내는 방식으로 이루어질 것이다. 길드 사회주의는 이 과정에서 노동조합을 생산자 길드로 전환시키려 하고 있다. 이러한 길드들은 다원주의적 권력 구조에서 한 축을 형성하게 될 것으로 기대되었다. 국가의 권력과 역할에 대하여는 의견이 갈라졌다. 국가가 현재의 모습대로 남을 것을 기대하는 입장과 국가가 생산자 길드, 소비자 조직, 지방정부 기구를 대표하는 연합체의 형태로 바뀌게 될 것을 기대하는 입장으로 나뉘었다.

길드 사회주의 사상은 1906년 펜티A. Penty의 『길드체제의 부활』이라는 책이 출판되면서 등장했는데, 이어 『새로운 시대』에서 오라지A. R. Orage와 홉슨S. G. Hobson 등이 이 사상을 제안했다. 이후 길드 사회주의는 코울G. D. H. Cole에 의해 더욱 발전되었다. 1915년에는 전국길드연맹이라는 조직도 만들어졌다. 길드 사회주의는 1차 대전 중 전시 산업의 노동자 통제를 요구한 작업장 대표자 운동에 의해 크게 고무되었다.

길드 사회주의자들은 영국의 주류 사회주의자들이었던 페이비언Fabian 들의 국가사회주의state socialism에 대해 반발했다. 길드 사회주의자들은 자본가의 힘이 경제적 분야에 있으므로 의회를 수단으로 하는 페이비언들의 정치적 방법은 효과가 크지 않을 것이라고 주장했다. 1915년에는 길드 사회주의자들이 페이비언 협회를 장악하려는 시도가 나타나기도 했다. 길드 사회주의는 노조 대표들이 고용주의 역할에 잠식encroachment해 들어가는 방법으로 평화적이면서도 점진적인 변화를 이끌어낼 수 있을 것이라고 주장했다. 길드 사회주의의 실험이 없었던 것은 아니다. 1차 대전이 끝난 1920년 홉슨은 건설 길드를 조직했지만 1923년 정부의 보조가 끊기면서 실패로 끝났다. 그럼에도 불구하고 길드 사회주의의 이념은 1930년대와 1960년대에 잠깐씩 다시 나타나는 현상을 보여 주었다.

5. 영국의 사회주의

노동불안기의 이념으로 등장한 신디칼리즘과 신디칼리즘의 영향을 받아 등장한 길드 사회주의는 모두 영국 사회주의의 한 갈래라고 할 수 있으므로 영국의 사회주의에 대해 알아 두는 것이 유용할 것이다.

산업혁명이 시작된 이후 유럽에서 등장한 사회주의 사상은 각 나라마다 다른 형태로 나타나고 전개되었다. 유럽 주요 국가들인 영국, 프랑스, 독일, 러시아의 경우를 놓고 볼 때도 사회주의는 각기 다른 형태로 발전해 나갔다. 그 이유는 우선 각 나라마다 산업화의 시기가 달랐기 때문이다. 영국은 1760년대에 산업화가 시작되었지만 러시아는 1890년대에 가서야 산업화되기 시작했다. 그 중간인 19세기 중엽에 프랑스와 독일은 차례로 산업화를 받아 들였다. 여기서 사회주의 사상은 시차를 두고 발생하기 시작했을 것이라는 점을 짐작할 수 있다. 아울러 영국, 프랑스, 독일, 러시아는 각기 정치형태가 달랐고 자유주의와 민주주의 운동의 전개 양상이 달랐다. 프랑스는 여러 번의 혁명을 경험하면서 혁명에 대해 학습효과를 가지게 되었으며, 독일은 통일운동 과정에서 민족주의의 강한 기류를 가지게 되었다. 그래서 프랑스에서는 노동자들의 독자적인 운동이 강하게 나타났고, 독일에서는 국가를 타도대상이 아니라 협력대상으로 간주하는 사회주의 사상이 나타났다. 프랑스에서는 생디칼리즘이, 독일에서는 라쌀주의가 강력하게 나타난 이유를 이해할 수 있을 것이다. 이에 반해 러시아는 산업화도 이루어지지 않은 상황에서 정치체제는 억압적인 제정 체제였으므로 사회주의는 혁명 사상으로서의 의미가 부각되었고 오로지 혁명적 사회주의만이 출현하였을 것임을 짐작할 수 있다.

그렇다면 영국은 어떠했을까? 사회주의와 관련해 알아두어야 할 영국 사회의 몇 가지 역사적 사항이 있다. 먼저 영국은 가장 먼저 산업화를 시작한 나라라는 점이다. 그러므로 영국은 산업혁명의 부작용들을 가장 먼저 경험하는 나라가 된다. 둘째, 영국은 20세기에 들어와서야 보통선거가 실시되었을 정도로 민주주의가 더디게 발전한 나라였다는 점이다. 19세기의 상황은 1832년에 가서야 일차 선거법 개정이 이루어지는데 겨우 유권자를 성인의 7% 정도로 끌어 올리는 정도였다. 하지만 1867년, 1884년에 걸쳐 차례로 선거법 개정이 이루어지고 있다. 셋째, 영국은 귀족들로 구성되는 상원과 평민의 대표들로 구성되는 하원을 가지고 있었으며 국왕은 이들과 협의하여 통치하는 방식을 취했는데 19세기로 접어들면서 통치의 무게중심은 점점 더 의회 쪽으로 이동하고 있었다. 넷째, 영국은 1653년 항해조례 이후 대서양 무역의 중심 국가로 부상하면서 경제적으로만이 아니라 정치적으로도 곳곳에 식민지를 만들어 나가면서 제국의 위상을 형성해 나가고 있었다. 다섯째, 노동조합은 1870년대에 들어서서야 합법화되며 1890년대에 들어서서야 비숙련노동자들의 노동운동이 활성화되기 시작한다.

이런 역사적 상황들에 의해 영국의 사회주의는 조건지어졌다. 그러므로 영국 사회주의의 특징들을 다음과 같이 추출해 볼 수 있다.

첫째, 영국에서 사회주의는 합당한 조건 속에서 자연스럽게 출현한 사상으로 이해할 수 있다. 영국에서 사회주의는 수입된 것도 초역사적으로 형성된 것도 아닌 역사적 산물로서 존재한다.

둘째, 영국 사회주의는 정책으로 출발한 것이지 혁명 사상으로 출발하지 않았다. 사회주의자들은 사회 문제를 해결하기 위한 대안을 제시하려 하였지, 특정 계급을 타도한다거나 국가권력을 전복하기 위한 대안으로 사회주의를 제시하지 않았다.

셋째, 영국의 사회주의는 비인간적인 공장제의 문제를 해결하려는 노력에서 가장 먼저 나타났다. 오웬R. Owen이 뉴라낙New Lanark에서 실험한 새로운 공장제의 경험이 이를 증명한다.

넷째, 영국의 사회주의는 영국의 민주주의와 함께 발전했다. 영국은 1832년 제1차 선거법 개정으로 부유한 시민들을 유권자에 편입시켰고 이런 정치 체제로 35년을 끌고 나갔다. 그러나 결국 1867년 보다 잘 사는 노동자들을 유권자에 편입시켰고(영국인들은 이들을 respectable worker 라고 표현한다. 노동자 중에서도 독립성과 자긍심이 있는 노동자들을 가리키고 있다.), 이어서 1884년에는 광산노동자 같은 보다 사정이 열악한 노동자들도 유권자에 편입시키게 되었다. 통계를 보면 1867년 개정으로 유권자는 성인의 14%로 늘어났고, 1884년 개정으로 28%로 늘어났다. 이런 상황을 수치만으로 보면 영국의 민주주의는 아직 보통선거를 달성하지 못한 빈약한 민주주의로 보인다. 그러나 영국의 사회주의와 관련해 포착해야 할 중요한 두 가지 부분이 있다. ① 2차 선거법 개정부터 부유한 시민 계층을 넘어 소위 우리가 서민이라고 하는 계층을 포함시키게 되면서 영국의 정치권은 이들의 표를 얻기 위한 노력을 하기 시작했다는 것이다. 그 과정에서 집권자들은 사회문제에 대한 관심을 표명하기 시작했다. 빈곤, 교육, 의료, 주택, 노동, 농업 등의 문제를 개인의 문제로 방치하지 않고 국가가 나서서 해결하거나 조정하려 하기 시작했다. 그 과정에서 각 집권정당은 집단주의적 정책을 도입하기 시작했다. 디즈레일리의 보수당과 글래드스톤의 자유당은 이념의 차이가 있었지만 유권자의 표를 얻기 위해 서민들을 위한 정책을 펴기 시작한 것이다. 이런 정책은 결국 개인주의에 반대되는 집단주의적 성격을 띠게 된다. 포스터교육법, 아일랜드토지법, 고용주책임법, 노동조합법, 주택보조법 등이 모두 그러한 것이다. 2차 선거법 개정 후 1870년대와 1880년대의 이러한 경향은 영국의 사회주의를 집단주의적 경향의 연장선상에 놓는 효과를 낳았다. 즉 영국의 사회주의는 집단주의의 종합적 처방으로서의 의미를 지니게 되었다. 사회주의는 이미 시행되고 있는 여러 정책들의 연장으로, 그 정책들의 체계적인 종합으로 이해되는 경향을 낳았다는 말이다. ② 이렇게 찔끔찔끔 보통선거권이 확대되는 과정에서 사회주의는 민주주의 자체를 주장하는 사상으로 작용했다는 점이다. 사회주의는 보통선거권을 확대시키는 정치적 민주주의를 주장하면서 그러한 원리를 경제적 분야까지로 확대시키자는 주장을 하고 있다. 즉 영국에서 사회주의는 민주주의를 주장하는 사상의 의미를 지녔다는 점을 지적할 수 있다.

다섯째, 영국의 사회주의는 해방 사상으로서의 의미보다는 사회정책으로서의 성격을 띠고 있다는 점이다. 산업사회가 지닌 문제들을 해결해 나가는 정책들을 체계화시켜 하나의 정리된 개혁 아이디어로 만들어 진 것이 영국의 사회주의라고 할 수 있다.

여섯째, 그래서 영국의 사회주의는 몇 개의 국면으로 나눠질 수 있다. 1단계는 1830년대 공장개혁 운동을 중심으로 해 오웬의 대안이 제시된 초기 국면이다. 오웬은 공장개혁 운동을 스스로의 자금으로 시도했는데 동조자들이 출현하지 않는 한 그것이 지속되지는 못했다. 오웬은 훌륭한 대안을 제시했지만 정책집행자들은 그 대안을 채택하지 않았다. 오웬은 위로부터의 힘에 기대하기보다 아래로부터의 힘에 기대하는 것이 타당하다고 생각하고 노동운동의 중요성에 관심을 가지게 되었다. 전국연합노조 GNCTU의 탄생은 그것을 보여준다. 그러나 오웬주의는 그 사상을 수용할 정당을 찾지 못했고, 독자적인 정당을 만들어 내지도 못했다. 그리고 오웬의 사상은 사회주의로 불리긴 했으나 그것이 산업 사회의 질서에 대한 체계적인 대안을 담아내지는 못했다는 점에서 그 다음 단계의 사회주의와 구별된다.

42

2단계는 선거법 개정이 이루어지면서 대중을 의식한 집단주의적 정책이 시작되었는데, 이 가운데서 사회주의의 부활 현상이 나타난 국면이다. 이 시기는 1880년대로 이 때에 사회민주동맹, 사회주의자연맹, 페이비언 협회 등의 사회주의 단체들이 조직되기 시작했다. 여러 사회주의 사상들이 나타났으나 이 중 주도권을 잡은 것은 페이비언 사회주의라고 할 수 있었다. 페이비언 사회주의는 렌트이론을 중심으로 한 나름의 잉여가치 이론으로 현실의 모순을 분석해 냈으며, 그 모순을 극복하기 위해 국가가 과세 등의 수단을 통해 중요한 역할을 해야 한다는 생각을 제시했다. 국가를 움직이려면 정권을 장악해야 하는데, 페이비언들은 의회 민주주의 절차를 통해 정권장악을 실현시켜야 한다는 방법론을 제시했다. 나는 페이비언 사회주의를 제1의 사회주의로 간주한다.

3단계는 노동운동이 비숙련 노동자를 중심으로 한 노동운동으로 변화되어 나가면서 노동자들이 작업통제에 대한 자치권을 얻어 내려는 의식을 보이기 시작하는 1890년대 이후의 국면이다. 그러나 이러한 생각이 하나의 사상으로 구체화되고 운동으로 드러난 것은 1910년대의 노동불안기Labour Unrest라고 할 수 있다. 이 시기에 또 하나의 사회주의 사상이 구체화되었다. 그것은 신디칼리즘으로 유럽의 생디칼리즘과 미국의 산별노조주의의 영향을 받은 사상이었으나 영국에서 독자적인 사상으로 거듭 태어났다. 신디칼리즘은 노동자들이(혹은 생산자들이) 그들의 작업 공간 혹은 생산 공간에서 민주주의를 실현시킬 것을 주장했다. 나는 신디칼리즘이 산업사회의 질서에 대해 페이비언 사회주의와는 구별되는 대안을 제시했으므로 이를 영국의 두 번째 사회주의로 간주한다. 같은 시기에 출현한 길드 사회주의는 신디칼리즘과 페이비언 사회주의를 함께 받아들이고 있는 절충적 성격을 띠고 있다.

노동 불안기를 전후한 주요 사건들의 연대기

1895년   시드니 웹 등의 페이비언들에 의해 런던 경제 대학London School of Economics이
          설립됨. 프랑스에서 노동총동맹CGT이 창립됨.

1898년   톰 만 노동자연합the Workers' Union을 세움. 다니엘 드 레옹Daniel de Leon은
          미국 사회주의 노동당Socialist Labour Party에서 지배력을 갖게 됨.

1900년   카키khaki선거 치러져 보수당이 승리함.(카키 선거는 전쟁의 영향 아래서
          치러진 선거를 의미하는데 1900년의 선거는 보어전쟁의 영향 하에서 치러
          졌다. 카키는 군복의 색깔을 의미한다.) 노동대표위원회Labour Representation
          Committee가 조직됨. 케어 하디K. Hardie, 남웨일즈의 머서 티드필 및 아버대어
          Merthyr Tydfil and Aberdare 선거구에서 의원으로 당선됨.

1901년   태프베일 판결Taff Vale judgement이 내려짐. 이 판결로 인해 노동조합은
          파업으로 회사가 입은 피해에 대해 배상 의무를 지게 됨. 이 판결 이후
          많은 노동조합들이 노동대표위원회Labour Representation Committee에 가입하
          게 됨. 톰 만 오스트레일리아로 건너감. 보어 전쟁 중 남아프리카에
          강제수용소가 세워짐.

1902년   밸푸어Balfour의 교육법Education Act이 통과됨. 영일동맹이 맺어짐. 웹부부
          코이피션츠 식사모임 클럽Coefficients dining club을 조직함. 영국의 드레옹주
          의자들은 사회민주동맹SDF의 『정의Justice』에 대항해 월간지 『사회주의자
          들The Socialists』을 발행함.

44

1903년 체임벌린, 관세개혁운동을 시작함. 에멀린 팡크허스트Emmeline Pankhurst에
       의해 여성 사회정치연합Women's Social and Political Union이 결성됨. 글래스고
       우에서 사회주의노동당Socialist Labour Party이 결성됨. 영국의 무정부주의적
       신디칼리스트anarcho-syndicalist들이 『총파업*The General Strike*』을 발간함.

1904년 노동자 교육협회Workers' Educational Association가 결성됨. 영프 협상entente
       cordiale이 체결됨.

1905년 존 번즈John Burns는 캄벨 배너만Campbell-Bannerman 내각에 각료로 입각함.
       빈민법 왕립 위원회(1905~1909)가 조직됨. 여기에 비어트리스 웹이 참여해
       활동한 후 소수보고서를 만들어 냄. 미국의 시카고에서 미국 세계산별노조
       Industrial Workers of the World가 조직됨.

1906년 노사분규법Trade Disputes Act 통과됨. 노동대표위원회Labour Representation
       Committe가 노동당Labour Party으로 바뀜. 케어 하디Keir Hardie가 초대 의장으
       로 선출됨. 선거에서 노동당은 29석의 의석을 얻게 됨. 윌 쏜Will Thorne은
       1906년 총선에서 런던의 웨스트 햄West Ham에서 출마해 당선됨. 영국의
       드레옹주의자de Leonist들은 영국 산별노조 지지협회British Advocates of
       Industrial Unionism를 수립함.

1907년 빅터 그레이슨Victor Grayson이 콘 밸리Colne Valley에서 의원으로 당선됨.
       오라지Orage 1907년 주간지 『새로운 시대*New Age*』를 매입함. 이 저널에
       길드 사회주의에 대한 글이 실리기 시작함. 영러 협상entente이 체결됨.
       무정부주의적 신디칼리스트들은 『노동의 소리*Voice of Labour*』를 출간함.
       그러나 8달 만에 폐간됨. 8월에는 가이 알프레드Guy Alfred가 직접행동주의
       자들의 산별노조Industrial Union of Direct Actionists를 조직함. 12월에는 국제
       무정부주의자 동맹International Anarchist Federation 영국 지부가 수립됨.

1908년 10월 플렙스 연맹Plebs League이 옥스퍼드의 러스킨 칼리지Ruskin College
       학생들에 의해 조직됨.

1909년 상원은 로이드 조지의 예산안을 거부함. 오스본 판결Osborne judgement이
       내려짐. 이 판결로 인해 노동조합은 노동당에 정치자금을 제공할 수 없게

됨. 러스킨 대학에서 이탈한 사람들은 중앙노동학교Central Labour College를 결성함. 『플렙스 매거진*Plebs Magazine*』이 창간됨. BAIU는 영국 산별노조 Industrial Workers of Great Britain로 재편됨.

1910년 1909년 제안된 인민예산People' Budget을 둘러싸고 촉발된 정치권의 갈등으로 인해 1월과 12월 두 번의 총선이 치러짐. 카슨Carson이 얼스터 통합당의 지도자가 됨. 톰 만 오스트레일리아에서 귀국함. 9월 남웨일즈 광부들 캄브리안 콤바인Cambrian Combine을 중심으로 파업을 하기 시작함 11월 토니팬디에서 소요사태가 일어남. 파업노동자 한 사람 사망함. 12월에는 맨체스터에서 톰 만이 주도한 산업 신디칼리스트 교육연맹Industrial Syndicalist Education League이 출범함. 톰 만과 가이 바우만에 의해 『산업신디칼리스트*Industrial Syndicalist*』 출판되기 시작함. 조지 란스베리George Lansbury 런던의 노동자지구인 보우 및 브롬리Bow and Bromley 선거구에서 의원에 당선됨.

1911년 국민보험법National Insurance Act이 통과됨. 8월 10일 의회법Parliament Act이 통과되어 하원이 실질적인 법률 제정권을 갖게 됨. 보수당 사회개혁 위원회 조직됨. 다이하드die-hard(의회법에 반대한 강경한 상원의원들) 귀족들에 의해 할스베리클럽Halsbury club 조직됨. 보수당 당수 밸푸어Balfour 사임하고 보나어 로Bonar Law로 보수당 당수가 교체됨. 웰즈 『새로운 마키아벨리*The New Machiavelli*』(1911)에서 웹부부The Webbs를 풍자함. 1월 출판 노동자의 파업지로 『일간소식*Daily Herald*』이 출범함. 3월에는 25만 명이 가입하게 되는 전국 운수 노동자 동맹National Transport Workers' Federation이 조직됨. 남웨일즈에서는 비공식 개혁위원회Unofficial Reform Committee가 조직됨. 톰 만은 사회민주동맹SDF으로부터 탈퇴함. 6월 사우쓰앰턴에서 선원들의 파업이 발생함. 리버풀에서 파업 발생하여 6월 14일부터 8월 24일까지 72일간 지속됨. 리버풀 파업은 총파업으로 발전하게 됨. 8월 런던부두파업 발생. 리버풀 파업에 이어 전국 철도파업 발생. 리버풀와 하넬리에서는 노동자들이 총에 맞아 사망하는 사건이 발생함. 『산업신디칼리스트』는 출간이 정지됨. 그러나 톰 만은 『운수 노동자*Transport Worker*』라는 새로운 잡지를 리버풀에서 창간함. 12월 신디칼리스트 운동의 중요 문서인 『광부들의 다음 단계*The Miners' Next Step*』 작성됨.

1912년	자유당 인사들이 마르코니 회사와 관련해 내부 정보를 이용해 부당이득을
	얻었다는 마르코니 사건이 발생함. 얼스터 민병대Ulster Volunteer Force가
	조직됨. 1월 『산업 신디칼리스트Industrial Syndicalist』의 후속 잡지로 『더
	신디칼리스트The Syndicalist』가 출간됨. 톰 만Tom Mann과 가이 바우만Guy
	Bowman이 『쏘지 마라Don't Shoot』라는 인쇄물로 인해 체포 투옥됨. 3월
	전국 광부 파업이 발생하지만 4월 임금 책정에 대한 조정안이 마련되면서
	파업이 종식됨. 『일간소식Daily Herald』지는 전국 일간지로 재편됨. 6월
	발생한 런던 운수노동자 파업은 실패로 끝이 남. 11월 산업신디칼리스트
	교육연맹은 런던과 맨체스터에서 두 번의 전국 회의를 개최함. 일간소식
	연맹Daily Herald Leagues이 창설됨. 이탈리아에서는 이탈리아 신디칼리스트
	조직이라고 할 수 있는 USI가 출범함.

1913년	6월~7월 블랙 컨트리Black Country 파업 발생, 더블린 총파업 발생. 산업
	신디칼리스트 교육연맹ISEL 안에서 노동조합 재건파와 이중 노조주의자
	dual unionist의 분열이 일어남. 8월에는 1911년 철도 파업의 2주기를 맞아
	철도원들의 대규모 시위가 발생함. 9월에는 산업민주연맹IDL의 잡지로
	월간지 『연대Solidarity』가 출간됨. 더블린 총파업이 시작됨. 짐 라킨Jim
	Larkin과 제임스 커널리James Connolly가 중요 인물로 부상함. 9월 국제 신디칼
	리스트 회의가 런던에서 개최됨. 10월 11월 더블린 파업에 대한 산발적인
	동조파업이 영국에서 발생함. 11월 애스크위드Askwith는 전례없는 규모의
	새로운 노사분규가 발생할 것이라고 예측함. 페이비언들에 의해 주간지
	『새로운 정치가New Statesman』 출간됨.

1914년	더블린 파업은 실패로 끝이 남. 다섯 명의 노동자들이 이 과정에서 사망함.
	3월 런던 건설노동자들의 파업 발생함. 삼자 동맹Triple Alliance에 대한
	논의가 나타남. 5월에는 무정부주의적 신디칼리스트들의 잡지 『노동의
	소리Voice of Labour』가 출간됨. 8월 건설노동자 산별노조Building Workers'
	Industrial Union가 조직됨. 아일랜드 홈룰 법안이 통과됨. 쿠라 사건Curragh
	mutiny이 발생함. 노동조합 회원수 4백만(1910년 250만에서) 명으로 증가.
	1차 대전이 발생. 세계대전의 발생으로 노동불안기는 종식됨. 팡크허스트
	Pankhurst, 힌드만Hyndman, 블래치포드Blatchford, 벤 틸렛 등은 1차 대전을
	찬성했으나 케어 하디, 톰 만, 존 번즈는 반대함. 새무얼 조지 홉슨이
	『전국 길드 : 임금제와 탈출구에 대한 연구National Guilds: an Inquiry into the

Wage System and a Way Out』를 발간함.

1915년   전국길드연맹National Guilds League 결성됨. 길드 사회주의의 『스토링톤 문서 *Storrington Document*』 출간됨. 케어 하디 사망함.

1917년   콜G. D. H. Cole의 『산업의 자치경영*Self-Government in Industry*』 출판됨. 벤 틸렛 현재 맨체스터 광역시에 속하는 북샐퍼드Salford North 선거구에서 노동당 의원으로 당선됨.

1918년   4차 선거법Representation of the People Act(1918) 개정이 이루어져 30세 이상의 여성들에게도 선거권이 부여됨. 쿠폰 선거가 치러져 보수당과 자유당 연립내각이 압승을 거둠.(보수당과 자유당 연립내각의 공식적 지지를 받은 입후보자들에게 증서를 발행했으므로 쿠폰선거라고 불린다.전쟁후 치러진 선거이므로 카키khaki선거라고도 불린다.) 헨더슨이 노동당을 재조 직함. 노동당은 강령으로 시드니 웹이 기초한 『노동과 신사회 질서*Labour and the New Social Order*』 채택함.
버트란드 러슬 1차 대전 중 『자유로의 길*Roads to Freedom*』(1918)을 집필하여 출판함. 여기서 그는 국가사회주의, 무정부주의, 생디칼리즘 등으로 사회주 의를 분류하여 설명한 후 길드 사회주의를 이상적인 이념으로 평가하였음. 로열 에어 포스Royal Air Force가 창건됨.

1919년   아일랜드 공화군Irish Republican Army이 결성됨. 인도인들이 암리짜Amritsar에 서 대량 학살당함.

1920년   영국 공산당Communist Party of Great Britain: CPGB이 결성됨. 웨일즈에서 국교 제가 폐지됨. 노동조합 회원수 825만 명으로 증가. 코올G. D. H. Cole 의 『다시 쓰는 길드 사회주의*Guild Socialism Restated*』(1920) 출판됨.

1922년   운수 및 일반 노동자 조합Transport and General Workers' Union: TGWU이 결성됨. 어니스트 베번Earnest Bevin이 총서기가 됨.

1923년   린톤 오만Lintorn-Orman 영국 파시스트British Fascists 조직함.

48

1924년   노동당 일월 선거에서 승리. 맥도널드가 일차 노동당 내각을 구성함.
         노동당 시월 총선에서 패배함. 모슬리 노동당에 입당. 모슬리는 이후
         노동당에서 탈당, 영국 파시스트연합을 조직하게 됨.

1926년   총파업General Strike 발생하여 9일간 지속됨.

1927년   노사분규법Trade Disputes Act이 통과됨.

1928년   5차 선거법Representation of the People Act(1928) 개정으로 21세 이상의 여성들
         에게도 선거권이 주어짐. 버나드 쇼,『지적인 여성을 위한 사회주의와
         자본주의에 대한 안내서 The Intelligent Woman's Guide to Socialism and Capitalism』
         (1928)를 출판함.

1929년   2차 노동당 내각 형성. 대공황 발생. 아놀드 리스Arnold Leese 제국파시스트연
         맹Imperial Fascist League 조직함.

1930년   신문『일간 노동자 Daily Worker』 출간됨.

1931년   8월 맥도널드 내각 붕괴. 10월 선거에서 노동당은 크게 패배함.

1935년   클레먼트 애틀리Clement Attlee가 조지 란스베리George Lansbury를 이어 노동당
         당수로 선출됨.

1936년   빅터 골란즈Victor Gollancz가 레프트 북 클럽Left Book Club을 시작함.

1940년   노동당은 처칠의 전시 연립내각에 참여.

1942년   복지국가의 이론적 기초가 된 비버리지 보고서Beverage Report가 작성됨.

1945년   애틀리의 노동당, 총선에서 승리. 전기, 철도, 가스, 철강, 광산, 은행 등에서
         대대적인 국유화가 실시됨.

1948년   복지국가 정책의 하나로 국민 보건 서비스National Health Service가 실시됨.

중요 단체들의 약자

ACC : Association of Chambers of Commerce 상공회의소 협회

ASE : Amalgamated Society of Engineers 기사연합회

ASRS : Amalgamated Society of Railway Servants 철도원연합회

BAIU : British Advocates of Industrial Unionism 영국 산별노조지지자 협회

BTAC : Building Trades Amalgamation Committee 건설업 합병위원회

BWIU : Building Workers' Industrial Union 건설노동자 산별노조

CGT : Confédération Générale du Travail 노동총동맹

DHL : Daily Herald League 일간 소식연맹

DWRGWU : Dock, Wharf, Riverside and General Workers' Union 부두, 선창, 하안 및 일반노동자 조합

EPC : Employers' Parliamentary Council 고용주 의회 협의회

GNCTU : Grand National Consolidated Trade Union 노동조합 전국 총연합

GRWU : General Railway Workers' Union 일반 철도 노동자연합

IDL : Industrial Democracy League 산업민주연맹

ILP : Independent Labour Party 독립노동당

ISEL : Industrial Syndicalist Education League 산업 신디칼리스트 교육연맹

ITWU : Irish Tranport Workers' Union 아일랜드 운수 노동자연합

IWGB : Industrial Workers of Great Britain 영국 산별노조

IWW : Industrial Workers of the World 세계 산별노조

LBIF : London Building Industries Federation 런던 건설업 동맹

LMBA : London Master Builders Association 런던 건설업자 연합

LPDL : Liberty and Property Defense League 자유 및 재산 방어연맹

LRC : Labour Representation Committe 노동대표위원회

MQRCU : Mersey Quay and Railway Carters' Union 머지항 및 철도 짐마차꾼 연합

MFGB : Miners' Federation of Great Britain 영국 광부동맹

NGLU : Navvies and General Labourers' Union 단순노동자 및 일반노동자 연합

NIC : National Industrial Council 전국 노사협의회

NSFU : National Sailors and Firemen' Union 전국 선원 및 화부연합

NTWF : National Transport Workers' Federation 전국 운수노동자동맹

NUDL : National Union of Dock Labourers 전국 부두노동자연합

NUSSCBB : National Union of Ships' Stewards, Cooks, Butchers and Bakers 전국 선박승무원, 요리사, 정육공, 제빵공 연합

NUR : National Union of Railwaymen 전국 철도원연합

OBS : Operative Bricklayers' Society 벽돌공 협회

SDF : Social Democratic Federation 사회민주동맹

SLP : Socialist Labour Party 사회주의 노동당

SWMF : South Wales Miners Federation 남웨일즈 광부동맹

TUC : Trade Union Congress 노동조합회의

UPSS : United Signalmen and Pointsmen Society 통신원·전철수연합회

URC : Unofficial Reform Committee 비공식 개혁위원회

USRC : Unionist Social Reform Committee 보수당 사회개혁위원회

WSPU : Women's Social and Political Union 여성 사회정치연합

WU : Workers' Union 노동자 동맹

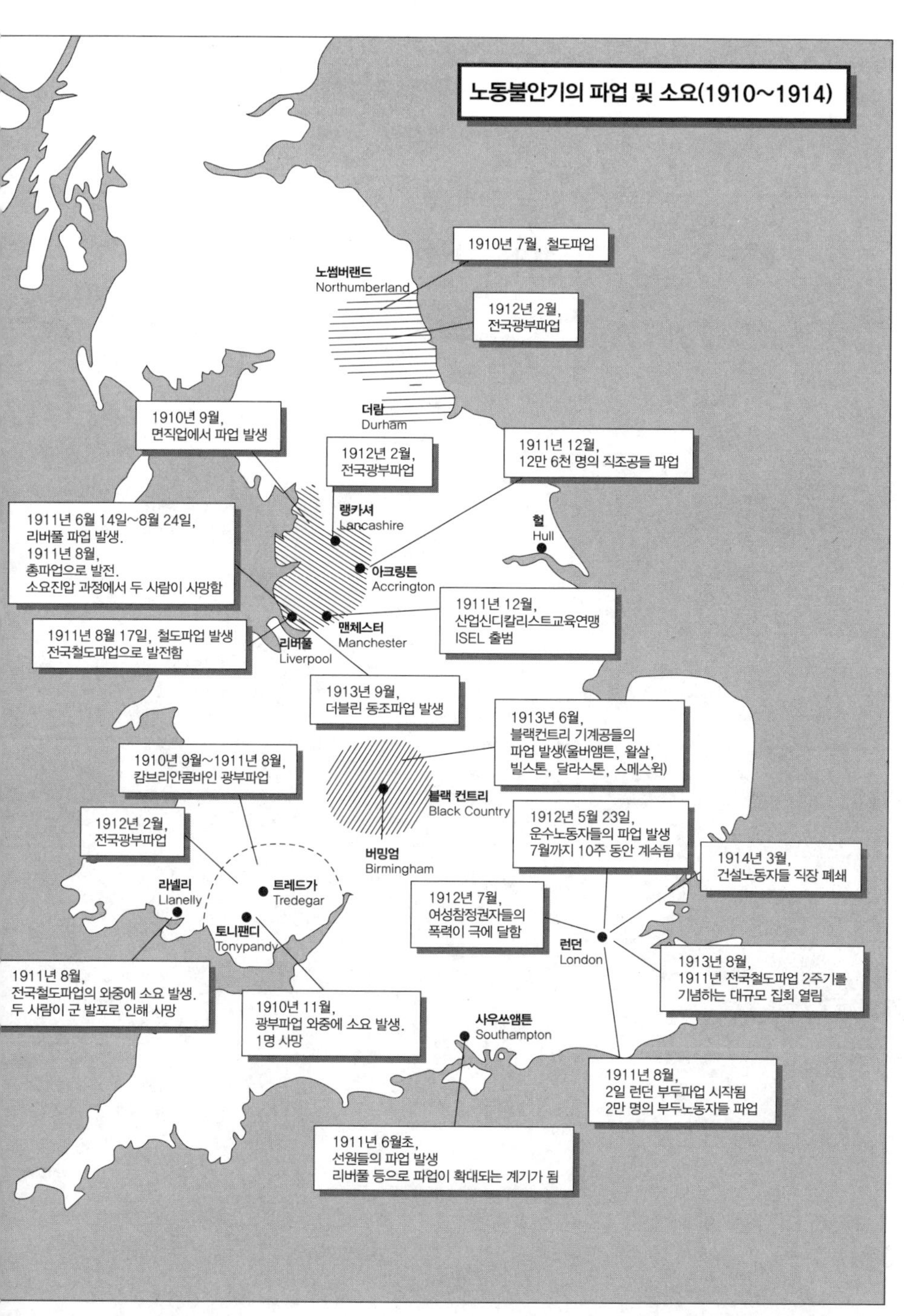

노동불안기의 파업 및 소요(1910~1914)
1910년 7월, 철도파업
노썸버랜드
Northumberland
1912년 2월,
전국광부파업
1910년 9월,
면직업에서 파업 발생
더람
Durham
1912년 2월,
전국광부파업
1911년 12월,
12만 6천 명의 직조공들 파업
랭카셔
Lancashire
헐
Hull
1911년 6월 14일~8월 24일,
리버풀 파업 발생.
1911년 8월,
총파업으로 발전.
소요진압 과정에서 두 사람이 사망함
아크링튼
Accrington
1911년 12월,
산업신디칼리스트교육연맹
ISEL 출범
1911년 8월 17일, 철도파업 발생
전국철도파업으로 발전함
리버풀
Liverpool
맨체스터
Manchester
1913년 9월,
더블린 동조파업 발생
1913년 6월,
블랙컨트리 기계공들의
파업 발생(울버햄튼, 왈살,
빌스톤, 달라스톤, 스메스윅)
1910년 9월~1911년 8월,
캄브리안콤바인 광부파업
블랙 컨트리
Black Country
1912년 5월 23일,
운수노동자들의 파업 발생
7월까지 10주 동안 계속됨
1912년 2월,
전국광부파업
버밍엄
Birmingham
1914년 3월,
건설노동자들 직장 폐쇄
라넬리
Llanelly
트레드가
Tredegar
1912년 7월,
여성참정권자들의
폭력이 극에 달함
런던
London
토니팬디
Tonypandy
1913년 8월,
1911년 전국철도파업 2주기를
기념하는 대규모 집회 열림
1911년 8월,
전국철도파업의 와중에 소요 발생.
두 사람이 군 발포로 인해 사망
1910년 11월,
광부파업 와중에 소요 발생.
1명 사망
사우쓰앰튼
Southampton
1911년 8월,
2일 런던 부두파업 시작됨
2만 명의 부두노동자들 파업
1911년 6월초,
선원들의 파업 발생
리버풀 등으로 파업이 확대되는 계기가 됨

1장

1911년은 무슨 의미를 지닐까?

코울 George Douglas Howard Cole(1889~1959)
노동불안기의 사회현상을 관찰하게 되면서 페이비언 사회주의 이론에 대해
문제를 제기하고 길드사회주의 이론을 제시한 영국의 학자이며 사상가이다.
영국 수상이었던 해롤드 윌슨Harold Wilson이 그의 제자이다.

1911년은 영국이 1760년대에 산업화를 시작한 지 150년이 흐른 시점이다. 영국은 이 기간 동안 세계의 공장으로 부상하면서 번영을 이루어내었다. 그러나 같은 기간 동안 영국은 사회의 모순도 함께 키워나갔다. 사회의 모순은 번영의 화려함에 감추어져 있었지만 그것이 언제까지나 숨죽이고 있을 수는 없는 법이다. 1911년 그러한 모순은 150년의 축적된 시간 위로 떠올랐다.

사실 1911년의 시점은 영국에서만 중요한 시기였던 것은 아니다. 한국에서는 한일합병이 막 일어난 시점이었으며, 일본은 한국을 식민지로 만들면서 유럽 국가들을 본받아 동양에서 제국주의를 실현시키려 하고 있었다. 중국에서는 신해혁명이 일어나면서 수백 년 쌓여온 모순이 폭발하려 하고 있는 시점이었다. 유럽에서는 영국, 독일, 프랑스가 제국주의 선두 다툼을 하고 있었고 그 와중에 아프리카 북부의 모로코에서 충돌을 일으키면서 전쟁이 일어날 위기 상황을 만들고 있었다. 발칸반도에서도 전쟁이 일어나려 하고 있었다.

영국은 마르크스가 『자본론』을 쓰며 모델로 삼은 나라이다. 마르크스는 영국에 살면서 영국의 사회 모습을 관찰하고 검토한 성과 위에서 『자본론』을 펴내었다. 『자본론』은 1867년 1권이 나온 이후 시차를 두고 차례로 2권, 3권, 4권이 출판되었지만 『자본론』의 아이디어가 그대로 담겨 있는 『정치경제학 비판』은 이미 1859년에 쓰여졌다. 그러니 산업화가 시작된 지 100년이 지난 시점에 영국의 모순이 심각한 지점에 도달했다는 사실은 한 망명 학자의 연구에 의해 이미 드러난 셈이었다.

그러나 이런 이야기는 조금 혼란을 야기한다. 왜냐하면 영국에 대해 고착되어 있는 이미지가 너무 강하기 때문이다. 많은 사람들이 영국은 유럽의 어떤 나라보다도 앞서 있는 나라, 민주주의가 유럽의 어느 나라보다도 일찍 발전한 나라라는 생각을 가지고 있다. 그래서 영국은 문제가 적은 나라라는 생각을 하게 되거나, 아니면 문제가 있었다 해도 그런 문제들을 잘 해결해 나간 나라라는 생각을 하게 된다. 과연 그러했을까?

산업화 이후 150년의 기간은 영국이 정치적 민주화를 이루어 나간 길고 지리한 시간이었다. 영국은 정치적 민주주의를 놓고 볼 때 유럽의 다른 나라보다 결코 앞서 있지 않았다. 오히려 그와는 반대로 후진적이었다고 할 수 있다. 영국은 이렇다 할 시민혁명을 겪지 않은 채 귀족이 지배하는 질서를 유지해 나가고 있었다. 프랑스는 1792년 프랑스 혁명이 국민공회기로 접어들었을 때 보통선거를 실현시켰다. 그러나 이때 영국은 아직도 성인의 3퍼센트만이 투표권을 가지고 있는 나라였다. 게다가 이마저도 사실상 귀족들이 얼마 안 되는 선거권자들을 조종해서 하원의원들을 선출하고 있는 상태였다. 이런 어처구니없는 귀족들의 권력 독점에도 불구하고 영국은 의회를 가지고 있고, 의회를 구성하는 휘그Whig는 자유주의 세력이며, 이런 세력으로 인해 영국은 왕이 함부로 권력을 휘두를 수 없는 정치질서를 가지고 있었다는 점이 영국을 민주주의 국가인 양 보이게 하는 착시 효과를 가져왔다.

이런 상황에서 영국에서도 민주화 운동이 일어났다. 민주화 운동은 정치적 민주주의와 경제적 민주주의의 두 영역에서 전개되어 나갔다. 정치적 민주주의는 국민이 국가 권력에 참여하고, 귀족의 특권을 깨뜨리기 위한 노력으로 나타났다. 그러한 노력은 선거권을 확대하려는 운동에 초점을 맞추게 되었다. 즉 영국인들은 보통선거권을 향한 길고 지리한 싸움을 해 나간 것이다. 보통선거권에 대한 주장은 산업화의 변화가 시작되기 백년 전 '레벨러Leveller'라는 집단에 의해 제기된 적이 있었지만 이 주장은 청교도 혁명기의 짧막한 정치적 혼란기에 나타났다가 사라져 버렸다. 산업화가 시작된 후에는 보통선거권에 대한 주장이 프랑스 혁명과 맞물려 일어났다. 프랑스 혁명이 일어난 1790년대에 톰 페인Tom Paine을 중심으로 한 일단의 개혁주의자들이 보통선거권 문제를 제기했지만 강력한 탄압을 받았으며 보통선거를 실현시키는 운동으로 크게 확대되지 못했다. 그러나 톰 페인의 주장이 제기된 지 50년이 지난 1840년대에 보통선거에 대한 주장은 노동자와 장인층으로부터 강력하게 제기되었다.

산업화가 시작된 지 80년 만에 선거권을 달라는 요구가 강력하게 제기된 이유는 무엇일까? 정치적 억압 혹은 종교적 탄압에 대한 항의를 제기하기 위해서였을까? 1840년대에 나온 선거권에 대한 요구는 2백 년 전 레벨러들에 의해 제기된 선거권에 대한 요구와는 다소 다른 맥락에서 제기되었다. 2백 년이 지난 영국은 산업화가 상당히 진행된 상태에 놓여 있었으며, 정치는 경제 및 사회 문제와 연결되어 있었다. 산업화 과정 속에서 생겨난 많은 노동자들은 차츰 노동과 생존권 등 여러 가지 문제에 직면하게 되었다. 광부들은 광산에서, 면직업 노동자들은 공장에서 노동하는 그들의 삶의 조건이 지나치게 가혹하다는 점을 발견하게 된 것이다. 이 문제를 해결하기 위한 방법으로 이들은 마치 60년 뒤 여성들이 뒤따라 깨달았던 것처럼 의회에서 법을 만드는 것이 요체라는 점을 깨달았다. 자신들의 문제를 해결할 수 있는 법을 만들 수 있으려면 법을 만들 수 있는 사람들을 의회에 보내야만 했다. 의회에서 통과되는 법은 그들의 삶을 더욱 힘들게 만들기도 했다. 1834년 통과된 신빈민법New Poor Law은 구빈원의 환경을 극히 열악한 수준으로 조성해, 노동력이 있는 사람들은 구빈원에서 나가 저임금으로라도 공장에서 노동하는 것을 선호하도록 만들었던 것이다.

1840년대에 출현한 챠티즘은 6개의 요구 사항을 제시했지만 그 내용은 보통선거와 선거 방법, 국회의원에 대한 내용이 주를 이룬다. 정치적 민주주의를 이루어내어야만 이를 통해 경제적 문제를 해결할 수 있다는 믿음이 여기에 깔려 있었던 것이다. 보통선거권에 대한 챠티스트들의 요구는 실패로 돌아갔다. 결국 선거권은 사회의 상층부부터 끌어들이면서 느리게 확대되어 나갔다.

챠티스트 운동이 일어나기 전인 1830년대 초 1차 선거법 개정이 이루어지면서 부유한 재산가 계층에게 선거권이 부여되었다. 귀족은 부유한 재산가 계층이 자신들과 이해관계를 공유할 것이라고 판단하고 그들의 범주에 재산가 계층을 끌어들인 것이다. 1832년의 선거법 개정으로 성인의 7퍼센트 정도가 선거권을 가지게 되었다. 어떤 이들은 이 선거법 개정을 두고 귀족에 대한 부르주아의 사회적 승리라고 평가하기도 한다. 그렇지만 그런 평가는 매우 나이브하다. 부르주아가 하원을 장악한 것도 아니거니와 상원이 하원 위에 여전히 군림하고 있었기 때문이다. 그러나 하원에 귀족의 배경을 갖지 않는 실질적인 평민들이 입성하게 되었다는 점에서 1차 선거법 개정은 의미가 있다. 1차 선거법 개정은 유권자의 수를 확대시켜 나가는 과정에서 첫 번째 단추를 연 셈이다.

하지만 1832년 선거법 개정이 사회 구성원 다수에게 큰 의미가 없었다는 것은 곧 이어 일어난 챠티스트 운동이 입증하고 있다. 선거법 개정은 부유한 재산가 계층이 그들의 대표를 의회에 보낼 기회를 부여했을 따름이었다. 선거법은 개정되었지만 선거법 개정 이후에 구성된 의회는 여전히 민주주의와는 거리가 멀었다. 영국은 귀족 과두정이 완화된 형태로 움직여지고 있었을 따름이다.

그러나 챠티스트 운동이 실패한 뒤에도 보통선거를 향한 운동은 지속되었다. 1865년 찰스 브래들로Charles Bradlaugh 등이 활동한 개혁연맹Reform

League이 결성되었고, 보통선거는 다시 한 번 중요한 문제로 부각되었다. 이런 노력의 결과 1867년 2차 선거법 개정이 이루어졌으며 챠티스트 운동이 끝난 지 20년 만에 선거권이 다소나마 확대되는 성과가 나타났다. 2차 선거법 개정 과정에서도 애덜러마이트Adullamite로 불린 개혁 반대파의 강한 저항이 있었다. 그러나 1866년에 법안이 거부되는 과정을 거치면서도 결국 선거권은 확대되었다. 그리고 그 뒤 17년 만인 1884년 3차 선거법 개정이 이루어졌다. 지속적인 선거법 개정은 소득 최상위 계층으로부터 차상위 계층으로 차츰 선거권을 확대시켜 나갔다. 그래도 1884년 선거법 개정으로 선거권을 가지게 된 사람은 성인의 28퍼센트에 불과했다. 여성을 배제하고라도 성인남자의 40퍼센트가 선거권을 가지지 못한 상태였던 것이다.

애덜러마이트 Adullamites 제2차 선거법 개혁에 반대해 1866년 잠깐 형성되었던 자유당 내의 반개혁파를 지칭한다. 이 분파를 이끈 사람은 로버트 로웨Robert Lowe와 엘코 경Lord Elcho이다. 1865년 파머스톤이 사망한 후 자유당은 2차 선거법 개혁안을 추진했다. 하지만 자유당 내에서 선거법 확대에 반대하는 그룹이 출현했다. 이들에게 붙여진 애덜러마이트라는 명칭은 다윗이 사울로부터 몸을 피하기 위해 애덜럼Adullam의 동굴에 은신한 구약의 이야기에 근거한 것이다. 애덜러마이트는 글래드스톤의 법안에 대해 반대를 거듭한 끝에 수상 러슬(자유당)의 사임을 초래했다. 이들은 보수당과 연합을 시도하기도 했으나 그 노력은 무산되었다. 결국 1867년 더비경의 3차 보수당 내각에서 2차 선거법 개혁안이 통과된다.

선거권을 요구하는 운동은 결국 여성으로까지 확대되었다. 여성들 역시 그들의 문제를 해결할 수 있는 궁극적인 방법은 의회에 그들의 요구를 실현시켜 줄 대표를 보내는 것이라는 점을 깨달았다. 그러기 위해 여성들 자신에게 선거권이 있어야 했다. 남성과 여성을 통틀어 선거권을 얻어내는 문제는 자신들의 권리를 확보하는 것과 관련해 핵심적인 주장이

60

되었다. 1911년 영국은 여성으로까지 확대된 선거권에 대한 요구로 보통선거권 확보의 시험대 위에 올라서 있었다.

정치적 민주화와 관련되는 또 하나의 노력이 있었다. 그것은 귀족의 특권을 깨뜨리고 귀족지배를 종식시키려는 노력이었다. 이는 특권의 세습에 대한 항의이기도 했다. 영국은 1689년 일어난 명예혁명을 통해 왕권에 대한 의회권의 우위를 확인했고, 하원을 통해 국민의 의사와 이익이 대표될 수 있는 정치 구조를 가지게 되었다. 영국은 이 사건을 영국이 민주주의를 실현시킨 중요한 사건으로 자랑스럽게 생각한다. 그러나 이 의회에서 하원의 성격은 차치하고라도, 영국은 하원 위에 상원이 존재하는 권력구조를 가지고 있었다. 하원의 법안이 상원을 통과해야 비로소 그 법은 효력을 발휘하게 되었던 것이다. 그런데 상원은 귀족들만으로 구성되어 있었다. 그러니 법이 지배하는 사회였다고 하는 영국은 상원이 법안의 최종 통과를 좌우함으로써 사실상 귀족이 지배하고 있는 사회였던 셈이다.

하원은 서민원House of Commons으로 불리고 있어서 영국 의회가 평민의 권리와 이익을 대변하는 역할을 했을 것이라는 생각을 하기 쉽게 만든다. 그러나 하원에 들어와 있는 다수의 평민Commoner들은 사실상 귀족의 이해와 연결되어 있었다. 왜냐하면 하원의원들이 귀족 가문 출신이 많았기 때문이다. 영국의 귀족제는 장자에게만 작위가 승계되기 때문에 귀족의 차남, 삼남 등은 사실상 귀족이었음에도 불구하고 신분상 평민으로서 하원에 들어올 수 있었던 것이다. 형은 귀족으로서 상원에서, 동생은 평민으로서 하원에서 활동했는가 하면, 하원에서 활동하다가 아버지가 죽으면서 귀족 작위를 승계해 상원으로 옮겨가는 사례가 빈번하게 발생했다.

그러니 1832년 1차 선거법 개정으로 재산가 계층이 선거권을 얻게 되었다고 하지만 그것은 하원이 차츰 귀족 지배에서 벗어나는 시작점에 불과했다. 귀족들이 1차 선거법 개정에 대해 저항한 모습을 보면, 귀족 지배의 틀이 조금이라도 깨어지는데 대해 귀족들이 얼마나 민감하게 반응했는지를 잘 알 수 있다. 첫 번째로 상정된 법안은 하원에서 거부되었고, 두 번째로 상정된 법안은 상원에서 거부되었다. 세 번째에 실현된 1차 선거법 개정은 선거법에 찬성하는 새로운 귀족을 만들어 내겠다는 국왕 윌리엄 4세William IV의 협조 위에서야 실현될 수 있었다.

귀족은 부르주아를 지배층의 동반자로 간주했을지 모르지만 협력관계가 공고할 수만은 없었다. 귀족 지배의 사회 질서는 산업화가 진행되는 과정에서 거대한 부를 축적하며 실질적인 지배세력으로 부상해 간 부유 계층과 마찰을 빚게 되었다. 귀족들은 그들의 부의 기반을 작위를 받으며 수여받은 토지에 두고 있었다. 한 예를 들어 보자면 '자유와 재산 방어 연맹Liberty and Property Defense League'을 이끈 윔즈 백작Earl of Wemyss은 동 글루스터셔East Gloucestershire에 6만 2천 에이커의 토지를 보유하고 있었다. 이 토지는 2만 5천 헥타르에 해당하는 크기로 사방 16킬로의 토지 면적에 해당했다. 우리나라의 도시 중 수원시 면적의 두 배에 달하는 엄청난 넓이이다. 여기서 나오는 연간소득은 5만 7천 파운드에 달했다. 1880년대에 노동자들의 주급이 1파운드에 불과했다는 점을 감안하면 대단한 소득이었음을 알 수 있다. 귀족의 지배에 대한 도전은 종종 귀족의 토지 재산권에 대한 국가간섭의 형태로 나타났다. 1870년대부터 등장한 토지와 관련한 각종 입법들은 귀족의 토지 재산권에 대한 간섭이었으며 그들의 특권에 대한 도전이었다. 그러나 귀족의 특권을 지키는 보루였던 상원의 권력에 대한 도전 없이 이런 문제들이 근본적으로 해결될 수는 없었다. 귀족 지배에 대한 근본적 도전은 제기되지 않은 채 19세기는 지나갔다.

그러나 언제까지나 이런 구조적 문제에 대한 인식이 은폐될 수는 없는 법이다. 20세기가 되면서 결국 상원의 권력에 대한 도전이 제기되었다. 1909년 인민 예산People's Budget의 통과를 둘러싼 논쟁에서, 하원의원들은 귀족의 권리를 침해하는 법안이 결코 입법화될 수 없다는 점을 깨달았다. 그리고 이를 근본적으로 해결하기 위해서는 상원을 무력화시키는 법안을 만드는 수밖에 없다는 점을 발견했다. 그러나 이런 법안을 상원이 통과시킬 리 만무했다. 1910년 두 번의 총선을 치르고, 두 번이나 왕을 설득한 끝에 결국 하원은 법을 통과시킬 수 있었다. 하원은 에드워드 7세Edward VII를 설득하는데 실패했지만 그를 이어 새로 즉위한 조지 5세George V를 설득해 왕을 하원의 편에 서게 만들었다. 국왕은 귀족의 작위를 줄 권한을 가지고 있었으므로 왕의 의사를 따르는 수백 명의 귀족을 만들어 내어 하원을 돕겠다는 의사를 밝힌 것이다. 상원 내에서는 상원을 무력화시키는 법안에 결사 반대하는 다이하드diehard파가 등장하는 등 소란스러웠지만 결국 의회법Parliament Act은 131 대 114라는 근소한 표 차이로 통과되었다.

1911년 8월 의회법의 통과로 인해 결국 상원은 하원의 입법을 더 이상 막을 수 없게 되었다. 하원이 귀족 지배의 틀에 도전하기 시작한 지 80년만이다. 그리고 이로 인해 영국은 사실상 귀족 지배의 시대를 마감했다. 영국이 국왕 지배의 시대를 마감한 지 220년 만이다. 보통선거권을 향한 중간계급과 노동자들의 노력이 선거권을 독점하고 있던 소수의 재산가 계층을 향하고 있었다면, 상원의 무력화를 향한 하원의 노력은 입법의 결정권을 쥐고 있었던 귀족 계층을 향하고 있었던 것이라 할 수 있다. 두 개의 운동 모두 정치적 의사결정이 소수 집단에 의해 독점되는 현상에 반대하고 있었다. 1911년, 한편으로는 귀족의 정치적 지배가 종식되면서, 다른 한편으로는 보다 많은 사람들에게 선거권을 확대시키려는 운동이 현재 진행형으로 나타나고 있었던 것이다.

보통선거권의 추구와 하원에 대한 상원의 우위를 종식시키려는 노력이 모두 정치적 민주주의와 관련된 노력이었다면 경제적 민주주의를 추구하려는 노력도 나타났다. 정치적 민주주의를 향한 노력이 국가 권력을 향해 있었다면 경제적 민주주의를 향한 노력은 산업 권력을 향해 있었다. 산업 권력을 민주적으로 통제해야 한다는 생각은 사회문제에 대한 인식이 깊어지면서 나오게 되었다. 노동자들의 저임금과 노동시간의 문제와 같은 산업화의 결과로 나타난 문제들을 근본적으로 해결하기 위해서 민주주의가 산업의 영역으로 확장되어 나가야 한다는 생각이 나타난 것이다.

경제적 민주주의를 향한 운동도 두 가지 형태로 나타났다. 한 가지 형태는 국가를 통해 산업에 민주주의를 확대시키려는 운동이었다. 이러한 생각은 일단 국가가 민주화되면 그 민주화된 국가가 산업을 통제하게 하는 방식으로 산업의 민주주의를 달성하려는 것이었다. 이러한 생각은 1880년대에 출현한 페이비언 사회주의자들에 의해 뚜렷이 부각되었다. 그러므로 이들에게는 정치적 민주주의가 중요했고 정치적 민주주의가 구현되는 의회가 중요했다. 민주주의를 경제적 영역으로 확대시키려는 생각을 가진 국회의원들이 많이 선출되어야 했고 그런 사람들이 모인 정당이 집권을 하는 것이 중요했다.

사실 경제적 민주주의를 향한 움직임은 선거권의 확대 과정 속에서 미약하나마 나타났다. 즉 경제적 민주주의는 국가가 경제와 사회문제에 대해 개입하는 집단주의(혹은 집산주의)collectivism라는 형태로서 나타났던 것이다. 1867년의 2차 선거법 개정으로 유권자가 늘어나면서부터 정부는 사회문제에 대해 관심을 표명하기 시작했다. 그리고 이 과정에서 정부는 토지, 노동, 교육, 주택 등의 문제에 대해 집단주의적 정책을 도입하기 시작했다. 자유당은 개혁 정책을 내걸었고 보수당마저 토리 민주주의Tory Democracy라는 이름으로 나름의 관심을 드러내었다.

그렇지만 기존의 보수당과 자유당 즉 디즈레일리Disraeli와 글래드스톤 Gladstone 내각의 여러 집단주의적 입법들은 우파로부터는 사회주의 정책이라고 신랄한 비판을 받았음에도 불구하고 사회문제를 근본적으로 해결하지 못했다. 1880년대 후반 신조합주의New Unionism 운동이 일어나고 노동운동이 거세어진 현상이 이를 증명했다.

그러므로 경제적 민주주의를 실현시키기 위해서는 경제적 민주주의에 대한 프로그램과 대안을 가진 세력의 정치적 부상이 필요했다. 이러한 노력은 개혁 사상을 가진 의원들을 선출하려는 시도로 구체화되기 시작했다. 그리고 나아가 산업의 민주화를 적극적으로 추진할 정당을 세우려는 노력으로 발전되었다. 결국 산업화가 시작된 지 140년 만인 1900년 노동당의 전신인 노동대표위원회Labour Representation Committee가 출범하게 되었고 그 6년 후인 1906년 이 기구는 명칭이 노동당Labour Party으로 바뀌었다. 노동당의 창당과 노동당 의원들의 의회진출은 경제적 민주주의를 추구한 사람들에게 커다란 희망이었지만 기대만큼의 성과를 거두지는 못했다. 일정한 성과가 없었던 것은 아니다. 파업으로 발생한 손실에 대한 노동조합의 손해배상 문제를 두고 벌어진 태프 배일Taff Vale 사건의 판결은 1906년의 노사분규법Trade Dispute Act으로 역전되었고 노동자들의 파업권은 보다 확실한 권리로 자리매김되었다. 그러나 1906년 선거에서 노동당은 29명의 의원을 당선시켰음에도 불구하고 의회를 통해 경제적 민주주의를 실현시키는 데는 한계가 있음을 깨닫게 되었다. 의회를 통해 경제적 민주주의를 추구하려는 의도를 가진 세력은 노동당의 집권이 당면 목표가 되었다.

경제적 민주주의를 향한 또 다른 운동은 국가 권력을 매개하지 않고 직접 산업 권력을 통제하려는 시도로 나타났다. 이러한 아이디어는 신디칼리즘Syndicalism이라고 불리는 운동으로 출현했다. 이 운동은 정치적 민주주의를 실현시키고, 그 바탕 위에서 의회를 통해 산업에 민주주의를 확대시키려 하는 노력이 1880년대부터 계속되었음에도 불구하고, 실제로는 지지부진한 성과를 보여준 현실에 실망한 데 어느 정도 기인했다. 그러나 그것보다 더 큰 이유가 있었다. 이 운동은 의회를 통해 경제적 민주주의를 실현시키려는 세력과 사실상 권력에 대해 생각이 달랐다. 이들은 산업 권력 위에 국가가 군림한다는 생각을 하지 않고 있다. 그 대신 국가 권력과 산업 권력은 병렬된다고 생각했다. 그리고 설사 국가 권력이 산업 권력을 통제할 수 있게 된다 하더라도 그것은 산업의 민주화를 의미하기보다 새로운 독재를 의미할 것이라고 생각했다. 국가 권력을 맡고 있는 관료들이 담당하게 될 산업 통제를 산업의 민주화라고 볼 수 없다고 생각했기 때문이다.

그렇다면 경제적 민주주의를 실현시키기 위해서는 산업 권력을 국가 권력처럼 민주화시키는 수밖에 없었다. 그러기 위해서 각 산업은 산별 노조를 통해 민주화 운동을 벌여 나가야 했다. 그리고 나아가 산업은 연대하여 산업 권력 전체를 민주화시켜야 했다. 이러한 아이디어가 약간의 차이는 있지만 코울G. D. H. Cole 등의 길드 사회주의자Guild Socialist들과 톰 만Tom Mann 등의 신디칼리스트Syndicalist들에 의해 산업화가 시작된 지 150년 만인 1910년대에 제기되기 시작했다. 그리고 이 운동이 노동불안기의 중심에 자리잡고 있었다.

1911년은 이 두 개의 민주주의 즉 정치적 민주주의와 경제적 민주주의를 향한 운동이 함께 중첩되어 전개되어 나가고 있었던 시점이었다. 1911년 여성들은 참정권 확보를 위해 단식투쟁을 벌이고 있었다.1) 같은 해 8월 10일에는 상원을 무력화한 의회법Parliament Act이 근소한 표차로 통과되었다. 자유당이 1909년 제안한 인민예산People's Budget은 논란 속에 귀족들에 대한 토지세Land Tax 조항을 삭제하고 1910년 의회를 통과했다. 그리고 이를 둘러싼 상하원의 갈등으로 인해 영국은 1910년 1월과 12월 이례적으로 두 번의 총선을 치러야 했다. 한편 1911년 영국에서는 의료보험과 실업보험을 포함하는 국민보험법National Insurance Act이 통과되어 집단주의적 정책이 확대되고 있었다. 1900년 2석으로 출발한 노동조합과 사회주의 단체의 합작품이었던 노동당은 1910년 치러진 두 번의 선거에서 각각 40석과 42석을 얻는 성장세를 보이면서 의회에서 캐스팅 보트를 쥐게 되었다. 그리고 의회법이 통과되고 있던 1911년 8월 런던과 리버풀에서는 총파업이 진행되고 있었다. 결국 민주주의를 향한 운동으로 인해 기득권 계층과 기득권을 갖지 못한 계층 간의 투쟁이 벌어지고 있었는가 하면, 이런 갈등에 대한 대응책을 놓고 기득권 계층 안에서는 분열이 야기되고 있었던 것이다.

정치적 민주주의와 경제적 민주주의는 사실 서로 얽혀 있었다. 그래서 대표적인 페이비언이었던 시드니 웹Sidney Webb과 같은 사람은 정치적 민주주의와 경제적 민주주의는 같은 동전의 양면과도 같다는 지적을 하기도 했다. 챠티즘과 같은 정치적 민주주의를 향한 운동도 그 운동이 일어난 동기는 임금 문제 등과 같은 경제적 문제를 해결하기 위해서였다. 즉 산업화를 거치면서 나타난 수많은 사회 문제들에 대한 해결책을 찾다 보니 정치적 민주주의와 경제적 민주주의라는 방안이 문제 해결을 위한 보편적인 방법으로 발견된 것이다.

정치적 민주주의와 경제적 민주주의를 향한 운동은 결국 민주화를 향한 운동이다. 민주화는 권력의 독점에 대해 저항하는 운동의 성격을 지녔다. 정치적 민주주의는 정치적 의사 결정의 독점에 대해, 경제적 민주주의는 경제적 의사 결정의 독점에 대해 항의하는 것이다. 그래서 정치적 민주주의는 제한 선거를 통해 국가 권력을 소수의 계층이 독점하는 현상에 대해, 경제적 민주주의는 산업 권력을 특정 계층이 독점하는 현상에 대해 저항한 것이다. 민주화를 추구한 세력은 상원을 통해 발휘되는 귀족의 권력 독점에 대해서, 하원에서 나타나는 소수 상층시민 계급의 권력 독점에 대해서, 산업에서 이루어지는 고용주의 독점적 의사결정 권력에 대해서 항의를 제기했다.

권력의 독점에 저항하는 이유는 독점적 권력 즉 독재 권력이 종종 정의에 어긋나는 행위를 하기 때문이다. 특정인이나 특정 세력이 권력을 독점할 수 없는 질서가 만들어진다면, 권력은 늘 모두에게 개방될 수밖에 없다. 모두의 의견이 반영되고 수렴되어 만들어진 권력은 정의 위에서 행사될 수밖에 없으며, 정의에서 벗어날 수 없다. 그러니 영국이 민주화를 향해 운동해 나간 과정은 곧 정의를 실현시킬 수 있는 질서를 추구해 나간 과정이란 의미를 지닐 것이다. 이 과정에서 여러 가지 형태의 민주화 운동이 출현하였지만 그 운동은 느리고 힘들게 전개되었다. 그리고 그 성과가 부분적으로 성취되기는 하였지만 산업화가 시작된 후 150년이 지나도록 민주화는 여전히 실현되지 못한 상태에 놓여 있었다. 그렇지만 시간이 지나면서 사회 문제가 쌓이는 만큼 여러 운동들의 힘은 누적되고 요구는 거세졌다. 1911년 영국은 이런 요구가 누적되고 응축되어 폭발하려 하는 시점에 서 있었다.

2장

노동불안기에 무슨 일이 일어났을까?

톰 만 Tom Mann(1856~1941)
노동불안기의 노동운동에 지도적인 역할을 한 사람이다. 1911년의 리버풀
총파업을 이끌었다. 영국 신디칼리스트 운동을 주도한 인물이다.

1. 1911년의 준비 – 캄브리안 콤바인 파업

노동불안기의 시작을 알린 사건은 1910년 9월과 1911년 8월 사이 남웨일즈의 광산 지역에서 일어난 노사분규였다. 론다Rhondda 계곡의 여러 지역에 흩어져 있었던, 광산 회사들의 연합체였던 캄브리안 콤바인Cambrian Combine의 채탄장에서 특히 분규 행위가 두드러졌다. 노동불안기가 시작될 때쯤 많은 지역에서 노동자들의 생산성이 떨어지기 시작했다. 그 이유는 석탄 채취를 위해 점점 더 땅을 깊이 파고 들어가야 했지만 그에 비해 탄맥은 좁아졌기 때문이다. 반면 광부들은 점점 더 그들의 권리에 대해 의식하게 되었고 최저임금에 대한 요구를 하기 시작했다.

론다 계곡 Rhondda valley 론다 계곡은 남웨일즈에 위치해 있는 석탄을 채굴하는 대표적인 탄광지역이다. 이 계곡은 론다 포르Rhondda Fawr와 론다 파흐Rhondda Fach 등 두 개의 계곡으로 구성되어 있으며 캄브리안 콤바인 파업과정에서 유명해진 토니팬디는 론다 포르에 위치한다. 론다 계곡의 석탄 생산지로서의 중요성은 19세기 후반이 되면서 점점 두드러졌으며 이웃한 아버대어 지역의 생산량을 능가하게 된다. 1893년 론다 계곡에는 75개의 탄광이 있었다. 노동자들은 대부분 잉글랜드와 웨일즈 지역에서 왔으며 이탈리아에서 온 이민자들이 다수 있었다는 점이 흥미롭다. 종교는 침례교를 따르는 비국교도의 영향이 강했다. 이 지역에서 종교의 역할은 중요했는데 19세기 초 3개에 불과하던 교회는 20세기 초 151개로 늘어난 것을 알 수 있다.

캄브리안 콤바인 Cambrian Combine 남웨일즈에 산재해 있는 탄광은 처음에 개인들이 소유한 형태로 운영되었으나 시간이 지나면서 소유의 집중 현상이 나타나게 되었다. 이런 소수의 회사들은 가격과 임금을 통제하고 담합하기 위해 일종의 연합을 형성하게 되었는데 이런 조직을 캄브리안 콤바인이라고 불렀다. 남웨일즈에서 노사분규가 일어났을 때 노동자들은 캄브리안 콤바인을 상대로 하여 항의를 하기 시작했다.

남웨일즈의 광부들이 조정위원회가 제시한 임금을 거절하면서부터 파업은 시작되었다. 파업행위는 거의 1년이나 이어졌는데 특히 토니팬디Tonypandy에서 발생한 소요사태는 커다란 반향을 불러 일으켰다. 다른 지역들도 영향을 받았는데 특히 아버대어Aberdare와 스완시Swansea 계곡의 지역들이 두드러졌다. 아버대어에서는 광부들에게 관례적으로 허용되고 있었던 목재 채취권을 고용주들이 철회하면서 분규가 시작되었다. 남웨일즈의 분규가 절정에 달했던 때에는 거의 3만 명의 광부들이 파업에 참여하고 있었다.

론다 계곡의 분규는 어떻게 시작되었나? 분규는 론다 계곡의 페니그레이그Penygraig에 있는 일리Ely 탄광pit에서 시작되었다. 일리 탄광의 뷰트 갱도Bute seam를 파기 시작하면서 회사는 광부들의 채탄 속도가 느리다는 것을 발견하게 되었다. 뷰트 갱도에서 작업했던 광부들은 새로 파기 시작한 갱도에 암반층이 있어 작업 속도가 느리다고 항변했지만 회사는 탄광을 폐쇄하기로 결정했다. 회사는 1910년 9월 1일 뷰트 갱도에서 일하던 70명의 광부뿐만 아니라 나머지 광부를 포함한 950명 모두에게 작업장 폐쇄를 통고했다. 일리 탄광의 광부들이 파업을 선언하면서 분규는 시작되었다. 1910년 11월 1일 남웨일즈 광부 연합South Wales Miners' Federation은 조합원 투표를 통해 파업에 들어가는 결정을 내리게 되었다. 그 결과 캄브리안 콤바인에서 일하는 1만 2천 명의 광부들이 파업행위에 돌입하게 되었다.

아버대어Aberdare 남웨일즈의 탄광지역이다. 시논 계곡Cynon Valley의 중심 지역이다. 시논 계곡은 론다 계곡과 머서 티드필 사이에 위치해 있으며 이 세 계곡 지역은 남웨일즈 탄광지역의 핵심이다. 아버대어에서는 초기에 철광을 채굴하였으나 1875년 이후에는 석탄 채굴이 더욱 중요해졌다. 노동불안기 동안 신디칼리스트 운동이 활발하게 일어난 지역이기도 하다.

스완시Swansea 바다에 접해 있는 남웨일즈의 광산지역이다. 19세기를 거치면서 석탄과 함께 구리 산업이 발달했다. 산업의 중심지로서 중요한 지역이었으므로 2차 대전 초기 영국전쟁 당시에는 독일 공군의 폭격을 받아 중심 지역이 완전히 파괴되기도 했다.

남웨일즈에서 노동자들이 호전적 성격을 띠게 된 이유로는 우선 남웨일즈의 채탄장에서 생산성이 떨어짐에 따라 고용주들이 임금을 제한하는

조처를 취한 점을 지적할 수 있다. 다른 지역에서 남웨일즈로 이동해 온 노동자들에 의해 이 지역의 오래된 비국교도적 전통이 깨어진 점도 하나의 이유로 작용했다. 비국교도는 계급간의 조화를 강조하는 문화를 가지고 있었기 때문이다. 그리고 이 지역에 보다 급진적인 사상들이 퍼져 나가기 시작한 점도 중요한 원인이었다. 1890년대 후반부터 독립노동당 Independent Labour Party은 남웨일즈에서 국가 사회주의state socialism 이념을 전파해 나가고 있었으며, 1910년쯤에는 독립노동당의 몇몇 지부들 안에서 신디칼리스트syndicalist 사상이 나타나기 시작했다.

캄브리안 콤바인 분규 과정에서는 신디칼리스트적 요소가 강하게 나타 났다. 캄브리안 콤바인 파업위원회에는 세 명의 신디칼리스트가 들어가 있었다. 노아 리스Noah Rees, 메인웨어링W. H. Mainwearing 그리고 톰 스미스Tom Smith가 그들이었는데 노아 리스는 플렙스 연맹Plebs League의 회원이었으며, 메인웨어링은 "산업 신디칼리즘의 열렬한 옹호자"였다. 영국에서 신디칼리 스트 운동을 주도하고 있었던 톰 만도 이 지역을 꾸준히 방문했을 뿐 아니라 『산업신디칼리스트Industrial Syndicalist』와 『정의Justice』에 파업노동 자들의 활동을 알리는 노력을 했다. 신디칼리스트 운동을 하는 국제적 인물들도 이 지역을 방문했다. 미국에서는 세계산별노조IWW의 빌 헤이우 드Big Bill Haywood가 방문했으며 프랑스에서는 마담 소르그Madame Sorgue가 이 지역을 찾았다.

1910년 11월 7일과 8일 토니팬디Tonypandy에서는 소요 사태가 발생했다. 토니팬디의 소요 과정에서 파업위원회는 특별한 역할을 하지 않았고 오히 려 소요 과정에서 기물들이 파손된 것을 두고 비난했다. 하지만 이 소요 과정에서 가게들이 파손되기는 했지만 여기에는 어떤 특징이 발견되었다.

플렙스 연맹 Plebs' League 1908년 11월 광부였던 노아 아블렛Noah Ablett 등 러스킨 칼리지Ruskin College에서 공부했던 학생들이 중심이 되어 만든 교육 및 정치활동 조직이다. 옥스퍼드의 러스킨 칼리지에서 공부했던 노아 아블렛이 1908년 남웨일즈로 돌아와 독립노동당의 지방 지부를 통해 활동하면서 조직을 이끌어 낸 결과 만들어 내게 된 것이다. 플렙스 연맹은 노동계급을 위한 독자적인 교육기구를 표방했다. 초기에는 주로 마르크스주의적 경향을 띠었으나 차츰 신디칼리스트 이념을 가르치기 시작했다. 남웨일즈, 랭카셔, 스코틀랜드 등에서 활동이 두드러졌다. 플렙스 매거진Plebs' Magazine이라는 독자적인 저널도 출판했다.

토니팬디 소요 Tonypandy 1910년 11월 8일 화요일 론다 계곡의 한 마을인 토니팬디에서 벌어진 노동자들의 소요사태를 지칭한다. 1911년 11월 1일 남웨일즈 광부 동맹은 파업 찬반 투표를 벌인 결과 캄브리안 콤바인 소속 만 2천명의 노동자들은 모든 탄광에서 파업할 것을 결의했다. 11월 7일 유일하게 남아 있던 헤윈피아Llwynpia의 글래모건Glamorgan 탄광에 파업파괴자들이 동원되는 것을 목격한 노동자들은 이를 막기 위해 탄광을 에워쌌다. 그 결과 탄광 안에서 지키고 있던 경찰 병력과 노동자들이 충돌하는 사태가 발생했다. 파업 노동자들의 소요를 진압하기 위해 처음에는 글래모건 경찰과 같은 지역 경찰이 동원되었지만, 곧 브리스톨Bristol 등지에서 파견된 경찰들이 보강되었다. 노동자들은 경찰들과의 격투를 벌이면서 거리의 가게 유리창이나 기물을 파손하는 행위를 했다. 하지만 한 때 웨일즈의 럭비 선수였던 약사 윌리 헤웰린Willie Llewellyn의 가게는 건드리지 않아 무차별적인 파손 행위가 일어나지는 않았던 것으로 보인다. 이 소요에는 부녀자와 어린이들도 상당수 참여했다. 내무상이었던 처칠은 이들을 진압하기 위해 군대를 파견하는 결정을 내렸는데 이로 인해 남웨일즈에는 처칠에 대해 좋지 않은 인상이 자리잡게 되었다. 토니팬디의 사건이 일어난 지 백년이 지난 2010년의 시점에서도 웨일즈의 지방 의회는 글래모건 계곡Vale of Glamorgan의 한 길에 처칠의 이름을 붙이려는 시도에 대해 이의를 제기했다.

론다 지역의 치안판사였던 젱킨T. P. Jenkin의 직물 가게가 훼손되었는데 그는 파업노동자들에 대한 사법처리 문제에 관련되어 있었던 사람이었다. 그는 "(노동자들이) 훈제청어와 차로만 연명하도록 내버려 두라"는 모욕적인 발언을 한 것으로 유명했다. 광경을 목격했던 한 경찰은 젱킨의 가게가 어떻게 사람들에 의해 지목되었는지를 회상했다. 사람들은 가게에서 직물을 끄집어내어 하얀색 조끼와 탑햇top hat을 두르고 마치 배우처럼 행진을 했다는 것이다. 여기에는 노동계급의 강렬한 항의의 의식이 담겨 있었다.

토니팬디의 소요사태는 1명이 사망하고 5백 명이 부상하는 결과를 낳았다.

> **탑햇** Top Hat 실크햇이라고도 불리는 모자로 모자의 창은 넓고 부드럽게 휘어져 있는 것을 볼 수 있다. 모자는 높이 솟아 있으며 위는 평평하다. 상류층 인사를 상징하는 모자로 18세기 후반부터 20세기 중반까지 유행했다.

캄브리안 콤바인의 노사분규는 1911년 8월 끝났지만 그 과정에서 『광부들의 다음 단계*Miners' Next Step*』라는 중요한 책자가 만들어졌다. 1911년 3월에는 비공식 개혁위원회Unofficial Reform Committee가 조직되었다. 이 조직은 남웨일즈 광부동맹South Wales Miners' Federation 노조 지도자들의 노력에 대응해 만들어졌는데 이들이 제한적인 행정적 개혁을 시도하려 한 반면 비공식 개혁위원회는 운동의 정책과 이념적 지향을 바꾸려는 시도를 했다. 대안이 될 수 있는 여러 가지 제안들이 일반 노동자들 사이에서 계속 논의되었으며 이 과정에서 신디칼리스트들의 생각이 수용되었다. 그 결과 『광부들의 다음 단계』라는 소책자가 만들어졌다. 이 소책자가 만들어진 과정은 조직 구성원들의 합의가 민주적으로 이루어지는 모습을 보여주고 있다. 노아 아블렛Noah Ablett이 윌 헤이Will Hay와 메인웨어링W. H. Mainwaring의 도움을 받아 이 책자의 초안을 작성했다. 초안이 완성되자 이 초안은 비공식 위원회에 제출되었다. 비공식 위원회는 이 초안을 검토했는데 위원회의 논의과정에서 몇 군데가 수정되었다. 그리고 이 책자는 아버틸러리Abertillery의 바커George Barker와 휼렛W. J. Hewlett에게 보내졌다. 그 뿐만 아니라 스완시Swansea와 아버대어Aberdare 지역에도 보내졌다. 이 과정에서 다시 몇 군데가 수정되었다. 이런 과정을 거친 후 만들어진 내용이 카디프Cardiff의 회의에 제출되었다.

아버틸러리 Abertillery '틸렌Tylen강의 입구'라는 뜻을 가지고 있는 마을이다. 남웨일즈의 블라나우 그웬트Blanau Gwent에 위치해 있는 탄광 마을이다. 서쪽으로 카에필리Caerphilly와 접하고 있다.

『광부들의 다음 단계』는 남웨일즈 광부동맹SWMF의 유화적인 노선에 대한 비판으로 시작되었다. 노동자들의 임금 인상이 광산회사의 이윤 상승에 훨씬 못미치는데도 광부동맹은 온건한 정책으로 타협을 하고 있었던 것이다. 이런 판단을 기초로 하여 이 책자는 유화적인 노조주의에 대해 근본적으로 비판했다. 남웨일즈 광부동맹의 노선이 갖는 약점은 노조 내에서 노조의 권위가 제대로 대표되지 않은 결과로 인해 초래된 것이라고 설명되었다. 일반노동자들이 권력을 통제하지 않는다면 "권력은 예외없이 부패하게 될 것"이라고 주장되었다. 지도자들은 구성원들에게 자신을 따를 것을 외치지만 이런 주장은 결국 구성원들의 수동적인 태도를 낳을 따름이었다. 이 책자는 노동자들이 지도자의 권력을 통제하고 지도력에 보다 직접적으로 관여할 것을 요구한 것이다.

남웨일즈 광부동맹 South Wales Miners' Federation
1898년 남웨일즈 광부 파업이 실패로 돌아간 직후인 1898년 10월 24일 조직되었다. 1899년 영국 광부동맹의 한 조직으로 편입되었다.

일반 노동자들의 힘을 높이기 위해 『광부들의 다음 단계』는 보다 공격적인 정책을 주장했다. 그리고 투쟁 정책은 노조 지부들의 생산지점에 근거해야 했다. 투쟁은 유화적인 노조 지도자들이나 의회 정치인들을 거치지 않고서 노동자들에 의해 직접 추구되어야 했다. 모든 의사결정 권한은 중앙의 노조 간부들에게서 일반 노동자들에게로 이전되어야 했다. 노동조합의 각 지부들이 투쟁과 의사결정의 중요한 지점이었으며 이곳들이야말로 거대한 노동조합을 살아 숨 쉬게 만드는 단위들이었다.

이 책자는 남웨일즈에서 광부들에 대해 하나의 단일 노조를 요구했지만 이것이 노동조합원들에 대한 중앙집중화된 통제를 의미하는 것은 아니었다. 중앙행정기구는 의사결정을 위해서가 아니라 단지 일상적인 행정을 위해서 유지되어야 했다. 노조 간부들은 일반 노동자들의 종복들이 되어야 했다.

『광부들의 다음 단계』는 비록 최저임금이나 7시간 노동과 같은 구체적인 개혁들을 요구했지만, 궁극적으로 추구한 목적은 광산업을 넘겨받을 하나의 조직을 만드는 것이었다. 이 점에서 국유화에 대한 개념이 의회를 통해 개혁을 추구하려 한 국가 사회주의와는 달랐음을 알 수 있다.

토니팬디에서의 충돌 이후 상황이 악화되어 가자 내무상이었던 처칠이 개입했다. 처칠은 군대를 동원해 막장 한 곳을 강제로 열었다. 소요가 뒤따랐지만 전국광부동맹이 발을 빼기 시작했다. 전국광부동맹이 지지를 철회하면서 파업은 누그러들었고 결국 1911년 8월 남웨일즈 광부들의 파업은 종식되었다.

2. 노동불안기 1911년-운수파업과 리버풀 총파업, 전국 철도파업

1911년 노동불안은 새로운 산업 부문으로 확대되고 그 규모는 더욱 커졌다. 새로운 산업 부문은 해상 운수와 철도였다. 아울러 노동자들의 분규는 전국적인 현상으로 확대되었다. 헐Hull,1) 런던, 라넬리Llanelly 등에서는 노동자 및 이들을 지지하는 사람들과 이들을 진압하려는 공권력의 사회적 대결 현상이 나타나기도 했다.

분규는 1911년 6월 시작되었다. 전국 선원 및 화부 연합의 지도자였던 하벨록 윌슨Havelock Wilson은 공식 파업을 계획하고 있었다. 고용주들의 연합체였던 선박동맹Shipping Federation으로 하여금 노조를 인정하도록 하려는 것이 파업의 목적이었다. 선박 회사가 노조를 인정하는 것은 임금이나 노동 조건에 대해 노조가 집단 교섭을 하기 위한 전제 조건이었으므로 매우 중요했다. 반면 선박동맹은 철저하게 반反노동조합 정책을 채택하고 있었다.

> **선박 동맹** Shipping Federation 선박업자들의 연합체로 1890년 결성되었다. 그 전해인 1889년 런던에서 일어난 부두파업이 선박업자들을 결속시킨 결과 나타난 현상이었다. 이 조직은 노동조합에 대항해 선박업자들의 행동을 조율하는 기능을 맡았다. 주로 화물선박을 운영하는 업자들이 여기에 소속되었다.

1911년 선박노동자seaman들의 공식적 파업은 6월 15일로 예정되어 있었으나 사우쓰앰튼Southampton2)에 정박해 있던 화이트 스타White Star의 기선이었던 올림픽Olympic호의 노동자들은 임금인상을 요구하면서 6일이나 빨리 파업을 시작해 버렸다. 이 사건은 곧 헐Hull, 굴Goole, 맨체스터Manchester, 리버풀Liverpool 등 영국의 전 지역으로 퍼져 나가면서 영향을 주었다. 사우쓰앰튼의 사건은 노조 지도부의 지시 없이 일어난 것이었지만 노조 지도부는 재빨리 상황을 통제하기 시작했다. 파업이 일어난 곳들에 파업위원회가 조직되기 시작했다. 리버풀에서는 톰 만이 여기에 참여했다.

톰 만이 파업위원회에 참여한 리버풀 파업은 처음부터 신디칼리스트적 경향을 띠었다. 그는 파업이 진행되는 동안 많은 연설을 하였는데 여기에는 국가나 의회를 믿기보다 산업 노동자들의 민주주의적 역량을 강조하는 내용이 담겨 있었다. 그는 파업노동자들을 향해 이제까지 선원들은 의회에 자신들의 의사를 전달해 왔지만 의회는 문제를 해결하지 못했음을 지적하면서 노동자들의 직접행동Direct Action을 추구하라고 촉구했다.

> **화이트 스타 라인** White Star Line 리버풀에서 세워진 선박회사이다. 타이타닉호의 침몰로 더 잘 알려져 있는 회사이다. 화이트 스타 라인의 배들은 초기에는 잉글랜드와 호주를 잇는 노선을 운항하다가 1871년부터 뉴욕과 리버풀을 연결하는 노선을 운항하기 시작했다. 1900년대 들어서 화이트 스타 라인은 켈틱Celtic, 세드릭Cedric, 발틱Baltic, 아드리애틱Adriatic 등 4척의 대형 선박을 운용했다. 이 배들은 모두 2만 4천톤 급의 배로 승객 2400명 이상을 수송할 수 있는 능력을 가지고 있었다. 화이트 스타 라인의 배들은 19세기 후반에 늘어나기 시작한 이민자들을 수송하는데 큰 역할을 했다. 줄잡아 약 2백만 명의 이민자들이 화이트 스타 라인의 배를 타고 미국 등 대서양을 건너 이민을 간 것으로 추정된다.
>
> **쿨** Goole 동요크셔의 항구로 헐보다 서쪽에 위치해 있다. 석탄 운반 항구로서 중요한 기능을 했다. 여기서 석탄을 적재한 배들이 전 세계로 석탄을 운반했다.

파업이 시작된 후 몇 주 동안 노조 관리들은 회사 측과 임금인상 문제를 협의했지만 일부 선원들은 노조 대표자들의 협상에 만족하지 않았다. 특이한 현상은 이 과정에서 부두 지역의 노동자들 사이에서 동조 파업이 일어나기 시작했다는 점이었다. 먼저 선원들의 파업에 대해 부두노동자들이 동조 파업을 일으켰다. 이들은 선원들과 마찬가지로 선박회사가 고용한 노동자들이었다. 그런데 이어서 선박회사와는 무관한 공장 노동자들이 파업에 참가하기 시작했다. 헐Hull에서는 제분소의 노동자들이, 리버풀Liverpool에서는 케이크 공장의 노동자들이 참여하기 시작한 것이다. 이들은 처음에는 동소 파업을 일으켰지만 곧 그들 자신의 임금과 노동조건에 대한 요구를 내세우기 시작했다.

1911년 6월과 7월 부두노동자들 사이에서 일어난 파업과 소요는 톰 만Tom Mann이나 벤 틸렛Ben Tillett 같은 노동운동의 지도자들마저 놀라게 만들었다. 선원들의 경우에서 보여주듯이 노동운동이 비공식적 형태를 띠었다는 점이 중요했다. 헐Hull에서는 노조 지도자들과 상무성Board of Trade 사이에 이루어진 중재안에 대해 노동자들이 완전한 적대감을 보이면서 노동자들의 직접 행동이 일어나는 양상이 전개되었다. 파업은 부두노동자들 사이에서부터 부두 지역의 다른 직종의 노동자들 사이로 퍼져 나가기 시작했다. 상무성의 조지 애스크위드George Askwith는 헐 지역의 상황에 대해 거의 혁명적 분위기가 조성되어 있다고 보고했다. 그는 노조 지도자들이 노조원들을 통제하지 못하고 있으며 이들은 거의 공포에 질려있다고 관찰했다. 노조 지도자들이 파업 중재안을 발표했을 때 모여 있던 1만 5천 명의 노동자들은 분노한 목소리로 "노No"라고 외쳤으며 "부두에 불을 지르자"고 소리쳤다.

상무성 Board of Trade 이 기구는 1621년 제임스 1세가 무역의 쇠퇴와 어려워진 재정문제를 다루기 위해 추밀원Privy Council으로 하여금 위원회를 만들게 하면서 출발했다. 그러므로 상무성의 공식 명칭은 여전히 "무역과 해외 플란테이션과 관계되는 문제를 다루기 위한 추밀원 위원회"이다. 상무성이란 명칭은 1861년부터 일상적으로 쓰이게 되었다. 19세기가 되면서 상무성은 경제 문제에 대한 자문을 하는 기구로서 기능했다. 19세기 후반이 되면서부터 점차 더 많은 기능을 부여받아 공장, 노동, 농업, 특허 등 다양한 분야의 문제들을 다루게 되었다.

남웨일즈의 광산 파업에서처럼 파업노동자들과 그 지지자들의 행위는 파업파괴자들에 대한 공격으로부터 시작하여 다른 형태의 공격으로 바뀌어갔다. 선박회사였던 토마스 윌슨 앤드 선즈 컴퍼니 회사Thomas Wilson & Sons Co. Ltd. 사무실들이 공격받았는가 하면 선박동맹이 운영하던 직업소개소Labour Exchange도 공격당했다. 노동자들은 권력을 잡으려 하거나 혁명을 일으키려고 하지는 않았지만 헐에서의 사태를 직접 목격했던 사람들은 헐의 상황이 거의 혁명적 상황이었다고 증언할 정도였다. 헐에서 일어난 사건들은 신디칼리스트의 직접행동의 전형적인 예를 보여 준 셈이었다.

헐의 상황이 가장 격렬했지만 대부분의 항구 지역들에서 파업이 일어났다. 글래스고우Glasgow에서는 파업노동자들이 클라이드 선박회사를 지키던 경찰들을 향해 돌을 던졌다. 이런 사건에도 불구하고 이 지역에서는 고용주에 대한 요구들이 조용한 방식으로 제기되었는데 그 이유는 헐보다 머지사이드Merseyside에 신디칼리스트 조직이 강했기 때문이다. 톰 만이 파업의 초기 단계에서 파업 지도자로 등장했으며 지역 신디칼리스트들의 도움을 받았다. 그렇지만 머지사이드에서도 노조 지도부와 상관없이 벌어진 호전적 행위들의 에피소드들이 나타났다. 그리고 톰 만을 포함하는 파업위원회에 반대하고 톰 만 자신이 야유를 당하는 사태도 발생했다.

1911년 8월은 의회법이 통과되고 노동불안이 정점에 도달하는 모습으로 인해 상징적인 의미를 지닌다. 파업은 전국적으로 일어났지만, 수도였던 런던에서 벌어졌던 운수파업의 상황과 총파업이 발생했던 리버풀의 상황이 1911년 노동불안기의 전개과정에서 특히 중요했다. 사우쓰앰튼에서 일어난 운수노동자들의 파업은 런던으로까지 확대되었다. 운수노동자동맹은 런던 부두노동자들에게 동조파업을 요구했다.

틸렛Tillett은 이러한 상황을 임금을 인상하는 기회로 삼기로 작정했다. 그는 6월 29일 부두노동자들에 대해 시간당 8펜스의 최저임금과 1실링의 초과 수당을 요구하는 최후 통첩Dockers' Ultimatum을 런던 항만청 the Port of London Authority, Ship, Dock Wharf & Quay Owners and Managers of the Port of London에 제출했다. 틸렛은 다음날 성명을 발표했는데 여기서 그는 오래 전에 맺어졌던 1889년의 맨션 하우스Mansion House agreement 협약이 지켜지지 않았음을 역설했다. 최저 고용 기간과 임금은 존중받지 못했으며, 점호시간에 대한 편의는 무시되었고, 매일 아침마다 특정 작업장에서 벌어지는 밥그릇전쟁의 모습은 영국 사회에 커다란 불명예라는 점을 지적했다.

런던 항만 Port of London 런던 항만은 런던의 런던 브리지에서부터 템즈 강 하구에 이르는 긴 수로를 모두 총괄하는 개념이다. 런던 항만은 한 때 세계 최대의 항구로 지칭되기도 했다. 초기에는 런던 브리지에서 타워브리지에 이르는 템즈 강을 따라 건설된 선착장에서 교역품들을 하역하고 선적했다. 19세기가 되면서 교역량이 늘어나게 되면서 타워브리지 동쪽으로 도크를 건설하기 시작했다. 웨스트 인디아 도크(1802), 이스트 인디아 도크(1803), 서리 커머셜 도크(1807) 등이 19세기 초에 건설되었고 로열 빅토리아 도크(1855), 밀월 도크(1868), 로열 알버트 도크(1880), 틸뷰리 도크(1886) 등이 이어서 19세기 후반에 건설되었다. 19세기에 들어서며 건설된 도크들이 밀집되어 있는 지역을 도크랜즈Docklands라고 지칭한다. 1909년 런던 항만청은 도크 지역의 관리권을 가지게 되었다.

런던 항만청 Port of London Authority 런던 항만청은 1908년 런던 부두를 관리하기 위해 세워진 기구이다. 런던 항만청은 런던의 남서부에 위치한 테딩턴 록Teddington Lock(리치몬드 파크가 가까운 곳에 있다)에서부터 템즈 강이 북해를 만나는 강 하구까지의 150킬로에 걸친 지역에서 갑문dock, 선창wharf의 관리, 선박의 수송, 운송, 강의 안전 등을 관리한다. 여기에는 아일 옵 도그즈Isle of Dogs와 도크랜즈Docklands에 들어선 대규모 부두들이 포함되었다.

맨션 하우스 Mansion House 시티의 시장이 거주하는 공식 관사이다. 18세기 중반에 팔라디안 양식으로 건축되었다. 이곳에서는 종종 시티와 관련된 일들이 처리되기도 한다.

7월 25일에서 27일 사이에 열린 런던 항만청PLA과 전국 운수노동자동맹 NTWF 사이의 최종 회의에서 노동자들은 수익의 정당한 몫에 대한 권리를 가지고 있다는 점이 강조되었다. 협상은 1889년과 비슷한 방식으로 진행되었는데, 일용 노동자 혹은 비정규직 노동자의 문제에 대한 관심과 임금문제에 대해 노조 측의 요구에는 못 미치지만 고용주가 1~2페니 정도 양보하는 방식의 해결책이 제시되었다. 런던에서 대규모 파업이 일어나지 않았던 이유는 고용주들이 헐에서나 리버풀에서처럼 대규모의 파업이 일어나지 않도록 협상에 적극적으로 임했기 때문이었다. 그러나 노동자들은 고용주

측의 제안을 받아들이지 않았다.

> **전국 운수노동자동맹** National Transport Workers' Union 부두노동자, 선원, 전차 노동자, 기타 육상 운송 노동자 등의 이익을 대변하고 조정하기 위해 1910년 조직된 노동자 조직이다. 여기에는 도크, 선착장, 하안 및 일반노동자 동맹 Dock, Wharf, Riverside and General Labourers' Union, 전국 부두노동자 동맹The National Union of Dock Labourers, 전국 선원 및 화부 동맹National Sailors' and Firemen's Union이 연합하고 있었다. 이 조직은 1922년 운수 및 일반 노동자 연합Transport and General Workers' Union이 결성되는 토대를 제공했다. 이 조직은 1912년 런던 부두 노동자들을 지지하는 전국 파업을 선언했다. 하지만 몇 군데에서만 연대파업이 일어났고 수주 만에 파업은 종식되어 성공하지 못한 사례로 남았다. 1921년 검은 금요일Black Friday의 위기 때에도 광부들을 지지하는 동조 파업을 이끌어내지 못한 점에 대해 비판을 받는다.

다음날 이스트 엔드East End에서 가장 큰 강당인 어셈블리 홀Assembly Hall에서 열린 운수노동자 집회에서 노동자들은 이 제안을 거부했다. 서리Surrey 부두의 대형 선박을 1~2개 정선시키면 노동자들이 그들의 힘에 대해 새롭게 각성하게 될 것이라는 의견이 나왔다. 쟁점 사항들이 중재에 회부되었지만 노동자들은 중재가 일어나기 전인 8월 2일 파업을 시작했다.

웨스트 햄West Ham에서 열린 부두노동자들의 또 다른 대규모 집회에서 부두노동자 조합과 전국 운수노동자동맹의 지도자들은 파업의 불가피성을 받아들이기로 결정했다. 결국 8월 2일 공식적으로 런던 부두에서의 총파업이 선언되었다. 벤 틸렛과 런던 짐마차꾼 조합의 대표였던 테드 레갓Ted Leggatt 등이 런던 파업에서 전투적 성격을 이끌어 내었다. 총파업에는 8월 4일까지 2만 명이 참여했다. 그리고 8월 6일 일요일 트라팔가 광장에서는 보기 드문 대규모 집회가 열렸다.

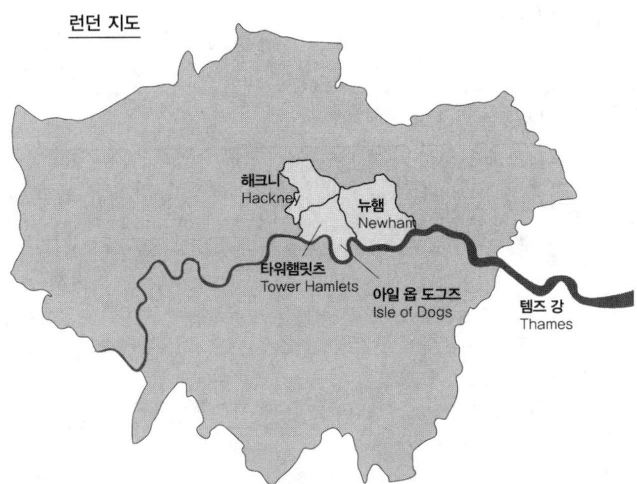

이스트 엔드 : 위에 표시된 세 지역과 월탐 포리스트와 바킹 지역 일부가 포함된다.

이스트 엔드 East End 런던에서 노동자와 빈민들이 집단적으로 거주하는 지역으로 시티the City의 동쪽 지역에 해당한다. 쇼디치Shoreditch, 베스날그린Bethnal Green, 스텝니 Stepney, 포플라Poplar, 해크니Hackney 등의 지역을 포함하고 있다. 이스트 엔드 지역은 19세기가 되면서 노동자와 빈민 거주지역으로 더욱 두드러지게 되었다. 1827년 타워 브리지의 바로 동쪽 편에 세인트 카싸린St. Katharine dock이 건설되고, 19세기 중엽 런던에 기차역들이 들어서면서 런던의 슬럼가에서 쫓겨난 빈민들이 이 지역으로 몰려들었다. 아울러 이스트 엔드는 이민자들이 부두에서 내리면 바로 이어지는 지역이라 위그노에서부터 아이리쉬, 유태인, 방글라데시인들에 이르기까지 다양한 이민자들이 거주하는 지역이기도 했다. 19세기 후반 이 지역은 노동운동과 사회주의 및 급진적 운동과 여성운동의 산실이기도 했다. 찰스 부스가 1890년대 런던의 빈곤 문제를 파악하기 위해 이 지역에 대한 조사를 한 것으로 유명하다. 특히 이 지역에는 템즈강의 흐름에 의해 U자형으로 만들어진 지대인 아일 옵 도그즈Isle of Dogs를 중심으로 하여 19세기에 여러 개의 도크dock가 세워지면서 부두노동자들이 대거 밀집하게 되었다. 포플라에는 웨스트 인디아 도크와 이스트 인디아 도크, 밀월 도크 등이 들어선다. 1889년 부두노동자 파업이 일어났을 때 이스트 엔드가 그 중심이 된 것도 그러한 이유에서이다.

그러나 한 때 빈민지역이었던 이스트 엔드는 지금 크게 변모한 상태이다. 이 지역에 대해 대대적인 재개발 사업을 한 결과 지금은 아일 옵 도그즈의 카나리 선착장Canary Wharf을 중심으로 근대적인 도시 공간으로 탈바꿈하고 있다. 독특한 디자인의 새로운 건물들이 들어서고 여러 종류의 문화공간들이 자리잡으면서 이 지역은 과거의 이미지에서 벗어나고 있는 실정이다.

서리 상업 부두 Surrey Commercial Docks 타워 브리지의 동쪽, 템즈 강 남쪽 지역인 사우쓰뱅크의 로더하이드Rotherhithe 지역에 만들어진 여러 개의 도크dock들을 지칭한다. 동쪽으로는 템즈 강을 사이에 두고 또 다른 부두 지역인 아일 옵 도그즈Isle of Dogs를 마주보고 있다. 아일 옵 도그즈와 마찬가지로 템즈강의 흐름이 만들어낸 유선형 지역인데 역U자형 형태를 띠고 있다. 시티 옵 런던의 바로 아래에 자리잡고 있는 지역이라 부두로 이용하기에 매우 적합한 장소였다. 습지대였으므로 농사에 적합한 지역도 아니었다. 1620년대에 필그림 파더즈pilgrim fathers가 신대륙으로 건너가기 위해 런던에서 사우쓰앰턴으로 항해를 시작한 시발점이기도 하다. 이 지역은 차츰 영국의 교역량이 늘어나면서 이 지역의 85%가 도크와 운하로 구성될 정도로 전형적인 부두지역으로 자리잡게 되었다. 그린랜드 도크Greenland dock는 북극 고래잡이 어선들의 기지로 이용되었으므로 그린랜드 도크란 이름이 붙었다. 그 외의 여러 부두도 부두와 교역하는 나라나 지역의 이름을 따서 지어졌다. 캐나다 도크Canada Dock, 노르웨이 도크Norway Dock, 퀴벡 못Quebec Pond, 러시아 도크Russia Dock 들이 그러한 것들이다. 이 부두로는 주로 북구와 캐나다로부터 목재와 곡물 등이 들어왔다. 이 지역의 노동자들 사이에는 이웃한 아일 옵 도그즈에서와는 다른 독특한 노동자 문화가 발달했는데, 이 지역의 노동자들 중에 눈에 띄는 노동자들로 제재목 운반 노동자deal porter들이 있었다. 이들은 어깨에 무거운 제재목을 지고 운반하는 기술을 발휘했는데 18미터 높이까지 나무를 쌓는 힘들고 위험한 작업을 하는 노동자들이었다. 이들은 안전모를 쓰고 긴 어깨보호대를 착용한 상태로 노동을 했다. 이 지역의 부두들은 2차 대전 이후부터 쇠락하기 시작해 컨테이너 수송이 표준화되기 시작하면서 하나둘 문을 닫기 시작했다. 지금은 주택과 수상스포츠 센터 등이 들어서 변모된 모습을 보여주고 있다.

웨스트 햄 West Ham 이스트 엔드의 한 지역이다. 뉴햄구London Borough of Newham에 속해 있으며, 남쪽으로 캐닝타운 및 포플라와 인접해 있고 동쪽으로는 이스트 햄과 만난다. 도크랜드 북쪽 지역이라고 볼 수 있다.

트라팔가 광장 Trafalgar Square 런던 중심부에 위치한 광장으로 북쪽으로 런던 국립미술관이 있다. 광장에는 넬슨제독의 동상이 서 있다. 종종 대중 집회 혹은 정치 집회의 장소로 사용되는 곳이기도 하다. 여기서 벌어진 유명한 집회로 챠티스트들의 집회가 있으며 1886년 2월에는 검은 월요일Black Monday이라 불리는 대규모 시위사태가 발생했으며 1887년 11월에는 피의 일요일Bloody Sunday 사건이라 불리는 더욱 큰 규모의 시위가 발생하기도 했다. 지금은 수많은 관광객들이 몰려드는 관광명소이기도 하다.

중재는 진행되었지만 석탄 운반부coal porter와 거룻배노동자lighterman들의 요구가 제기됨에 따라 파업은 계속되었다. 전국 운수노동자동맹의 파업위원회는 만족스런 결과가 타결될 때까지 노동을 거부할 것을 촉구했다. 틸렛은 운수노동자들이 모든 서비스를 방해했는데 석탄, 수도, 가스, 전기, 육류, 곡물, 얼음, 채소, 상업용품, 공산품, 철도 서비스, 육상운송, 해상운송 등이 모두 정지되었다고 지적했다.

거룻배 바지선의 일종으로 모선에서 부두까지 화물을 나르는 바닥이 편평한 배. 동력없이 숙련된 사공이 노를 저어 배를 움직였다.

마침 의회법Parliamenr Act이 통과되어 상원이 하원에 굴복하게 되는 사건이 일어났고 이는 노동자들을 크게 고무시켰다. 짐마차꾼들은 런던의 전체 도로 교통을 마비시켰다. 2만 5천 명의 군인들이 부두를 접수하기 위해 대기하고 있다는 경고가 나왔다. 긴장은 점점 고조되어 갔다. 병원 같은 꼭 필요한 기관 외에는 물품반입이 허가되지 않았다. 시티the City를 통과하는 대규모 집회가 조직되었고 여기에는 10만 명이 참가했다. 8월 11일까지 짐마차꾼과 거룻배노동자의 요구가 거의 대부분 수용되었고 다음 날 번스Burns는 런던은 아주 잘 해냈으며 짐마차꾼, 부두노동자, 하역인부들의 행동에 만족한다고 기록했다.

그러나 런던 부두 파업은 런던 항만청이 노동자 복직을 거부함에 따라 다시 촉발되었다. 타워힐Tower Hill의 정부는 사라지지 않았다. 틸렛은 타워힐의 정부는 영국의 중심이 되었고 권좌가 되었다고 주장했다. 여기서 파업위원회는 전쟁과 조약에 관한 지시를 내렸다. 파업위원회는 템즈강을 따라서 살고 있는 1천만 명 이상의 사람들을 통제한다는 자부심을 가졌다.

의회법Parliament Act 1911   1911년 의회법은 1909년의 인민예산People's Budget을 둘러싸고 자유당 정부와 상원이 대립한 결과 만들어진 법이라고 할 수 있다. 이 법으로 인해 하원은 상원위에 서게 되었다. 재무장관이었던 로이드 조지는 인민예산을 위해 지주들에게 토지세land tax를 부과하려 했는데 이러한 조처는 토지재산의 기초위에 존재하고 있었던 귀족들에게는 커다란 타격이었다. 귀족들로 구성된 상원이 인민예산을 거부하자 1910년 1월 자유당은 새로운 선거를 실시했다. 하지만 여기서 자유당은 과반수 의석을 확보하지 못했고 연립내각을 구성할 수밖에 없었다. 인민예산은 토지세를 부과하지 않기로 합의됨에 따라 통과되기는 하였지만 결국 자유당은 상원의 힘을 약화시키는 법안을 제출했다. 자유당 수상 에스퀴스는 에드워드 7세에게 상원이 법안을 거부하면 법안에 찬성할 귀족들을 임명해 줄 것을 요청했다. 그러나 이 요청은 거절당했다. 자유당은 이 문제를 다시 선거로 가져가기로 하고 1910년 12월 다시 한 번 총선거를 치르게 되었다. 그러나 이번에도 자유당은 과반수의 의석을 차지하지 못했다. 그런데 그 와중에 1910년 5월 에드워드 7세가 사망하고 조지 5세가 새로운 왕으로 즉위하는 변화가 일어났다. 새로 즉위한 조지 5세는 애스퀴쓰의 안을 받아들일 것을 약속했다. 상원에서는 왕이 새로운 귀족을 임명한다 해도 끝까지 법안에 반대할 것을 주장하는 강경파diehard가 필사적으로 저항했지만 1911년 8월 10일 근소한 표 차이로 결국 의회법은 통과되었다. 134대 114의 표 차이였다. 이 법으로 인해 하원은 상원의 결정과 무관하게 법안을 통과시킬 수 있는 권력을 가지게 되었다.

시티the City   금융기관들이 모여 있는 런던의 상업·금융 지역이다. 1제곱마일 정도의 면적을 지니며 지도를 보면 거의 정확하게 런던의 중심부에 위치한다. 런던에 속해 있는 행정구역이면서도 독자적인 지위를 가지고 있다. 따라서 구borough라는 표현을 쓰지 않는다. 영국의 326개의 지방정부의 구역들은 4종류로 구별되는데(런던시의 구 32개, 6개 특별시들의 구 36개, 일반 구 201개, 단일 지방정부 55개) 그 중 어디에도 포함되지 않는다. 시티특별구라고 해야 맞을 것이다. 시티의 시장이 따로 있으며 독자적인 경찰을 가지고 있다. 자치구인 시티 안에 또 다른 자치지역이 있다는 점도 흥미롭다. 법률가들의 자치조직인 이너 템플Inner Temple과 미들 템플Middle Temple이 그것으로 이 조직들은 마치 옥스퍼드나 케임브리지 대학과도 같은 공간을 가지고 있다. 템플 지역을 중심으로 형성된 이 두 지역은 시티 안에 있으면서도 시티의 관할을 받지 않는다.

타워힐Tower Hill   런던탑의 북서쪽에 위치한 나지막한 언덕이다. 시티City of London의 바로 외곽에 위치하고 있다. 타워힐의 트리니티 스퀘어 가든에는 이전에 런던 항만청 건물이 서 있다. 타워힐은 영국 역사에서 중요 인물들이 처형된 장소로 유명하다. 종교개혁기에 토마스 모어Thomas More가 처형되기도 했으며, 청교도혁명기에는 켄터베리 대주교 로드Laud가 바로 이 자리에서 처형되었다.

파업이 부두를 마비시키고 곡물 공급이 어려워지자 정부가 여기에 개입했다. 협상가였던 조지 애스크위드George Askwith가 등장했는데 결국 일련의 합의가 이루어져 데본포트Devonport 합의에서 배제되었던 노동자들의 임금인상이 관철되었다. 그리고 선박동맹Shipping Federation은 선원조합Sailors' Union을 인정하게 되었다. 그럼에도 불구하고 8월 달 내내 일용노동자들의 고용절차를 둘러싸고 비공식 파업이 여러 군데서 나타났다.

벤 틸렛은 파업이 진행된 며칠 동안 의회가 한 세기 동안 해낸 것보다 더 많은 것을 이루어내었다고 주장함으로써 런던 파업의 성과를 평가했다. 그러나 런던 파업은 남웨일즈나 헐에서처럼 사회적 대결의 양상을 띠지는 않았다. 조직적인 신디칼리스트 활동도 남웨일즈나 리버풀에서처럼 두드러지지 않았다. 그러나 1911년의 사건은 1912년 런던에서 일어나게 될 새로운 파업을 예비하는 길을 만들어 주었다.

런던 부두 파업은 누그러졌지만 분규는 다른 산업 부문으로 옮겨갔다. 철도 분규가 일어난 것이다. 그리고 철도 분규는 머지사이드Merseyside에서의 운수 총파업general transport strike을 야기하는 단서를 제공했다. 철도파업은 최초의 전국적인 파업으로 이어진 점에서도 특별했다. 분규의 원인은 실질임금의 저하에도 있었지만 느린 조정 절차에 대한 노동자들의 반감도 작용했다. 머지사이드에서 철도원들의 파업은 8월 초에 시작되었다. 파업은 승객 수송보다는 화물 운송 쪽에서 두드러졌다. 화물을 취급하는 철도노동자들은 해상물류를 취급하는 부두와 연결된 철도역에 고용되어 있었다. 이들은 이미 분규에 휩싸여 있었던 선원 및 부두노동자들과 연결되어 있었다. 부두노동자들의 분규는 이미 6월 시작되었으며, 8월 초 협상이 타결될 때까지 부두노동자들은 임금인상과 노동조합의 승인과 같은 상당한 성과를 거두어내고 있었다. 철도노동자들은 이런 사실들을 잘 알고 있었다.

> **머지사이드** Merseyside   머지Mersey강을 끼고 있는 지역으로 강 하구에 리버풀이 있다. 머지강은 랭카셔, 맨체스터 등 중요한 공업 지역을 통과해 리버풀을 거쳐 아일랜드해로 이어진다.

임금인상을 요구하고, 기존의 중재절차에 대하여 반대하면서 일어난 철도노동자들의 파업은 다른 운수노동자들의 동조 파업을 불러오면서 리버풀 총파업으로 발전하게 된다. 그러나 최초의 철도파업이 리버풀 파업위원회에 의해 주도되지는 않았다. 리버풀파업위원회는 철도파업과는 다른 부문에서 조직되었는데, 보다 일찍이 1911년 6월 선원들이 일으킨 파업과 연관되면서 조직되었다.

사우쓰앰튼에서 선원들이 파업을 일으키고 있을 때 리버풀에서도 파업이 발생하고 있었다. 1911년 6월 14일 리버풀의 500명의 화부firemen들은 캐나디안 퍼시픽 라인Canadian Pacific line의 엠프리스 옵 아일랜드호SS Empress of Ireland와 화이트 스타 라인White Star line의 발틱호SS Baltic와 튜토닉호SS Teutonic의 고용계약서에 서명하기를 거부했다. 하루 전에 도착한 톰 만은 파업위원회strike committee를 조직했고 의장이 되었다. 톰 만은 리버풀의 선박 파업을 시작하면서 '자유를 위한 파업Strike for Liberty'이라는 기치를 내걸었다. 이 파업에는 승무원 조합Stewards' Union이 분파주의를 버리고 동조했다. 부두노동자docker들과 짐마차꾼carter들도 함께 참여했다. 톰 만은 6월 25일 저녁 성조지Saint George 언덕에서 집회를 조직했고 여기서 블랙리스트에 올라 있는 회사의 화물을 수송하지 말라고 호소하는 5만 장의 성명서를 배포했다. 그러나 선박동맹은 6409톤의 증기선인 프리슬랜드Friesland호를 파업파괴자들을 수용하는 선박으로 활용하면서 파업노동자들에 대응했다.

엠프리스 옵 아일랜드SS Empress of Ireland 엠프리스 옵 아일랜드는 캐나디안 퍼시픽 라인 선박 회사에서 1906년부터 운항을 하기 시작한 증기기선이다. 처녀 출항을 리버풀에서 시작했다. 약 만 4천톤 급의 선박이며 승객 약 천 6백 명을 태울 수 있었다. 엠프리스 옵 아일랜드는 캐나다의 퀘벡과 잉글랜드를 연결하는 노선을 운항하면서 대서양 횡단 루트의 위용을 자랑했다. 하지만 1914년 5월 29일 타이타닉 호가 침몰한 지 2년이 지난 때 이 배 역시 다른 배와 충돌한 후 침몰했다. 1477명의 승객 중 사망자 수도 1012명에 이르러 타이타닉 호의 사망자 수와 비슷했다.

전국 선박 승무원, 요리사, 정육공, 제빵공 연합 National Union of Ship's Stewards, Cooks, Butchers and Bakers 1909년 조직된 선박 내에서 근무하는 노동자들의 노동조합이다. 선박 회사 커나드Cunard의 접객원이었던 코터Joe Cotter가 리버풀에서 조직했다. 런던, 사우쓰앰튼, 브리스톨, 헐, 글래스고우 등지에서 많은 추종자들을 확보하고 활발하게 활동했다.

전국 부두노동자연합 National Union of Dock Labourers 1889년 글래스고우에서 결성된 부두 노동자들의 노동조합이다. 이 노동조합은 스코틀랜드에서 조직되었지만 곧 리버풀로 본부를 옮기며 리버풀을 중심으로 한 머지사이드 지역의 노동자들과 깊이 연관된다. 이후 전국 부두, 하안, 일반 노동자 동맹National Union of Dock, Riverside and General Workers in Great Britain and Ireland으로 명칭이 바뀐다.

톰 만과 전국 부두노동자연합National Union of Dock Labourers의 제임스 섹스턴James Sexton은 규모가 작은 회사들과 협상을 하기 시작했다. 16개 회사가 6월 28일까지 임금 및 노조를 인정하는 문제와 관련한 노동자들의 제안을 받아들였다. 하지만 파업의 규모는 점점 커져 갔다. 만 명의 선박 웨이터ship waiter들이 파업을 하기 시작했고 부두노동자와 석탄 화부coal heaver들 역시 파업을 시작했다. 노조에 새로 가입하는 노동자의 수도 늘어났는데 파업이 진행된 5주 사이에 부두노동자 조합원은 8천 명에서 2만 6천 명으로 늘어났다. 일요일마다 성조지Saint George 언덕에서 열리는 집회는 파업위원회가 부두의 현재 상황을 알리는 모임으로 변화되어 갔다. 이런 상황에서 톰 만과 섹스턴은 꾸준히 협상을 진행시켰고 8월 4일 노동자들에게 만족스러운 최종안이 합의되었다.

　그러나 리버풀은 철도노동자들과 연관되면서 곧 총파업에 휩쓸리게 되었다. 8월 5일 랭카셔와 요크셔 철도에 고용된 철도원들이 비공식 파업을 일으킨 것이다. 그러나 그들의 노조인 철도원연합회Amalgamated Society of Railway Servants는 그들의 불만을 조정위원회에 제기하라고 조언했다. 부두에서 일하는 철도 화물 포터porter들이 동조파업을 하기 시작했다. 그러자 회사는 리버풀 바깥에서 곧 파업파괴자들을 데려와 일을 시켰다. 파업노동자의 수가 4천 명에 이르면서 톰 만의 파업위원회는 이 문제를 자신들의 문제로 받아들였다.

철도원연합회 Amalgamated Society of Railway Servants　철도원연합회는 1871년 자유당 의원 마이클 배스Michael Bass의 지원으로 조직되었다. 이외에도 1880년대에 들어서며 철도노동자와 관련된 노동조합들이 여러 개 조직되었다. 철도 기관사 및 화부 연합회Associated Society of Locomotive Engineers and Firemen, 전철수 및 통신원 연합United Pointsmen and Signalmen's Society, 일반 철도노동자 동맹General Railway Workers' Union 등이 그것이다. 이들은 모두 1911년의 철도 총파업에 참여했다. 철도원 연합회, 통신원 · 전철수 연합, 일반 철도노동자연합은 연합하여 1913년 전국 철도원연합National Union of Railwaymen을 결성했다.

조정위원회Conciliation Board　1907년 상무성Board of Trade의 권고로 철도 고용주와 철도 노동자들의 이익을 조정하기 위해 만들어진 기구이다. 하지만 이 기구는 노동자들의 이익을 제대로 반영하지 못했는데 그런 점을 비꼬아 철도 기관사 및 화부 연합의 서기는 이 기구를 조정위원회가 아니라 몰수위원회Confiscation Board라고 명명했다.(conciliation의 발음을 풍자한 것이다.) 이는 이 기구에 노동자들의 불만이 많았음을 보여주고 있다. 결국 철도원들의 파업이 발생하면서 이 기구를 조사하기 위해 왕립위원회Royal Commission가 만들어지게 된다.

　파업위원회는 운수노동자들의 동조파업을 호소하기 시작했다. 파업이 시작된 지 닷새만인 1911년 8월 10일 머지사이드에서만 1만 5천 명의 철도원들이 파업을 하게 되었는데 여기에 8천 명의 부두노동자들과 짐마차꾼들이 동조했다. 그러자 고용주 측에서는 동조파업에 대응하여 공장폐쇄

를 단행하였다. 여기에 대응해 파업위원회는 총파업을 선언했다. 8월 15일까지 파업에 참여한 노동자들의 수는 점차 불어나 7만 명에 달하게 되었다.

이 와중에 톰 만은 8월 8일『운수노동자*Transport Worker*』라는 1페니짜리 월간잡지를 발간했다. 여기서 제시된 목표는 노동자들의 삶을 산업 조직을 통해 개선시키는 것이었는데, 특히 비정치적 노선을 따르는 산업의 연대가 강조되었다. 그리고 나아가 신디칼리스트 공화국syndicalist commonwealth을 성취하는 것을 궁극적인 목표로 제시했다.『운수노동자』는 곧 파업 특별판을 제작했는데 여기에는 8월 9일자로 명기된 전국 운수노동자동맹National Transport Workers' Federation의 총파업 선언이 실렸다.

머지사이드에서 총파업이 시작되면서 초기에 약간의 산발적인 폭력행위가 나타났다, 하지만 시간이 지나면서 곧 파업위원회는 질서를 유지해 나가게 되었다. 파업위원회는 질서유지 방책으로 파업위원회가 발행하는 허가증 제도를 이용했는데 이 허가증으로 고용주들은 우유와 빵과 같은 상품을 운반할 수 있었다. 파업위원회의 허가증 제도는 사실상 국가 권력의 정통성에 대한 도전이었다.

사실 6월 중반부터 시작된 파업 과정을 통해 리버풀에서 이렇다 할 폭력은 발생하지 않았다. 그러나 철도파업에 파업위원회가 동조하기 시작하면서 리버풀의 상황은 악화되기 시작했다. 파업노동자들이 경찰과 충돌하고 파업위원회가 국가 권력의 정통성과 충돌하게 된 것이다.

8월 15일까지 3천 명의 군대와 수백 명의 경찰이 리버풀에 소집되었다. 런던과 버밍엄으로부터 경찰병력이 추가로 도착했다. 그리고 와릭셔 제2연대2nd Warwickshire Regiment가 파견되었다. 리버풀 전체가 병영처럼 보이는 상황이 되었다. 와릭셔 연대 말고도 노썸버랜드 연대Northumberland Fusiliers와 스콧 그레이 부대Scots Greys, 남스태퍼드셔 제2연대Southstaffordshire Regiment

및 경기병대Hussars가 리버풀에 주둔했다. 그리고 머지 강Mersey에는 대포를 장착한 군함을 급파했다. 시의 공무원들이 운수노동자들과 합세하는 바람에 거리 청소나 쓰레기 처리 문제도 어려운 문제가 되었다. 이를 처리하기 위해 임시 조직이 만들어졌는데 여기에는 부동산업자나 사무변호사 같은 사람들이 대체 인력으로 투입되었다.

와릭셔 제2연대 2nd Warwickshire Regiment 와릭셔 제1연대와 함께 보병연대를 구성한다. 와릭셔 제1연대는 6보병 연대, 와릭셔 제2연대는 24보병 연대에 해당한다. 와릭셔 제2연대는 7년 전쟁에 참여하였으며 특이한 점으로 1879년 줄루전쟁의 이산들와나 전투에서 참패당한 전력을 가지고 있다. 이 전투에서 와릭셔 제2연대원 540명이 사망했다.

노썸버랜드 퓨질리어 Northumberland Fusiliers 1881년 노썸버랜드 주의 연대로 만들어진 군대이다. 8개의 대대로 구성되어 있었다. 이 군대의 일부가 이후 한국전에 참전했다는 점이 흥미롭다.

스콧 그레이 부대 Scots Greys 17세기 후반에 조직된 용기병Dragoon으로 왕정에 저항하는 스코틀랜드의 부족들을 진압하는데 주로 활용되었다. 명예혁명 이후에는 자코바이트Jacobite(명예혁명 후 망명한 제임스 Ⅱ세를 복위시키려한 세력)를 진압하는데 동원되었다. 자코바이트 진압에 공헌한 것으로 '왕립Royal' 군대의 명칭을 하사받았다. 차츰 병사들이 모두 회색 말을 타고 있다는 것을 발견하게 되었는데 이로 인해 회색 용기병Grey Dragoon이라는 명칭을 얻게 되었다. 7년 전쟁, 나폴레옹 전쟁, 크림전쟁, 2차 보어전쟁 등에 모두 참여했다.

후사르 Hussars 경기병대light cavalry를 지칭한다. 후사르 연대는 용기병Dragoon 연대와 랜서Lancer 연대와 함께 묶이며 모두 용기병 군대Dragoon Guard에 소속되어 있다. 가볍게 무장한 용기병 부대와 후사르는 별 차이가 없다.

리버풀 총파업은 8월 13일이 지나면서 정점에 도달했다. 8월 13일 '검은 일요일'(블랙 선데이Black Sunday) 혹은 '피의 일요일'(레드 선데이Red Sunday)이라고 알려진 날에 8만 명의 군중들이, 파업위원회가 철도노동자들을 지지해 성 조지 언덕에서 벌인 집회에 참석했다. 집회는 평화적으로 진행되었으며 여자들과 아이들도 가족 단위로 이 집회에 참석했다. 하지만 이

날 경찰과 군대는 8만 명의 노동자들을 무력으로 해산시켰다. 몸싸움이 일어나자 경찰이 갑자기 공격을 가하기 시작했고 시위군중들과 경찰과 군대의 충돌이 일어났다. 이 충돌은 350명이 부상당하는 결과를 가져왔다. 톰 만은 자신이 본 것에 대해 "180센티의 건장한 사람이 곤봉을 들고 군중 속으로 갑자기 들어와 아무 말도 하지 않고 연설을 듣고 있던 사람들을 아이고 어른이고 간에 할 것 없이 무차별적으로 힘껏 곤봉을 내리치기 시작했다"고 기록했다.

리버풀의 노쓰 엔드North End 지역에서는 가두 투쟁이 벌어지기도 했다. 경찰과 군대가 시위군중을 추격해 이 지역에 들어오는 것을 막기 위해 이 지역 주민들은 집안에서 물건들을 집어 던지기도 했다. 병이나 벽돌 같은 것들을 창문이나 지붕에서 던지는가 하면 기마경찰들이 골목에 들어 오지 못하도록 침구를 길에 쌓아 두기도 했다.

이 날 집회에서 이 지역에서 전통적으로 적대적이었던 카톨릭 교도들과 프로테스탄트 교도들 사이의 반목은 사라졌다. 리버풀의 특성상 아일랜드 로부터 건너온 노동자들이 많았는데 이들 카톨릭 노동자들은 지위가 열악 했고 대개 부두노동자들로 활동하고 있었다. 반면 스코틀랜드 출신의 노동자들은 프로테스탄트였으며 이들은 짐마차꾼들 사이에 많았다. 그러 나 이들 사이의 적대감은 가스톤Garston밴드가 거리를 행진하면서 사라졌다. 지휘자는 양 집단을 상징하는 오렌지Orange와 그린Green 리본을 함께 달고 5마일이나 되는 거리를 행진했다. 이 밴드 역시 프로테스탄트와 카톨릭이 함께 어우러져서 만들어진 것이었다.

소위 『더 타임즈』가 명명한 게릴라식 전투가 며칠간 계속되었다. 네더필 드가Netherfield Road에서는 군중들이 철조망을 치고 바리케이드를 만들기도 했다. 8월 15일 두 명의 부두노동자가 군인들이 쏜 총을 맞고 사망하면서 리버풀의 상황은 절정에 다다랐다. 검거한 시위 군중을 실은 다섯 대의 형무소 차량이 복스홀가Vauxhall Road를 따라 지나갈 때 이를 저지하려 한 일단의 시위군중과 군인들 사이에서 마찰이 일어나는 과정에서 사망자가 발생한 것이다.

오렌지단Orange Order 오렌지단은 1796년 아르마Armagh주에서 프로테스탄트 형제단으로 결성되었다. 이 조직은 1688년 명예혁명으로 영국의 왕이 된 네덜란드의 오렌지 공 윌리엄을 기념한다. 그리고 1690년대 초 아일랜드에서 벌어진 보인Boyne 전투의 승리를 기념한다. 오렌지단은 프로테스탄트의 조직이며 주로 스코틀랜드와 북아일랜드에 근거를 두고 있다. 오렌지단은 20세기초 홈룰을 둘러싼 갈등 과정에서 카톨릭을 믿는 아일랜드의 독립에 반대하였으며 얼스터 자원군Ulster Volunteer Force을 조직하여 홈룰에 반대하는 무력 투쟁을 벌이기도 했다. 북아일랜드의 대부분의 각료와 의원들은 오렌지단에 소속되어 있다.

그린리본 Green Ribbon 카톨릭을 믿는 아일랜드 인들을 상징한다. 특히 샴록Shamrock이라고 하는 세 잎 클로버의 문양이 아일랜드 카톨릭을 상징하고 있다. 매년 3월 17일 아일랜드의 수호성인인 세인트 패트릭을 기념하는 세인트 패트릭 데이에 아일랜드 인들은 녹색의 세 잎 클로버를 달고 이 날을 기념한다.

리버풀의 소요는 파업노동자들만의 사건이 아니라 지역 주민들 전체의 사건이었다. 노동자들이 사망한 사건을 수습하는 과정에서 병원에 실려간 사람들 중에는 여자와 아이들도 섞여 있었는데 열다섯 사람 중 일곱 명은 여자거나 20세 미만의 미성년자였다. 리버풀 전체가 사건에 휩쓸려 있었던 것이다. 그리고 리버풀 총파업은 직접 행동이라는 신디칼리스트적인 요소를 뚜렷이 드러내었다. 특히 노동계급 거주지역이었던 노쓰 엔드North End 지역에서의 투쟁은 거의 비공식적인 성격을 띠었다.

짐 라킨Jim Larkin의 동생이었던 석탄 화부 피터 라킨Peter Larkin은 생산수단을 장악하는 것이 노동자들의 목표가 되어야 한다고 주장했지만 파업위원회를 이끄는 톰 만의 경우는 달랐다. 그에게 즉각적인 목표는 보다 제한적인 것이었다. 그는 비록 노동자들은 단순한 임금투쟁을 넘어서서 나가야 한다고 연설했지만, 궁극적인 목표를 향해 나아가는 이행 단계들을 더 강조했다. 이러한 단계들로 그가 강조한 것은 산업연대와 산별노조주의였다.

리버풀 총파업은 산발적인 시위가 한 열흘간 더 계속되다가 결국 해결되었다. 리버풀 총파업 동안 전국적 규모로 확산된 철도파업이 잘 해결되고, 전차원tramwaymen들의 복직 문제를 둘러싼 분규도 잘 해결되었기 때문이다. 결국 운수노동자 파업은 8월 25일 선박회사와 전국 부두노동자연합NUDL 사이에 합의가 이루어지면서 종식되었다.

분규는 해결되었지만 노동자들의 직접 행동을 강조하는 신디칼리스트 운동은 계속되었다. 톰 만이 발간한『운수노동자*Transport Worker*』에는 톰 만의 글과 함께 전국 부두노동자연합NUDL의 섹스톤Sexton 같은 온건한 사람들의 글도 실렸다. 1911년 10월까지 이 잡지의 부수는 2만 부에 달했고 전국 운수노동자동맹NTWF에 노동자들을 끌어들이는 기구로 작용했다.

리버풀 총파업은 전국철도파업으로 이어졌다. 철도원들의 주요 노조였던 철도원연합회Amalgamated Society of Railway Servants의 지도부는 리버풀 분규에 일찍이 개입했고 빨리 노동에 복귀하려고 했다. 하지만 회사 측이 노조를 인정하지 않는 관행을 고집하는 바람에 임금협상은 거부되었고 이로 인해 파업을 철회하기는 어려워졌다. 게다가 비공식적인 행동이 퍼져 나가고 있었다. 리버풀Liverpool, 헐Hull, 브리스톨Bristol, 스완시Swansea, 맨체스터Manchester 등에서 일어난 노동자들의 비공식 파업은 매우 빠르게 확대되면서, 1주일에 2실링의 임금인상과 60시간에서 54시간으로 노동시간을 줄이는 문제로 초점이 맞추어졌다. 철도노동자들은 조정위원회 Conciliation Boards의 느린 조정 절차에도 실망했다. 결국 철도노동자들의 총파업이 8월 17일 시작되어 사흘간 계속되었다. 최초로 일어난 전국적인 철도파업은 철도노동자들 사이에 퍼져 있었던 직급별 직능별 이익을 깨뜨리고 노동자들이 함께 연대하는 결과를 낳았다. 화물 짐꾼들이 승객 짐꾼들과 함께 연대했고 귀족적인 기관사들이 철도노동자들과 연대하는 현상을 낳기도 했다.

파업노동자들은 노조 지도부의 지시를 종종 거부하며 공격적인 행동을 보였다. 브리스톨에서 가까운 포티스헤드Portishead에서는 천 명의 노동자들이 한 밤중에 작동하고 있는 신호기를 공격했다. 일케스톤Ilkeston, 더비Derby, 몰드Mold 등지에서도 유사한 공격행위가 나타났다. 철도 운행을 막기 위해 선로를 파괴하고, 장애물을 설치하고, 송신 체계를 손상시키려는 시도들이 일어났다. 남웨일즈South Wales와 요크셔Yorkshire에서 이런 현상들이 가장 두드러졌다. 더비Derby와 체스터필드Chesterfield에서는 철도역을 공격하는 현상이 벌어졌는데, 체스터필드에서는 지역 경찰을 돕기 위해 서요크셔 연대West Yorkshire Regiment의 군인들 50명이 파견되기도 했다. 파업 군중들은 군대가 총검으로 위협적인 진압을 한 이후에야 해산되었다.

서요크셔 연대 West Yorkshire Regiment 몬무스Monmouth 반란을 진압하기 위해 제임스 2세에 의해 1685년 만들어진 보병부대이다. 이 부대는 워털루 전투와 2차 보어전쟁에 참여했다.

파업은 라넬리에서 가장 오래 지속되었는데 여기서 레일은 망가지고, 선로 위에는 많은 장애물들이 설치되었다. 아이리쉬 메일Irish Mail 노선은 정지되었다. 여기에는 철도노동자뿐 아니라 주석도금tin-plate 노동자들 같은 다른 노동조합원들도 가세했다. 군중들을 해산시키기 위해 군대가 도착하면서 갈등 상황은 더욱 거세졌다. 지역 노조 지도자들은 해산할 것을 종용했지만 다수의 군중들은 움직이지 않았다.『사우스 웨일즈 프레스 *South Wales Press*』에 따르면 워스터와 노스 랭카셔 연대가 대열을 정비하자 군중들 중 일부가 라넬리 럭비단의 축구 응원가 소스판 파크Sospan Fach를 부르기 시작했다. 그러자 군대는 발포를 했고 두 명의 사망자를 내었다. 그리고 이어 군인들은 총검으로 군중들을 공격하기 시작했으며 더 많은 사상자가 생겨났다.

라넬리에서 철도노동자들에 대한 동조자가 많았다는 점은 사상당한 사람들 중에 철도원들이 없었다는 사실에서 드러났다. 그 중에는 주석도금 tin-plate노동자들이 많았다. 지역민들은 사망한 사람들의 장례식에서 그들의 애도심을 표현했다. 웨스리안Wesleyan 채펄과 라넬리 오리엔탈 스타스 럭비 풋볼Llanelly Oriental Stars Rugby Football 팀에서 보내온 화환들이 그런 감정을 드러내었다.

군대와 군중들 간의 첫 번째 충돌이 일어난 이후 사태는 더욱 악화되었다. 상점이 공격을 받고 철도 화물 집하장이 공격당했다. 화약을 실은 트럭이 폭발하면서 4명이 더 사망하는 비극적인 사건이 발생했다. 철도노동자들은 무차별적으로 공격하지 않고 그들의 의중을 드러내는 행동을 했다. 공격당한 상점들은 치안판사들 소유에 국한되었는데 이들은 군대의 발포를 허가한 소요법Riot Act을 사건에 적용한 데 대해 책임이 있었다. 재화를 공격한 행위에는 철도회사들에 대한 적대감이 배어 있었다. 그레이트 웨스턴Great Western 철도의 트럭 14대가 방화되었고 트럭 84대가 약탈되는 과정에서 베이컨 3톤이 사라졌다.

철도파업 과정에서 직접행동은 광범위하게 나타났다. 라넬리에서는 철도원들과 주석도금 노동자들이, 요크셔Yorkshire와 노팅검셔Nottingham-shire에서는 철도원들과 광부들이 연대하는 현상이 나타났다. 캐슬포드

Castleford에서 광부들은 선로를 사보타지했고, 노팅검Nottingham에서 광부들은 미들랜드 철도Midland Railway의 맨스필드Mansfield 노선에서 운영하던 기차들을 정지시켰다.

> **소요법**Riot Act 12명 이상의 사람들이 허가받지 않은 집회를 할 경우 해산을 시킬 수 있도록 한 법으로 1715년 발효되어 1973년까지 유효했던 법이다. 이 법을 군중들에게 낭독한 후 한 시간 내에 해산하지 않으면 무력을 사용할 수 있게 하였다. 이 법은 종종 정치적 목적을 위해 사용되었다.
>
> **캐슬포드** Castleford 서요크셔의 도시 웨이크필드에 속해 있는 5개의 마을중 하나이다. 폰티프랙트Pontefract와 접하고 있다. 19세기에 광산업으로 활기를 띠었다. 우리에게 잘 알려진 의류상표인 버버리Burberry의 공장이 있는 곳이기도 하다.

신디칼리스트적 주장들도 나타났다. 찰스 왓킨스Charles Watkins가 가장 두드러진 인물이었는데 그는 신디칼리스트들은 철도의 국유화를 원하는 것이 아니라, 철도노동자들이 철도를 통제하고 경영할 것을 원한다는 주장을 했다. 이런 목표는 철도노동자들의 분파적인 이해를 넘어서는 산별 노조주의의 형태를 통해서 이루어질 수 있을 것이라고 주장했다.

철도파업은 총파업을 막기 위해 수상인 애스퀴쓰Asquith가 사태 초기에 개입했지만 성공하지 못했다. 결국 로이드 조지의 개입에 의해 해결되었는데 로이드 조지는 사측 대표와 노동자측 대표를 따로 만나면서 중재기술을 발휘했다. 그는 국제 문제를 국내 문제에 활용했는데 아가디어Agadir에서 발생한 사건으로 인해 영국과 독일이 전쟁을 할지도 모르는 상황에서 사측과 노측이 자제해 줄 것을 요청했던 것이다. 그리고 그는 왕립위원회Royal Commission를 만들어 조정위원회Conciliation Board의 활동을 조사하도록 하겠다는 약속을 했다.

아가디어 사건 Agadir 1911년 7월 1일 독일의 군함 팬더 호가 모로코의 아가디어 항에 배치됨으로써 일어난 프랑스와 독일 혹은 영국과 독일간의 충돌위기를 지칭하는 것이다. 2차 모로코 사건이라고도 불린다. 1906년 알제시라스 회의에서 프랑스는 모로코에서 프랑스의 권리를 확인했다. 그런데 1911년 모로코에서 반란이 일어나 술탄이 거주하는 페즈Fez의 왕궁이 포위되는 사태가 발생했다. 프랑스가 군대를 파견하자 독일이 군함을 아가디어 항에 정박시킴으로써 양국 간의 충돌위기가 발생하게 되었다. 로이드 조지는 1911년 7월 21일 맨션하우스에서 연설을 하면서 독일에 강력한 경고 메시지를 보냈다. 영국의 지지를 바탕으로 하여 이듬해 프랑스는 모로코를 완전한 보호령으로 만들었다. 영국과 독일의 해군경쟁은 가속되었으며 양국간의 관계도 더욱 소원해졌다.

그러나 왕립위원회에 대한 의구심은 노동자들 사이에서 강하게 일어났다. 맨체스터Manchester나 뉴캐슬New Castle 등의 분위기가 특히 그러했다. 11월 발표된 왕립위원회의 권고안에 대해서도 노동자들은 시큰둥했다. 이 안은 수정된 형태이기는 하지만 중재절차를 그대로 유지시켰다. 가장 큰 문제는 분파조직을 그대로 유지한 것이다. 이런 조직은 모든 노동자들에게 영향을 주는 예컨대 표준 노동시간, 초과수당, 휴일 수당 문제 등을 효과적으로 처리하기 어려웠다. 노조지도부와 일반 노동자들이 모두 이러한 계획에 반대했고 두 번째 총파업을 할 것이냐를 두고 투표가 벌어졌다. 이러한 압력 하에서 정부는 다시 개입하였고 노동조합을 인정하게 하는 약간의 양보가 이루어졌다. 철도원연합회Amalgamated Society of Railway Servants의 관리들은 이 안에 합의했지만 일반 노동자들의 불만이 가라앉은 것은 아니었다. 100개의 철도원연합회ASRS 지부가 이 안에 대해 불만을 표시했고 노조 지도부를 성토한 것에서 이런 점을 알 수 있다.

철도파업은 종식되었지만 철도 부문에서 산별 노조주의 운동은 계속되었다. 찰스 왓킨스는 노조 지도부에 대한 반감을 계속 표명하였으며 여러 지역을 돌면서 철도원들을 상대로 하여 산별 노조주의에 대하여 강조하는 연설을 하였다. 헐Hull에서는 노조 조직자로 산별 노조주의 지지자였던 조지 브라운George Brown이 선출되었다. 1911년 10월에는 『신디칼리스트 철도원*Syndicalist Railwayman*』이라는 잡지가 출간되어 여기에 힘을 더했다.

3. 노동불안의 확산 1912년 - 광부 파업과 런던 운수파업

1911년 겨울 파업의 중심은 다시 광산지역으로 옮겨졌다. 광부들의 불만은 노동주의자Labourist들이나 자유-노동파Lib-Lab에서 나온 지도자들에 의해 해결되지 않고 있었다. 소요의 분위기는 이미 "부적절한 탄광" 문제로 몸살을 한 번 앓았던 남웨일즈의 광산 지역에 집중되었다.

> **립랩**Lib-Lab : **자유 노동파** 자유당의 지원을 얻은 상태에서 노동자들의 대표로 나서는 사람들 혹은 그룹을 지칭하는 용어이다. 자유당과 노동계급의 협력이 이루어진 경우라고 할 수 있을 것이다. 최초의 사례로는 영국 광부동맹Miners' Federation of Great Britain 소속인 알렉산더 맥도널드와 토마스 버트를 들 수 있다. 이들은 1874년 총선에서 자유당 후보로 당선되었다. 이어 1880년 석공 조합의 헨리 브로드허스트가 립랩을 표방하며 당선되었다. 1885년 경 이 운동은 피크를 이루었고 의회에 12명의 그룹이 존재했다. 그러나 이후 독립노동당의 탄생, 이어서 노동당의 탄생 등으로 이 운동은 차츰 쇠락하게 된다. 노동당 탄생 초기에는 의회에 노동조합의 지원을 받는 노동자 대표들이 노동당과 자유당 양쪽에 존재하는 현상이 발생하기도 했다.

1911년 중반부터 최저임금제를 홍보하고 『광부들의 다음 단계*Miners' Next Step*』를 소개하기 위해 남웨일즈 지역에서 영국의 다른 광산 지역으로 사람들이 파견되었다. 웨일즈의 신디칼리스트였던 메인웨어링은 스코틀랜드를 순회하면서 노동자들의 열렬한 환영을 받았다. 리스Rees는 요크셔에서 역시 환대를 받았다. 1912년 2월까지 『광부들의 다음 단계』의 초판

5천 부가 다 팔려 나갔다.

광산 지역의 분규는 웨일즈의 경우가 두드러지기는 했지만 노썸버랜드 Northumberland,3) 더람Durham4) 등지에서도 발생했다. 잉글랜드 북동부 지역의 경우 더욱 진보적인 성격을 띤 노동자들이 등장했다. 잉글랜드 북동부 지역의 불만은 특히 1908년 8시간 노동법의 결과였다. 광산소유주들은 8시간 노동법이 생산성의 저하를 낳을 것이라고 우려해 당시까지의 2교대제를 3교대제로 바꾸는 방식으로 대응했다. 이러한 변화는 광부들의 정상적인 가족생활을 붕괴시켰고 이로 인한 분규를 낳게 되었다. 더람에서는 노조 지도부가 새로운 노동 방식을 받아들이라고 노동자들에게 권고했지만 이런 권고는 격렬히 거부되었다. 1910년 상반기에 여러 곳의 막장에서 비공식적 파업이 일어났다.

북동부 광산 지역에서 일어난 직접 행동은 1912년 광부 파업에 이르기까지 주로 경제적 불만에 기인하고 있었다. 그렇지만 조지 하비George Harvey나 윌 로더Will Lawther와 같은 신디칼리스트적 주장을 하는 사람들도 출현했다. 이 둘은 모두 플렙스연맹Plebs League의 회원이었다. 로더는 웨일즈의 광부들과도 접촉을 하고 있었다.

광부들은 '5와 2'라는 구호를 내걸었다. 즉 최저임금으로 1교대당 성인 남자의 경우 5실링을, 아동들은 2실링을 적용할 것을 요구했다. 하지만 사측은 생산성이 떨어져 가고 있는 마당에 확정적 임금을 노동자들에게 지불하려 하지 않았다. 최저임금제를 관철시키기 위해 파업을 하자는 주장이 제기되었다. 파업에 대한 찬반 투표가 벌어지자 44만 5,801표 대 11만 5,921표라는 압도적인 표차로 파업이 결정되었다. 3천만 일의 노동일을 상실하게 될 광부 파업은 1912년 3월 1일 시작되었다.

정부는 광부들의 파업에 당혹했고 삼엄한 경비태세에 들어갔다. 리즈

보병대Leeds Artillery 같은 부대는 시위대와 싸우게 될 경우에 대비해 총검이 지급되기도 했다. 광산 소유주들은 자기 집 둘레에 바리케이드를 치기도 했다.

신디칼리스트들의 활동은 산업 분규에서만이 아니라 군대를 향한 선전 활동에서도 나타났다. 이 작업은 산업신디칼리스트교육연맹ISEL이 맡았는데 1911년 7월 『쏘지 마라*Don't Shoot*』라는 소책자를 발간하는 활동으로 시작했다. 이 책자는 프레드 바우어Fred Bower가 작성한 것으로 군인들에게 파업노동자들을 쏘지 말라고 호소하는 내용을 담고 있었다. 이 글은 짐 라킨Jim Larkin의 『아이리시 노동자*Irish Worker*』 1911년 7월호에 실린 후 『더 신디칼리스트*The Syndicalist*』 1912년 1월호에 다시 실렸다. 이 글만이 파업에 대한 군대의 개입 문제를 다룬 것이 아니었다. 더비셔Derbyshire의 탄광 지역에서도 일케스톤Ilkeston에서 발행된 월간지 『새벽*Dawn*』이 파업에 대한 국가 권력의 개입문제를 다루었다. 여기서 노동자와 고용주의 관계는 예리하게 포착되었다. 고용주들은 그들의 손에 모든 것을 가지고 있다고 주장하였다. 고용주들은 정치기구를 주무르고, 경찰과 군대, 언론과 종교에 의해 지지받으며, 심지어 노동조합 지도자들마저도 길들인다. 노동자들은 길들여진 노동 지도자들을 몰아내고 젊고 열정적인 사람들을 받아들여야 했다.

> **더비셔**Derbyshire 맨체스터와 요크셔와 접하고 있는 미들랜즈Midlands 지방의 지역이다. 산악지역이라 산업혁명 초기에는 낙차를 이용한 동력을 이용하는 공장이 많이 들어섰다. 일케스턴 지역에는 석탄 광산업이 발달했다.

이러한 주장은 의회와 언론에 커다란 위협을 안겨주었다. 올더숏Aldershot 의 군인들에게 『쏘지 마라』를 나누어 주던 철도원 프레드 크라우슬리Fred

Crowsley가 투옥되었고, 인쇄공이었던 버크Buck 형제가 체포되었다. 이어서 『더 신디칼리스트』의 편집장이었던 가이 바우만Guy Bowman과 같은 신디칼리스트 운동의 핵심 인물들이 기소되었다. 톰 만 자신도 3월 19일 사우스필즈Southfields에 있는 그의 집에서 체포되었다. 흥미롭게도 정부는 이 날 광부들에 대한 최저임금법Minimum Wage Bill을 제안했다.

> **올더숏** Aldershot 잉글랜드 남부의 햄셔주의 마을이다. 군대와 연관이 깊은 도시이다. 빅토리아 시대에 군대의 기지가 조성되면서 발전하기 시작했다.

톰 만은 1797년의 폭동법Mutiny Act으로 기소되어 6개월간 투옥되었지만 이 사건은 커다란 반향을 불러 일으켰다. 샐포드 인근의 펜들턴 노동자 연합의 회원들은 톰 만이 체포되기 전에 그의 마지막 연설을 들으면서 『더 신디칼리스트』의 반反군사주의에 대해 공감했다. 톰 만이 체포되자 여러 곳에서 항의가 이어졌는데, 역설적이게도 맨체스터의 신디칼리스트였던 조지 심슨George Simpson은 톰 만의 체포가 신디칼리즘을 전국에 알렸다고 평가했다.

> **1797년 폭동법** Mutiny Act 스핏해드Spithead와 노아Nore 폭동의 여파 속에서 수병들과 병사들이 폭동을 일으키지 못하도록 하기 위해 만들어진 법이다. 폭동을 중대 범죄로 간주했다.

여러 준비를 거친 상태에서 광부 파업이 일어났지만 광부 파업 그 자체는 비교적 조용하게 진행되었다. 파업노동자들과 파업파괴자들 사이에 큰 충돌은 일어나지 않았는데, 그것은 파업노동자들이 유순해서라기보다는 그럴 필요가 없었기 때문이다. 파업 초기 국면에서 광부들은 조용한 모습을 보였다. 그들은 펍pub과 뮤직홀music hall에 나가고 정원을 손질했다. 파업이 후기 국면으로 접어들면서 비로소 노동자들의 호전성은 증가되었다.

펍 pub 퍼블릭 하우스public house의 준말이다. 우리로 치면 레스토랑과 같은 곳이라고 할 수 있지만 영국의 경우 펍은 그 이상의 기능과 의미를 가지고 있다. 펍에서는 차와 식사 및 주류를 모두 제공할 뿐 아니라 다트와 도미노 게임 등을 할 수 있는 여러 가지 오락 시설과 당구나 나인핀을 할 수 있는 스포츠 시설까지 갖추고 있다. 따라서 펍은 단순한 식당이라기보다는 마을 사람들이 휴식을 취하는 공간의 의미를 가지며, 아울러 마을 사람들 사이의 의견 교환과 의사소통을 만들어 내는 기능을 가지고 있다고 할 수 있다. 영국의 펍에서는 다양한 종류의 에일ale(라거맥주 와는 다른 짙은 갈색의 맥주)을 팔고 있다. 각각의 펍이 고유하게 제조한 에일을 팔며 다들 리얼 에일real ale을 표방하고 있다.

뮤직홀 music hall 19세기 중반 영국에서 출현한 공연무대이다. '음악당'이라는 명칭을 붙이고 있으니 노래가 중심이 되긴 하였으나 코미디 및 기타 여러 가지 형태의 오락이 공연되었다. 공중곡예, 자전거 곡예, 마술, 나이프 던지기, 복화술, 접시돌리 기, 차력시범, 레슬링시연, 판토마임, 트램폴린 곡예, 인형극, 그림자 인형극 등 다양한 형식의 오락들이 공연되었다. 노동자들은 뮤직홀을 즐겨 찾았으며 여가시간 을 보내는 노동자 문화의 한 장르가 되었다. 1852년 처음으로 뮤직홀이 개관된 이후 1차 대전기 즈음에 뮤직홀 문화는 전성기에 이르렀다. 하지만 이후 영화 등 다른 오락 장르 등이 출현하면서 1960년대 초 대부분의 뮤직홀이 문을 닫았다.

정원가꾸기 영국인들의 취미 생활 중에서 으뜸으로 꼽을 수 있는 것이 정원가꾸기이 다. 도심의 아파트 지역을 제외한 대부분의 집들은 집이 차지하고 있는 넓이만큼의 정원을 가지고 있고 사람들은 각자 자신의 방식대로 정원을 가꾸고 있다. 영국인들은 자신의 집과 자신의 정원의 가치를 동일시할 정도로 정원에 대해 쏟는 관심과 열정이 높다.

이는 석탄광산법Coal Mine(Minimum Wage) Act이 3월 29일 의회를 재빨리 통과했기 때문이다. 이 법안은 오직 최저임금만을 인정했으며, 노동 환경이 다른 탄광 지역에서 임금을 다르게 정하는 것을 거부했다. 각 지역의 최저임금은 노동에 복귀한 후에야 지역위원회District Boards에 의해 해결될 것으로 기대되었다. 찬반 투표에서 노동자들은 24만 4,011표 대 20만 1,013 표로 이 안을 부결시켰다. 광산 노조 지도부가 투표결과를 무시하고 노동

복귀를 선언하자 소요가 일기 시작했다.

요크셔 역시 일반노동자들의 반발이 심한 지역의 하나였다. 여기서는 4만 3914표 대 1만 3267표의 차이로 역시 반대표가 많았다. 일반 노동자들은 운수노동자들의 동조 파업을 요구했다. 또한 노조 지도부의 퇴진을 요구하는 목소리도 높았다. 페더스톤Featherstone[5]과 로더함Rotherham[6], 미들톤Middleton[7] 등에서는 대규모 집회가 벌어져 지도부의 퇴진을 요구했다. 디닝톤Dinnington[8]에서는 지도부를 정기적으로 소환하고 선거를 주기적으로 하자는 요구가 제기되었다.

랭카셔Lancashire에서도 2만 9,840표 대 1만 1,334표 차이로 반대표가 많았다. 여기서는 파업에 대한 노조 지도부의 입장이 갈라졌다. 이 다소 특별한 지역에서 노동자들은 탄광에 들어가려는 파업파괴자 및 경찰들과 충돌했다. 광산 시설물들이 파괴되고 관리자의 가옥들이 부서지는 사태가 발생했다.

남웨일즈만이 유일하게 노동에 복귀하자는 주장으로 기울어졌다. 여기서는 6만 2,538표 대 3만 1,127표 차이로 찬성이 더 많았다. 이러한 결과는 비공식 개혁위원회Unofficial Reform Committee가 패배했다는 것을 보여주는 것이었다. 이 지역이 다른 지역과 달리 노동 복귀를 선언한 것은 바로 전 해에 1년이나 끌었던 캄브리안 콤바인 파업에 노동자들이 지쳐 있었던 결과라고 볼 수 있을 것이다.

4월 중순까지 대부분의 노동자들은 노동에 복귀했다. 하지만 최저임금법Minimum Wage Act에 대해 의구심을 갖는 노동자들이 많았다. 새로 설치된 지방의 조정위원회District Boards가 최저임금 수준을 결정하게 되어 있었다.

재정적 약점에도 불구하고 남웨일즈의 여러 지역에서는 분규 사태가 다시 일어났다. 여기서『광부들의 다음 단계』는 다시 한 번 원용되었다.

노동당 의원들이 만족할 만한 협상안을 내어 놓지 못하였기 때문에 반反의회
주의적인 태도도 나타났다. 노동자들은 남웨일즈 광부동맹SWMF에서 영국
광부동맹MFGB으로 협동을 확대해 나가야 한다는 산별 노조주의의 필요성
도 강조되었다. 비공식 개혁위원회Unofficial Reform Committee는 1912년 12월
산업민주연맹Industrial Democracy League이라는 완전한 신디칼리스트 조직으
로 발전하게 되었다. 여기에는 아블렛, 메인웨어링, 노아 리스 등이 관여했
으며『광부들의 다음 단계』에서 밝힌 주장들은 다시 한 번 확인되었다.

　광부들의 파업이 끝나자 이번에는 다시 한 번 운수파업이 일어났다.
그 중 가장 중요했던 파업은 5월말부터 7월에 걸쳐 10주 동안 런던에서
지속된 파업이었다. 이 파업은 1912년 5월 23일 템즈강Thames과 메드웨이강
Medway의 운수노동자들의 공식적인 총파업으로 시작되었다는 점에서 1911
년의 운수파업들과 달랐다. 그렇지만 일단 파업이 시작되자 전년도에
나타났던 일반 노동자들의 비공식 파업의 양상이 다시 전개되었다.

메드웨이 강 River Medway　켄트 주를 관통하면서 켄트를 양분하고 있는 강이다.
강 하류에 로체스터Rochester가 있다. 템즈 강과 메드웨이 강을 연결하는 운하가
1824년 건설되었다.

　이 파업은 데본포트 경Lord Devonport이 의장으로 있었던 런던 항만청Port
of London Authority이 비노조원을 채용하려 하자 여기에 대해 반발하면서
일어났다. 이 파업은 전국 운수노동자동맹National Transport Workers' Federation
과 연루되었으므로 운수노동자들의 전국적인 총파업이 소집되었다. 전국
운수노동자동맹의 지도부는 총파업을 일으킬 충분한 역량이 있다고 판단
했던 것이다. 정부에서는 5명의 각료로 위원회를 구성했지만 파업을 막지는
못했다.

런던에서 일어난 파업에는 파업노동자들의 가족들도 참가했다. 런던의 이스트 엔드East End에서 센트럴 런던Central London까지 진행된 일련의 행진에는 십만 명이나 참가했는데 신조합주의 운동이 벌어졌던 1889년의 상황을 연상시켰다. 파업파괴자들이나 경찰들과 벌어졌던 마찰은 1911년의 경우보다 더 광범위했다. 파업의 비공식적 양상은 매우 강해서 파업 지도자였던 벤 틸렛은 파업노동자들을 통제하는데 어려움이 크다는 입장을 밝히기도 했다. 런던 운수파업에서 가장 격렬했던 사건은 노동자들이 파업파괴자들과 벌인 싸움으로 1912년 7월 말 시티 오브 콜롬보City of Colombo호에서 양 쪽은 모두 권총을 들고 총싸움을 벌이기까지 했다.

로열 빅토리아 부두Royal Victoria Docks에서만 이런 사건이 벌어진 것이 아니었다. 로열 알버트 부두Royal Albert Docks, 웨스트 인디아 부두West India Docks, 서리 상업 부두Surrey Commercial Docks, 틸뷰리 부두Tilbury Docks 등에서도 유사한 사건이 벌어졌다.

> **로열 빅토리아 부두** Royal Victoria Docks 1855년 건설된 런던 동쪽에 있는 부두로 아일 옵 도그즈Isle of Dogs를 지나서 있다. 북쪽으로는 빈민가인 캐닝 타운Canning Town과 인접한다. 로열 알버트 부두와 연결되어 있는데 런던에 있는 3개의 로열 부두 중에서 가장 큰 부두이다.
>
> **로열 알버트 부두** Royal Albert Docks 로열 빅토리아 부두와 동쪽으로 이어져 있는 부두이다. 1880년 건설되었다.
>
> **웨스트 인디아 부두** West India Docks 런던 동쪽에 있으며 템즈 강이 동쪽, 서쪽, 남쪽을 감싸고 있는 지역인 아일 옵 도그Isle of Dogs에 있는 부두. 1802년 건설되었다. 지금 이 지역은 카나리훠프Canary Wharf로 멋지게 변해 있다.
>
> **틸뷰리 부두** Tilbury Docks 런던항의 일부를 이루는 부두로 에식스Essex 주의 틸뷰리에 있으며 런던 브리지London Bridge 하류 25마일 지점에 위치한다. 1886년 건설되었다.

거리나 펍에서 파업파괴자에 대한 공격도 빈번하게 일어났다. 파업을 이끌었던 벤 틸렛조차 점점 호전적이 되어 갔다. 그는 "신이여 데본포트 경을 죽이소서"라고 말할 정도였다. 그는 7월 19일 타워힐Tower Hill에서 연설하면서 노동당과 의회에 대한 불신을 토로했다. 그는 "그들은 조정 conciliating하기를 계속한다. 그들은 고용주와 수상, 각료, 의회에 의해 조종된다. 조정은 무의미하다는 것이 드러났다"고 주장했다. 이어서 노동당은 완전히 무력하고, 의회와 정치인들은 데본포트 경Lord Devonport에게 고개숙이고 있다고 지적했다.

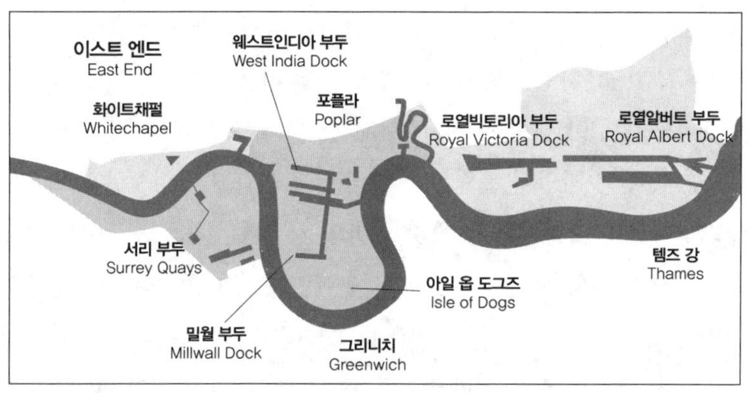

도크랜드 도면(p.84의 런던 지도를 참고할 것)

7월말 런던 운수파업이 붕괴된 것은 런던의 파업노동자들의 열성이 부족해서였다기보다는 다른 지방에서 동조파업이 일어나지 않았던 반면, 고용주의 대응은 강하게 작용했기 때문이다. 런던에 기반을 둔 전국 운수노동자동맹NTWF은 6월초 파업을 전국으로 확산시키려 했지만 이 전략은 실패로 돌아갔다. 오직 사우쓰앰튼Southampton, 플리머스Plymouth, 브리스톨Bristol, 남웨일즈South Wales에서만 어느 정도 호응이 있었다. 리버풀Liverpool, 글래스고우Glasgow 등에서는 동조파업이 일어나지 않았다.

플리머스 Plymouth 잉글랜드 남서부의 데본Devon에 위치한 항구도시이다. 1620년 필그림 파더스Pilgrim Fathers가 종교박해를 피해 미국으로 건너간 것으로 유명하다.

런던에서 1911년과 달리 1912년의 파업이 실패로 돌아간 원인은 지방의 사정을 살펴보는 과정에서 나타난다. 런던을 제외한 다른 지방에서 노동자들은 임금인상이나 조합의 협상 자격과 같은 자신들이 원하는 사항들을 파업을 통해 이미 얻어 내었던 것이다. 오직 런던에서만 노동자들은 집단교섭을 거부하는 고용주들과 싸우고 있었다. 이런 상황에서 런던의 분규는 분파적인 사건으로 비쳐졌다. 전국의 운수노동자들을 함께 묶을 공통의 불만이 없었던 것이다. 런던 파업을 주도한 지도부의 예측도 빗나갔다. 파업 지도부는 1911년 헐과 리버풀에서 벌어진 상황이 되풀이될 것이라고 생각했다. 런던 파업이 고립된 상황에서, 장기화된 파업으로 말미암아 식량과 자금이 고갈되어 감에 따라 파업 지도부는 결국 노동에 복귀할 것을 결정했다. 처음에는 일반 노동자들이 이를 반대했지만 곧 현실적인 대안이 없음을 이들도 알게 되었다.

톰 만은 런던 파업이 끝나갈 때쯤 석방되었는데 7월 3일 타워힐Tower Hill에서 파업 지도부를 만날 수 있었다. 그는 런던 운수노동자 파업의 실패를 런던 외부와 잘 조율되지 않았던 파업의 상황에 돌렸다. 톰 만은 동조파업의 필요성을 알리기 위한 지방 순회연설의 필요성을 강조했다. 마침 선원 노조는 이 문제에 대해 급진적이 되어 가고 있었다. 하벨록 윌슨Havelock Wilson은 전국 선원 및 화부 연합NSFU을 이끌고 있었는데 노조에 반대하는 선박동맹과의 투쟁이 그로 하여금 런던 파업에 즉각적으로 동조하도록 만들었다. 하벨록 윌슨은 7월 23일 런던의 노동자들은 패배해서는 안 된다고 선언했다. 그리고 그는 7천 명의 운수노동자들을 설득해서

헐Hull에서 동조 파업을 일으키도록 만들었다. 그리고 7월 25일 파업의 방향을 논의하기 위해 전국 선원 및 화부 연합의 지부 대표들이 런던에 소집되었다. 그러나 유감스럽게도 10주에 걸친 런던 파업은 이들이 동조파업을 논의하기 위해 모이기로 한 바로 그 날 철회되었다.

1912년 여름의 런던 운수 파업은 동조 파업을 이끌어내지 못했지만 그것이 지방의 분규가 가라앉았다는 것을 의미하지는 않았다. 머지사이드Merseyside에서는 1912년 여름 부두노동자들 사이에서 중요한 분규가 일어나고 있었다. 여기서의 분규는 고용주와 상무성이 부두에서 노동력의 공급과 임금지불 방식을 통제하려는 과정에서 일어났다. 노동공급은 등록된 노동자들에게만 국한되었고 임금은 중앙의 정산소에서 처리되었다. 노동자들은 이러한 정산소 시스템에 반대했다. 이 제도는 일용노동자들이 시간과 장소를 자신들 마음대로 정해 노동할 수 있는 자유를 빼앗았기 때문이다. 등록제는 노동자들의 성격이나 능력에 대한 정보를 체계적으로 기록해 다른 고용주에게 넘겨줌으로써 노동자들에 대한 통제를 강화하는 것으로 여겨졌다. 이러한 불만은 파업으로 이어졌고 대개는 비공식 파업의 형태를 띠었다.

런던에서도 운수 파업의 실패가 노동운동의 급진적 성격이 누그러진 것을 의미하지는 않았다. 1912년 9월 일반 운수노동자들 사이에서 전국 운수노동자동맹 결성을 위한 준비위원회Provisional Committee for the Formation of a National Transport Workers' Union가 조직되면서 새로운 운동이 나타났다. 준비위원회는 전국 운수노동자동맹NTWF 지도부에 불만을 가진 이스트엔드East London 지역의 운동가들로부터 시작되었다. 웨스트 햄West Ham의 샘 로덴Sam Roden이 이 조직을 이끌었는데 그는 여기서 신디칼리스트 운동의 정신을 찾으려고 했다. '정치가와 노조 지도부에 대한 불신, 산별노조주의,

운수산업의 노동자통제' 같은 주장들이 제기되었다. 초기 단계에서부터 톰 만, 테드 레갓Ted Leggatt 등이 여기에 협조했다. 1912년 가을과 겨울 웨스트 햄West Ham이나 캐닝 타운Canning Town 같은 곳에서 수천 명의 군중들이 모인 집회가 열렸다. 이 운동은 산업신디칼리스트교육연맹Industrial Syndicalist Education League과도 연계가 되어 있었다.

> **캐닝 타운** Canning Town 늪지대로 19세기 이전까지는 보트를 타고 가야 접근할 수 있을 정도로 환경이 좋지 않은 곳이었다. 1855년 로얄 빅토리아 도크가 들어서면서 여기서 일하는 노동자들과 함께 이 지역에 사람들이 몰려들기 시작했다. 전형적인 이스트 엔드 지구의 한 부분을 형성하게 되었다. 이스트 엔드는 지금 전반적으로 많이 변모했음에도 불구하고 캐닝 타운은 영국 내 빈곤한 지역 5% 안에 들어갈 정도로 여전히 열악한 상태로 남아 있다.

런던 운수파업이 종식된 후 산업신디칼리스트교육연맹은 1912년 가을 두 번의 대회를 열었다. 런던에서는 11월 9일 홀본Holborn 타운 홀에서 대회가 열렸는데 톰 만은 영국 해군의 군비 증강에 대해 지적했다. 그는 만약 광부들과 탄약 제조공들이 협력한다면 이러한 영국의 군국주의를 막을 수 있을 것이라고 주장했다. 맨체스터에서는 11월 30일 코울 익스체인지Coal Exchange에서 대회가 열렸고 여기에는 세제테CGT 서기 레옹 주오Leon Jouhaux와 『바타이유 생디칼리스트Bataille Syndicaliste』의 알프레드 로스머Alfred Rosmer가 참석했는데 톰 만은 여기서 연대와 노동조합의 역할을 강조했다.

1913년 2월에는 정기총회를 열고 톰 만과 바우만을 각각 의장과 서기로 선출했다. 이후 『신디칼리스트』는 『신디칼리스트와 합병 뉴스Syndicalist and Amalgamation News』로 명칭을 바꾸면서 노조 합병운동을 더욱 강조하게 된다.

산업신디칼리스트교육연맹 Industrial Syndicalist Education League 1910년부터 1913년까지 존속한 영국의 신디칼리스트 조직이다. 1910년 5월 사회민주동맹 회원이었던 톰 만과 가이 바우만은 프랑스를 방문해 프랑스의 신디칼리스트 조직인 노동총동맹 CGT의 회원들과 접하게 되고 그들의 생각에 공감하게 되었다. 톰 만은 돌아오자마자 그 해 7월 『산업 신디칼리스트*The Industrial Syndicalist*』라는 잡지를 출간했다. 톰 만의 활동을 바탕으로 해 1911년 11월 맨체스터에서 이틀간의 회의가 열렸고 여기서 산업신디칼리스트교육연맹이 창설되었다. 회의를 주최한 측은 여기에 이 조직을 만드는데 공감하는 6만 명을 대표하는 대표자들 2백 명이 모였다고 주장했다. 이 조직은 노동조합은 아니었지만 신디칼리스트 사상을 노동운동 안에서 전파하는 노력을 했다. 여기서 톰 만이 중요한 역할을 했으며 『신디칼리스트*The Syndicalist*』라는 월간지를 발행했다. 1912년 11월 산업신디칼리스트교육연맹은 10만 명을 대표한 235명의 대표가 모여 두 번의 회의를 개최했다. 그리고 지부를 만들고 강령을 작성하기 시작했다. 1913년 9월 산업신디칼리스트교육연맹은 제1차 국제 신디칼리스트 회의를 홀본 타운홀에서 유치했다. 여기에는 유럽과 남미의 신디칼리스트들이 참석했다. 하지만 노동불안기가 끝나가면서 산업신디칼리스트교육연맹의 활동도 쇠락하기 시작했다. 가이 바우만 등 일부 회원들은 세계 산별 노동자회의 쪽으로 기울어지기 시작했다. 결국 회원들이 이중 노조주의와 산업 민주 연맹으로 갈라지면서 산업신디칼리스트교육연맹은 해체된다.

4. 지속되는 노동불안 1913~14년 – 블랙컨트리와 런던의 기계, 건설, 광산, 철도 분규의 지속, 아일랜드 노사분규

1912년 이후의 노동운동에 대해서는 노동불안 현상이 완화되고 신디칼리스트적인 경향도 누그러졌다고 보는 견해가 있다. 그러나 이런 관점에 대한 반론도 만만치 않다. 즉 노동불안은 지속되었고 신디칼리스트적 경향도 누그러들지 않았다는 것이다. 1912년 이후의 노동운동은 1911년이나 1912년의 노동운동만큼 강렬하고 극적이지는 않았다. 그렇기 때문에 비교해 보자면 이 시기는 앞의 두 해에 비해 상대적으로 조용해진 것처럼 보인다. 그러나 앞선 시기의 노동운동에서만큼 파고가 높지는 않았지만 노동불안은 지속되었고 갈등의 양상도 심각했다. 1913년의 리즈Leeds 공기업 파업에서는 노동자들이 전차의 전력공급을 차단했는가 하면, 파업파괴자들이 접수한 시설물들을 점거하기도 했다. 이런 과정에서 노동자들과 경찰의 충돌도 야기되었다. 같은 해 콘월Cornwall의 고령토 공장 노동자들도 경찰과 충돌하는 사태를 야기했다.

1913~14년의 기간 동안에는 그동안 조용했던 숙련 및 비숙련 기계노동자들, 건설노동자들, 농업노동자들, 자치시의 고용노동자(공공부문 노동자)들이 움직이기 시작했다. 따라서 이 시기의 노동불안은 두 측면에서 두드러졌다고 볼 수 있다. 첫 번째는 노동불안의 초기 국면에서 갈등이 두드러졌던 광산과 철도 부문이었고, 두 번째는 이제까지는 상대적으로 조용했던 기계engineering와 건설 부문이었다. 그 중에서도 역시 새로운 운동세력으로 등장한 기계업과 건설업의 경우가 중요했다.

기계업에서는 지속적으로 기술의 변화가 일어나고 그런 변화가 도입되었다. 그런데 이러한 기술의 변화와 도입은 숙련공들에게 불리하게 작용했다. 기술의 변화는 숙련공들의 소득을 떨어뜨렸을 뿐 아니라 작업장 내에서 숙련공들의 작업통제권과 지위마저 떨어뜨렸다. 기술변화는 보다 철저한 전문화와 노동 분업을 야기했고 아울러 '과학적인 경영'에 합치하는 집약적인 노동을 실현시켰다. 이런 기술 도입 과정은 결국 노동과정을 '합리화'함으로써 노동 단가를 최저로 만드는 것이 목적이었다. 고용주는 한편으로는 작업속도를 보다 빠르게 만들고, 다른 한편으로는 복잡한 보너스체계를 통해 급여를 지불함으로써 이윤을 최대화하려 했다.

이런 상황을 놓고 볼 때 고용주들에게는 준숙련공 혹은 여성 노동자들이 더 매력적인 노동자들이었다. 준숙련공의 임금은 숙련공에 비해 상대적으로 낮았지만 노동과정에 쉽게 편입될 수 있었기 때문이다. 반면 숙련공들은 새로운 기계의 도입에도 불구하고 이전의 임금 수준을 유지하려고 했던 것이다. 1913~14년의 기간에 일어난 산업 분규는 부당한 보너스 제도와 새로운 작업일정을 둘러싸고 일어난 것들이 많았다.

1913년 봄과 여름에 걸쳐 블랙 컨트리Black Country에서는 최저임금, 노조 인정과 같은 주장을 내걸고 파업이 일어났다. 블랙 컨트리의 분규에는 4만 명의 노동자들이 참여했다. 주요 지역은 울버앰튼Wolverhampton, 왈살 Walsal, 빌스톤Bilston, 달라스톤Darlaston, 스메스윅Smethwick, 버밍엄Birmingham 등이었다. 블랙 컨트리의 기계공들 사이에서 일어난 운동은 준숙련공과 비숙련공들이 중심이 되었는데 여기에는 여성의 역할이 컸다. 노동운동의 힘은 숙련공들에게만 제한되었던 분파적인 기사연합회Amalgamated Society of Engineers로부터 나오지 않았고, 노동자동맹Workers' Union으로부터 나왔는데 이 조직은 전통적으로 무시되어온 노동자계층을 조직하기 위해 1898년 세워진 것이었다.

블랙 컨트리 Black Country 블랙 컨트리는 현재 서 미들랜즈West Midlands 광역시metropolitan county의 일부를 구성하고 있는 지역으로 그 범위가 명확하지는 않다. 서 미들랜즈의 서쪽에 위치하고 있으며 버밍엄Birmingham의 서쪽, 울버앰튼Wolverhampton의 남쪽에 있는 지역으로 더들리Dudley, 샌드웰Sandwell, 왈살Walsal 등 세 개의 도시를 포함한다. 하지만 울버앰튼을 블랙 컨트리에 포함시키기도 한다. "검은 고장"이라는 명칭이 붙은 것에서도 알 수 있듯이 산업혁명기에 들어선 공장들로 인해 대기오염이 극심했던 지역이다. 석탄을 대량으로 사용한 철강 회사들이 내뿜는 매연이 하늘을 가득 덮어 블랙 컨트리의 도시들은 산업혁명기 공장 도시의 전형을 보여 주었다.

울버앰튼Wolverhampton 서 미들랜즈 광역시의 북부에 위치한 도시이다. 서 미들랜즈가 광역시이므로 울버앰튼은 우리로 치면 광역시의 구에 해당하는 셈이지만 버밍엄, 코벤트리와 함께 시의 명칭을 가지고 있다. 약 20여만 명의 인구를 가지며 인구 약 만 명 정도의 20개의 구를 가지고 있다. 산업혁명기에 석탄과 철강 산업으로 전형적인 공장 도시로 발전했다. 공장의 발전과 함께 아일랜드와 웨일즈로부터 온 노동자들이 대거 유입된 곳이기도 하다.

> **왈살** Walsall　서 미들랜즈 광역시에 속해 있는 도시이다. 울버앰튼의 동쪽에 있으며 버밍엄의 북서쪽에 위치한다. 산업혁명기에 등장한 공업도시이다. 금속업과 기계업 등으로 발전했다.
>
> **빌스톤** Bilston　블랙 컨트리의 공장지역이다. 울버앰튼에 속해 있으며 산업혁명으로 인해 농촌 마을이 공업 도시로 변모한 대표적인 지역이다. 석탄과 철강 산업이 대표적인 산업이다.
>
> **달라스톤** Darlaston　블랙 컨트리의 공장 지역이다. 왈살에 속해 있으며 너트, 볼트 제조와 같은 기계업으로 발달한 지역이다.
>
> **스메스윅** Smethwick　블랙 컨트리의 공장지역이다. 샌드웰에 속해 있으며 버밍엄과 인접해 있어 버밍엄의 산업과 깊은 연관관계를 가지고 있다. 금속과 기계 공업으로 발달한 지역이다.
>
> **노동자동맹** Workers' Union　1898년 조직된 노동자 조직으로 특정 직종의 노동자들만을 대상으로 하지 않고, 모든 직종의 노동자들이 가입할 수 있는 기구로 조직되었다. 따라서 공장 노동자, 농업노동자를 가리지 않고 노동자의 자격으로서 이 조직에 가입하였으며 공장 노동자의 경우도 기계, 금속, 화학 등 분야를 가리지 않고 가입할 수 있었고, 지방과 중앙의 공공 부문 노동자들도 가입할 수 있었다. 노동자동맹은 1929년 운수 및 일반 노동자 동맹Transport and General Workers' Union과 합병했다.

1911년의 파업지역이었던 남웨일즈South Wales나 리버풀Liverpool, 헐Hull의 강도에는 미치지 못했으나 파업은 격렬하게 진행되었다. 기계의 벨트를 자르거나 기계를 망가뜨리는 것과 같은 사보타지의 사례들이 광범위하게 보고되었다. 파업노동자들은 한 공장에서 다른 공장으로 새로운 파업노동자들을 데리고 가면서 행진했다. '여봐, 여봐, 우리가 여기 다시 왔네' 하는 노래를 부르면서, 빌스턴의 테디 윌리엄즈Teddy Williams나 왈살의 씨킷Thickett 등이 공장에서 파업파괴자들을 상대로 하여 벌어진 격렬한 싸움을 이끌었다. 테디 윌리엄즈는 선동죄로 체포되었다.

톰 만 역시 블랙 컨트리에서 벌어진 여러 대중집회들에 참석해 노동불안의 분위기를 고조시켰다. 그는 일찍이 그의 책자 『노동자의 최저임금 : 주당 25실링의 요구』에서 비숙련공에 대한 최저임금 문제를 제기했다. 이 책자는 맨체스터의 최저임금 문제를 겨냥한 것이긴 하지만, 웨스트 미들랜즈West Midlands를 포함하여 다른 저임금 지역들도 겨냥하고 있었다. 이 책자에서는 노동자들의 직접 행동과 연대의 중요성을 강조했다.

기계 노동자들 사이에서 신디칼리스트의 영향력도 나타났는데 이런 경향은 금속, 기계, 조선의 합병위원회amalgamation committee 운동에서 두드러졌다. 이 단체는 산업민주연맹Industrial Democracy League에 소속된 신디칼리스트인 왓슨Watson과 잭 태너Jack Tanner 등에 의해 주도되었다. 1913년 가을과 1914년 여름 사이 기계업과 금속업의 중심 지역들에 지방위원회들이 세워지면서 기계업 합병운동은 빠르게 진행되었다. 버밍엄Birmingham, 타인사이드Tyneside, 세필드Sheffield, 런던London, 에리쓰Erith, 코벤트리Coventry, 더비Derby 등이 그런 곳들이었다. 여기에 세워진 합병위원회 안에서 기계공연합회ASE와 주철 제조공 및 합동 공구 제작공협회IAT(Ironfounders and Amalgamated Toolmakers) 같은 조직의 숙련공들은 노동자동맹의 준숙련공이나 비숙련공들과 협동할 수 있었다. 합병위원회 운동 과정에서 『금속, 기계 그리고 조선업 노동자들을 위한 하나의 조합One Union for Metal, Engineering and Shipbuilding Workers』이란 책자가 널리 보급되고 읽혔다. 10주 사이에 초판 1만 부가 팔려나갔다.

기계공연합회ASE 안에서도 보다 공격적인 기운이 나타났다. 신디칼리스트의 주장을 내건 톰 만은 1913년 기계공연합회 총서기로 나섰는데 그는 34,507 대 8,771로 패하긴 했으나 그가 얻은 표는 유효표의 25%에 달했다.

신디칼리스트의 영향이 두드러지게 나타난 합병위원회 운동은 건설업에서도 부각되었다. 건설업의 경우에도 기술의 변화로 인한 숙련공들의 불만이 노사분규의 중요한 원인이 되었다. 숙련공들은 작업장에서 자신들의 작업통제력이 약화되는 현상과 함께, 전통적으로 누려왔던 숙련공으로서의 지위가 상실되어 가는 현상을 알아차리게 되었다. 여기에 더해 고용주들은 노동단가를 낮추고, 보다 강도 높은 작업일정을 부과했다. 이 모든 변화들이 숙련 건설노동자들의 불만을 야기했다. 일반 건설노동자들은 실질임금의 저하에 불만을 가지고 있었다. 임금이 오르지 않아 사실상 실질임금이 떨어지고 있는 상황에 대해 불만을 가지고 있었던 것이다. 이런 상황 속에서 노조 관리들이 경영자에 포섭되었다거나 혹은 그 전투성이 거세되었다고 생각하는 노동자들이 생겨나고 있었다. 게다가 고용주들은 노동불안이 발생했을 때 노조에 가입하지 않은 노동자들을 끌어들이는 방식으로 대응했고 이는 노동자들의 불만을 더욱 증폭시켰다. 그리고 이 과정에서 숙련공과 비숙련공의 연대가 이루어졌다.

벽돌공bricklayer과 석공stonemason들이 기술변화에 가장 크게 영향을 받았으며 신디칼리스트의 영향 역시 여기서 가장 두드러졌다. 신디칼리스트들은 이 두 분야에서 나왔는데 벽돌공 협회Operative Bricklayers' Society의 잭 윌스Jack Wills, 조지 힉스George Hicks와 석공협회Operative Stonemasons의 프레드 바우어Fred Bower, 존 해밀튼John Hamilton이 그들이었다.

노동운동을 끌고 나가는 조직으로서 숙련공에 기초한 전통적인 노동조합 조직은 거부되었다. 여기에 반해 모든 직종들을 연합하는 산별 노조주의가 나타났다. 이러한 조직을 바탕으로 새로운 공격적 정책들이 나타나게 되었다. 영국의 자본주의와 당대 영국의 산업이 안고 있는 문제들은 구조적인 문제로 인식되었으며, 노동문제에서 조정이나 중재와 같은 방법은 불신되었다. 이러한 방법 대신 건설노동자들은 '사회의 이익을 위해 산업을 통제해야 한다'는 보다 투쟁적인 노선을 택했다.

런던의 벽돌공들만이 아니라 프레드 바우어Fred Bower와 잭 해밀튼Jack Hamilton이 이끄는 리버풀Liverpool과 리즈Leeds의 급진적 석공들이 지방의 건설부문에서 두드러지고 있었다. 이 두 사람은 1911년 말 『운수노동자*The Transport Worker*』에 신디칼리즘의 필요성에 대한 글을 공동으로 실었던 사람들이다. 이들은 글에서 기술 변화에 대해 효과적으로 대처하는 유일한 방법은 산별 노조주의밖에 없다는 주장을 제시했다. 그리고 의회를 통한 조정보다는 비의회적인 직접 행동을 강조했다.

1912년과 13년 사이에 건설부문의 신디칼리스트들은 합병운동에 찬성하는 여론을 조직하는데 크게 성공했다. 합병위원회Consolidation Committee의 압력은 노동조합회의가 1912년 여름, 합병 문제에 대해 회의를 열 것에 합의하도록 하는 결과를 낳았다. 이러한 움직임 끝에 11개의 노조가 투표를 하게 되었고 노조합병의 원칙은 31,541표 대 12,156표의 차이로 지지받았다.

석공 노조 안에서는 노조를 재조직하려는 움직임이 나타났다. 조합의 잡지는 이러한 움직임을 기술하고 있다. 여기에 실린 글들은 온건하고 자칭 '반反신디칼리스트'적인 관리들과, 공격적이고 자칭 신디칼리스트라고 주장한 세력들이 차츰 양극화되고 있음을 보여준다. 신디칼리스트 그룹은 리버풀과 리즈의 지부에서 두드러졌다.

벽돌공 노조 안에서는 신디칼리스트적 경향이 런던에서 특히 두드러졌다. 힉스Hicks나 아담스Adams 같은 인물들이 런던의 조직책임자organizer와 런던 지역의 서기 같은 중요한 자리를 차지했다.

건설 부문의 노동 운동과 신디칼리즘 사이의 긴밀한 관계는 1913년과 14년을 통해 계속 확대되었다. 1914년 런던 건설업의 로크아웃lock-out에 이르기까지 산업민주연맹Industrial Democracy League은 중요한 역할을 했고 잡지 『연대*Solidarity*』의 역할도 컸다. 고용주들이 임금인상 요구를 거부하고, 노조의 요구에 대해 비노조원들의 노동력을 이용하면서 맞서게 됨에 따라 갈등은 고조되어 갔다. 하지만 당시의 노조나 런던 건설업동맹London Building

Industries Federation은 런던 건설업자연합London Master Builders Association에 효과적으로 저항하지 못했다. 이러한 상황에서 연합한 자본 앞에서 분파적인 교섭은 무용하다는 신디칼리스트의 주장이 먹혀 들어가게 되었던 것이다.

1914년 고용주들은 5개월간의 런던 건설업 업장폐쇄를 단행했다. 이 사건은 일반노동자들의 공격적인 운동에 대해 고용주들의 반격을 보여주는 중요한 사례였다. 1913년 12월 고용주와 노조의 회의가 열렸을 때 고용주들은 파업 금지와 파업노동자들에 대한 배상 요구, 비非노조원의 수용을 요구하는 최종안을 통고했다. 노조 대표들이 이런 요구를 수용할 수 없게 되자 고용주들은 업장폐쇄를 단행했다. 그 결과 이 조치로 4만 명의 런던 건설노동자들이 영향을 받게 되었다.

비록 노조 관리들은 고용주들의 요구를 거부했지만 이들은 업장폐쇄에 대해 매우 나약하게 대응했다. 그 결과 노동운동의 지도력은 신디칼리스트들에게로 넘어갔다. 일단 업장폐쇄가 시작되자, 신디칼리스트들은 선전 역할을 맡았던 단계를 벗어나 일반노동자들을 이끄는 역할을 하기 시작했다. 이러한 과정 속에서 산업민주연맹Industrial Democracy League과 건설업 합병위원회Building Trades Amalgamation Committee, 『연대Solidarity』의 활동이 결합되었다. 파업 지도부는 파업의 목적에 대해 방어적인 목적과 공격적인 목적 양자를 모두 강조했다. 지도부는 고용주들에게 임금인상과 노동시간의 감축을 요구했을 뿐 아니라 반反노조적인 정책을 철회할 것을 요구했다.

건설업 업장폐쇄는 거리에서 물리적인 대결을 벌이는 결과를 초래하지는 않았다. 물리적 충돌의 부재현상은 노동자들의 수동적 태도에 있었다기보다는 파업파괴자가 부재했던 점에 기인했다. 물리적 충돌은 없었지만 노동자들의 저항은 강렬했고 그것은 현장 복귀를 묻는 투표에서 23,481표 대 2,021표의 차이로 압도적으로 거부의사가 많았던 사실에서 드러났다.

1914년 6월 5개월간의 공장폐쇄가 끝난 후 고용주들은 보다 공격적인 노동자들을 직면하게 되었다. 공격적인 분위기는 7월초 매릴보운 타운홀 Marylebone Town Hall에서 벌어진 피키팅mass picketing의 일화에서 드러났다. 여기서 건물에 공주the Princess Royal의 초석을 놓으려는 시도는 업장폐쇄를 당한 노동자들에 의해 방해받았는데 이들은 파업파괴자들과 국왕충성에 대해 세 번 야유를 던지는 해프닝을 벌였다.

일반 노동자들이 점차 노조 관리들에 대해 환멸을 갖는 현상이 나타났는데 그런 현상은 1914년 7월 중순에 열린 트라팔가 광장의 집회에서 드러났다. 이 집회에는 7천 명의 건설노동자들이 모였지만 여기서 노조 관리는 단 한 사람도 연설하지 못했다.

기계업에서 나타난 합병주의자들과는 달리 건설노동자들은 상당한 정도로 이중노조주의를 향해 있었다. 잭 윌스Jack Wills, 잭 해밀튼Jack Hamilton 등이 이런 경향을 보였는데, 건설노동자 산업동맹Building Workers' Industrial Union이 8월 5일 공식적으로 세워졌을 때, 윌스는 서기가 되었고, 해밀튼은 조직책임자general organizer가 되었다. 건설노동자 산업동맹BWIU은 기존 노조의 분파적인 교섭방법과 기존 노사협상의 조정 정책에 대한 노동자들 사이의 불만에 기초하여 출발한 것이었는데, 드레옹주의de Leonist 모델과는 다소 달랐다. 4개의 지역 건설노조가 사실상 처음부터 건설노동자 산업동맹 BWIU에 참여했다.

노동불안기의 초기 국면에서 중요한 역할을 했던 광산과 철도 부문에서도 노동불안의 열기는 지속되었다. 이러한 현상은 임금과 노동조건에서 이루어진 노동불안기 초기의 성과가 노동운동의 열기를 누그러뜨리지 못했다는 점을 보여준다. 노동불안기의 항의는 초기에는 고용주들을 향했고 그 과정에서 때로는 국가를 향하기도 했다. 그러다가 항의는 차츰 노동조합 지도자들을 향하기 시작했고, 이어서 항의는 의회 노동당 의원들을 향하게 되었다. 이런 과정에서 신디칼리스트들이 노동자들에게 호소력 있는 세력으로 등장하게 되었다.

남웨일즈 광산지역은 1914년까지 신디칼리스트 영향의 중심지로 남았다. 신디칼리스트 운동의 영향은 산업민주동맹Industrial Democracy League을 통해 나타났다. 1912년 말 노아 아블렛Noah Ablett, 윌 헤이Will Hay, 쿡스A. J. Cook 등에 의해 조직된 산업민주동맹은 한편으로 임금인상을 주장하면서도 산별 노조주의 그리고 궁극적으로는 광산의 노동자통제를 목적으로 하고 있었다. 이들은 론다Rhondda 지역의 지부에서 활동하며, 격주로 발간되는 잡지였던 『남웨일즈 노동자South Wales Workers』를 활용했다. 비록 웨일즈의 산업민주동맹IDL은 1913년 말 해체되는 것으로 보이긴 하나, 그 지지자들은 남웨일즈 노동자연맹South Wales Worker League에서 매우 활동적이었다. 남웨일즈의 전투적인 노동자들은 1914년까지 영국의 신디칼리스트 주류에서 이탈하지 않았다.

남웨일즈 광산 지역에서 신디칼리스트들은 플렙스Plebs연맹의 교육 강좌를 통해서도 영향력을 행사했다. 아블렛Ablett, 헤이Hay, 호지스Hodges 등은 모두 교육 강좌에서 강사로서 중요한 역할을 했다. 1912~13년 겨울 플렙스연맹의 강의를 듣기 위해 트레허버트Treherbert에서 15명, 트레오시Treorchy에서 18명, 이스트라드Ystrad에서 12명, 포스Porth에서 22명, 토니팬디Tonypandy에서 경제학을 배우려는 학생 35명과 산업의 역사를 배우려는 학생 32명이 등록을 했다. 톤두Tondu에서는 호지스에게서 산업의 역사를 배우려는 학생이 60명이나 등록했다.

남웨일즈 다음으로 중요한 지역은 잉글랜드 북부의 더람Durham이었다. 여기서는 찹웰Chopwell의 윌 로더Will Lawther와, 워들리의 하비Harvey의 지도

하에 신디칼리스트 그룹들이 나타났다. 로더Lawther는 운동과정에서 노동대학과 『일간소식』지가 광산 노동자들에게 미친 영향력을 강조했다. 그는 『광부들의 다음 단계』를 광부들에게 알리기 위해 노력했다. 찹월이 북동부 지역의 광산마을들 중에서 가장 전투적인 마을의 하나가 된 것은 이러한 이유 때문이었다.

노동불안기의 후반 동안 노동운동의 성격은 탄광 지역에 따라 불균형한 현상을 보였다. 남웨일즈와 더람 등의 지역은 공격적 성격을 유지한 반면, 요크셔, 미들랜즈, 스코틀랜드 등은 이에 비해 온건한 성격을 보였다. 그렇지만 전반적으로 보았을 때 1910년부터 14년까지 노동운동의 성격은 점차 급진화 되어 갔다. 그래서 1차 대전이 터질 무렵 산업 분규는 금방이라도 일어날 것 같은 상황에 도달해 있었다. 특히 스코틀랜드의 경우 긴장이 높아져 갔는데, 1913년 10월 스코틀랜드 광부 대표들이 전국광부동맹에 노사문제를 제기한 이후, 1914년 봄과 여름에 걸쳐 긴장은 더욱 고조되어 갔다. 1914년 7월에는 스코틀랜드 광부들을 지원하기 위해 전국광부동맹이 회의를 개최하는 상황에 이르렀다. 여기서 만약 파업이 일어날 경우 재정적 지원만이 아니라 전국 총파업 문제를 놓고 전회원의 찬반투표를 물어보자는 안이 채택되었다. 그리고 총파업이 선언된다면 다른 지역 광부들의 요구사항들도 함께 제기하기로 의결했다. 전쟁이 일어나지 않았다면 광부들의 불만이 전국 총파업으로 이어질 상황이 조성되었던 것이다.

철도 부문 역시 노동자들의 공격적인 자세가 누그러지지 않았다. 철도원들은 1911년 전국 철도파업을 통해 임금과 노동조건의 향상을 얻어 내었음에도 불구하고 고용주들에 대해 상당한 정도로 불만을 가지고 있었다. 가장 큰 불만은 고용주들이 노조를 완전히 인정하려 하지 않았다는 점에 있었다. 철도원연합회ASRS의 지도부에 대한 철도원들의 불만도 심각했다.

1911년 8월에 일어났던 전국 철도파업 2주기를 기념하기 위해 1913년 8월 철도원들의 집회가 열리자 불만들이 터져 나왔다. 런던의 집회에서는 철도원연합회의 지도부에 속해 있지 않은 연사들이 등단해 2만 명의 철도원들 앞에서 30실링의 최저임금과 8시간 노동의 즉각적인 실시를 주장했다. 동캐스터Doncaster에서는 노사문제에 대해 기존의 조정정책을 지지하는 발언을 한 연사가 군중들의 고함소리에 떠밀려 연단을 내려와야 했다. 스완시Swansea에서는 가이 바우만과 힉스Hicks와 같은 신디칼리스트들이 산별 노조를 통한 변화의 필요성을 언급했다.

단일한 철도조합을 이루어내야 한다는 신디칼리스트들의 주장은 1913년 초 철도원연합회 등을 포함해 여러 개로 갈라져 있었던 철도 관련 노동조합들이 통합해 전국 철도원연합National Union of Railwaymen이 조직되는 데 커다란 힘을 발휘했다. 철도원연합회, 일반 철도노동자연합, 통신원·전철수 연합회 등은 연합하여 1913년 전국 철도원연합NUR을 결성하게 되었다. 철도원들은 임금에 대한 요구만이 아니라 노동규율 등에 대해 이의를 제기하기 시작했고, 1914년에 이르면 이들은 고용주들이 부과하는 엄격한 통제에 대해 개인적으로 참기보다는 집단적으로 항의하는 모습을 보이게 된다. 철도원들은 1차 대전이 터지기 전까지 심각한 소요 상태에 놓여있었고 깊은 불만은 전쟁 후까지 이어졌다.

1913년에는 아일랜드에서도 총파업이 일어났다. 1913년 아일랜드 운수노동자연합Irish Trasnsport Workers' Union은 더블린의 고용주들과의 투쟁을 선언했다. 짐 라킨Jim Larkin이 이 조직을 이끌고 있었다. 아일랜드의 노사분규는 1914년 1월까지 8개월간 지속되었는데 잉글랜드와 스코틀랜드의 경우에서와 마찬가지로 심각한 사회적 갈등을 노출시켰다. 고용주들은 1913년 가을 더블린의 공장들을 폐쇄하면서 전투적인 노동조합운동의 물결을 저지시키려 했다. 사회적 갈등은 8월 31일 경찰과의 충돌로 이른 사건에서 두 사람이 맞아 죽고 400명이 다치면서 정점으로 치닫고 있었다. 가옥과 가구, 집기들이 파괴되었다. 이러한 행동은 더블린에서 사회적 양극화의 분위기를 강화시켰다. 『더 타임즈*The Times*』의 특파원은 '노동과 자본간의 내전상태'를 감지했다. 이러한 현상은 1913년 8월 말부터 1914년 1월까지 계속되었다. 150만의 노동일이 상실되었고 656명의 노동자들이 투옥되었고 5명이 사망했다.

아일랜드 총파업은 브리튼의 노동자들로부터 협력을 이끌어 내었다. 짐 라킨의 요청에 대해 노동조합회의가 아일랜드의 파업에 호응했다. 1913년 9월 노동조합회의Trade Union Congress는 더블린에 중재를 위해 대표를 보내는가 하면, 의회위원회Parliamentary Committee는 파업노동자들을 구호하기 위한 기금을 모으기로 결정하고 6만 파운드를 모금하기도 했다. 의회위원회는 식량을 공급하기 위해 군대로 포위된 더블린에 기선을 파견하였는데 파업노동자들은 이 배가 항구로 들어오자 구원이라도 된 듯이 이 배를 환영했다.

노동자들의 직접적인 동조파업도 일어났다. 1913년 9월에는 영국 본토의 철도원들 사이에서 동조파업 현상이 나타났다. 잉글랜드의 중요한 산업지역들에서 철도원들은 더블린으로 가는 교통을 사보타지하기 시작했다. 이러한 행위에 대해 고용주들이 관련노동자들을 해고하자 여기에 대해 곧 파업이 일어났다. 리버풀Liverpool, 버밍엄Birmingham, 크루Crewe, 더비Derby, 세필드Sheffield 등에서 일어난 운동에 거의 만 명의 철도원들이 연관되었다. 그리고 이 운동들은 노조 지도부와 무관한 비공식적인 성격을 띠었다. 노동조합 지도자들은 노동으로의 복귀를 요구했지만 파업노동자들은 오히려 전국적인 동조파업을 기대했다.

남웨일즈에서도 동조파업이 일어났다. 여기서도 철도원들이 연관되었다. 두 사람의 기관사가 더블린으로 가는 철도 운행을 거부했는데 그들은 즉시 해고되었다. 이것이 수천 명의 철도원들 사이에서 동조파업을 일으키게 만들었다. 남웨일즈의 동조파업 과정에서는 철도원들 사이에 존재했던 서열의식을 넘어서서 여러 부류의 철도원들이 협력하는 현상도 나타났다. 자신들을 숙련공이라고 생각하는 기관사들이 화물을 나르는 포터들과 함께 파업에 참여했던 것이다. 여기서 철도원들 사이의 카스트제도는 1911년의 철도 총파업에서처럼 연대의 집단행동에 의해 무너졌다.

이러한 바탕 위에서 광산, 운수, 철도의 중요한 세 개의 산업이 연대하는 삼자동맹이 이루어질 수 있었다. 사실 삼자동맹의 기원은 1911~12년 사이의 파업으로 거슬러 올라갈 수 있다. 이 파업 과정에서 노동자들은 연대를 실제로 경험할 수 있었기 때문이다.

1911년의 전국 철도파업에서 철도원들은 다른 산업의 노동자들과의 연대를 경험할 수 있었다. 광부들과 철도원들, 운수노동자들과 철도원들 사이의 협력과 연계 현상은 여러 경우에 나타났다. 1912년 전국 광부동맹의 파업 와중에서도 광산 노동자들은 다른 산업의 노동자들과의 연대를 경험했다. 광산노동자들은 파업에 운수노동자들을 초대했다. 스코틀랜드 부두 노동자동맹의 서기였던 오코너 케삭O'Connor Kessack은 카우던비스 Cowdenbeath9)광부들의 집회에 참가했는데 그는 광부들을 향해 광부동맹이 필요하다고 요청하면 운수노동자들은 즉시 광부들을 도우러 올 것이라고 약속했다.

1912년 런던 운수노동자 파업에서 운수노동자들은 고용주들로부터 예상했던 것보다 훨씬 더 큰 저항에 직면했다. 런던의 운수노동자들이 지방으로부터 지지를 얻어내지 못한 점은 당혹스러웠지만, 런던 안에서는 운수노동자와 철도원들 간의 연대 행위가 상당한 정도로 이루어졌다. 특히 이스트 엔드East End 지역에서 연대는 두드러졌다. 스트랏포드Stratford의 찰스 디어 Charles Dear와 웨스트 햄West Ham의 톰 커크Tom Kirk가 이끄는 수천 명의 철도원들이 운수노동자들을 지지하는 파업을 허락해 달라고 노조 지도부 union officials에 요구했던 것이다.

산업간 연대를 추구하는 정책은 남웨일즈 광부동맹South Wales Miners' Federation의 버논 핫손Vernon Hartshorn과 전국 운수노동자동맹National Transport Workers' Federation의 로버트 윌리엄즈Robert Williams 등 급진적 운동가들을 통해 추진되었다. 비록 삼자동맹을 통해 이루어내려 한 산업 연대의 성격에 대하여는 의견이 다를 수 있다 해도 산업 연대 그 자체가 위력적이었으며 커다란 의미를 지녔다. 삼자동맹에 대한 해석은 이를 노조의 단체교섭력을 증진시키려는 수단으로 간주하는 입장과 노동자들의 산업민주주의를 실현 시키려는 수단으로 간주하는 입장으로 다를 수 있었지만, 1914년 6월 탄생한 광산, 운수, 철도의 삼자동맹의 움직임은 영국 노동불안기의 정점에 서 나타난 계층간의 사회적 갈등을 극명하게 드러내었던 것이다. 만약 1914년 8월 초 영국의 국민적 단합을 강요했던 1차 세계대전이 터지지 않았더라면 영국 사회는 어떤 방향으로든 새로운 출구를 모색했을 가능성 이 컸다.

3장

노동불안기는 체제의 위기였을까?

벤 틸렛 Ben Tillett(1860~1943)
노동불안기의 노동운동을 이끈 인물 중 한 사람이다. 1911년과 1912년 런
던 부두파업에서 지도적인 역할을 했다. 이후 노동당 의원을 지내기도 했다.

1. 노동불안기에 대한 두 견해

1911년에서 1914년에 걸치는 소위 영국의 노동불안기는 여러 가지 질문을 제기하는 흥미로운 시기이다. 이 시기에는 노동운동의 규모와 강도가 전례없이 거세어졌다. 이런 현상은 자연스럽게 노동운동의 성격에 대해 의문을 제기했다. 그리고 이 의문은 이 시기에 등장한 신디칼리즘과 노동운동의 관계로 연결되었다. 즉 신디칼리즘이 노동운동에 얼마나 큰 영향을 미쳤으며, 노동운동에 신디칼리스트적 요소는 얼마나 존재했는가 하는 흥미로운 문제가 제기되었던 것이다. 이 문제는 여전히 이견이 분분한 상태로 의견이 나누어져 있다.

노동불안기의 노동운동에 신디칼리즘이 미친 영향과는 별도로 이 당시의 사건들이 당시 영국 사회에 대하여 지닌 의미를 살펴보는 또 다른 문제가 남아 있다. 즉 노동불안기의 사건들이 영국의 사회체제에 대하여 심각한 도전을 제기했는가 하는 문제가 그것이다. 과연 1914년 이전의 노동불안기는 영국 사회체제를 위협하는 위기 국면에 근접했던 것일까? 여기에 대하여도 서로 다른 두 가지 시각이 존재한다. 하나는 위기가 존재했다는 것이고 다른 하나는 위기는 존재하지 않았다는 것이다.

위기가 존재했다는 시각에 서 있는 사람들은 다음과 같은 견해를 제시한다. 먼저 노동불안기에 살고 있었던 체임벌린Austin Chamberlain은 1912년 3월에 쓴 한 편지에서 "그런 경험을 영국에서 갖는다는 것은 이상한 일이고……우리는 새로운 세계에 살고 있으며……국가기구 전체가 천천히 정지해 가고 있다"고 지적했다.[1] 그런가 하면 이 시대를 분석하는 퍼킨Perkin은 다음과 같은 시각을 제공한다.

노사정합의주의를 공식적인 노사정합의주의 기구들 속에서 영구화하려는 로이드 조지의 노력에도 불구하고 그것은 고용주와 노조 양자에 의해 거부되었다. 그러므로 1910~14년의 위기는 해결된 것이 아니라 단지 유산되었을 뿐이며 위기는 전후戰後로 연기된 것이다.[2]

여기에 반해 영국 사회의 위기를 부인하는 입장이 있다. 프레이저Fraser는 이 시기의 "많은 파업에도 불구하고, 1914년 이전의 시기에는 단체교섭이 퍼져 나갔고, 고용주들과 노동조합동맹들이 함께 만나는 절차가 전개되어 나갔다"[3]고 주장한다. 당시에 일어나고 있었던 일들에 대하여는 신디칼리스트들과 사회주의자들, 정치적 우파 모두로부터 과장이 있었다고 본다. 신디칼리스트와 사회주의자 등 좌파로부터의 명백한 과장이 있었을 뿐 아니라 정치적 우파로부터도 영국의 경제적 군사적 위치가 쇠퇴하는 것으로 인해 파국이 다가오고 있다는 과장이 제기되었다는 것이다. 그러나 실제로는 영국의 고용주들은 대륙이나 미국의 고용주들과는 대조적으로 노조의 가치를 계속 받아들였고 노조와 함께 활동했다는 것이다. 또한 고용주들은 숙련노동자들을 필요로 했으며 높은 수준의 작업통제를 허용했다는 것이다. 노동불안기에 나타난 노동운동의 결속성은 부인되었다. 이 시기에 3명의 노동자중 2명은 노조원이 아니었음을 상기시키며, 상이한 노동자들 사이에서 특별히 큰 연대의 증거를 찾을 수 없고, 합병을 향한 노력도 성공적이지 않았음이 지적된다.[4]

리차드 하이만Richard Hyman 역시 '낭만적' 해석과 정밀한 조사를 대비시키며 '자유당의 영국'은 많은 점에서 매우 탄력적인 사회구성체였고, 노동자, 여성운동가, 아일랜드 문제들로부터의 도전을 수용할 수 있었다고 주장했다.[5] 네빌 커크Neville Kirk도 하이만의 지적처럼 다수의 영국 노동자들이 혼란스런 시기에 소요에 가담하지 않았고, 노동자들 중 3/4이 노동조합주의자들 밖에 있었다는 점을 강조하며, 지배계급 사이의 균열은 없었으며, 강제와 화해를 지혜롭게 혼합한 국가정책이 혁명적 위기가 나타나지 않게 작용했음을 주장한다.6) 톰슨P. Thompson도 이 시기에 챠티즘Chartism 이후에 볼 수 없었던 노동계급의식의 고조현상이 나타났음을 인정하면서도, 이러한 의식이 정치적으로 이전되지는 않았으며, 챠티스트 시기에 나타난 것 같은 천년지복적인 희망은 부재했고, 사회변화는 미약했으며, 영국의 기본적 사회구조는 튼튼한 상태로 남아있었다고 주장했다.7)

이런 논의는 영국에서 나타난 신디칼리즘의 의미와 관련성을 지닐 수 있음으로 인해 더욱 중요해진다. 사실 엄밀히 말해 '영국 사회에서의 위기의 존재'라는 문제와 '신디칼리즘의 작용'이란 이 두 문제는 상호 연관될 수 있으나 반드시 필연적인 고리를 가지고 있는 것은 아니다. 즉 영국 사회에 위기가 존재했지만 신디칼리즘의 영향은 미미했을 수도 있으며, 위기가 존재하지 않았다 해도 신디칼리즘의 영향은 컸을 수 있다는 것이다. 따라서 이 두 개의 문제는 사실 별개의 문제라고 할 수 있다. 그렇지만 노동불안기의 성격을 파악하는데 이 두 문제는 각기 중요할 뿐 아니라 또 밀접한 연관관계를 지니고 있다고 볼 수 있다. 예를 들어보자면 레이번은 노동운동에 대한 신디칼리스트의 영향력은 별로 강하지 않았고 과장되었으며, 영국사회는 심각하게 위협받지 않았다고 이 두 문제를 연결시켜서 설명한다.8) 만약 1910년대 영국 사회에 위기가 존재했다면 그 공간에서 활동한 신디칼리스트 운동의 의미는 그렇지 않을 경우에 비해 크게 달라지게 될 것이다.

따라서 여러 사람들이 노동불안기를 체제의 위기와 연결시키지 않았지만 과연 노동불안기의 상황을 그렇게 나이브하게 파악해도 괜찮은 것인지에 대하여 다시 한 번 생각해 볼 필요가 있다. 몇 가지 수치가 보여주는 증거에만 의존하면서 노동불안의 정도를 최소화하려는 시도들은 부적절하

134

며 자칫 이런 접근은 당대 운동이 지닌 전투성의 중요한 지표들을 놓치는 오류를 범할 수 있기 때문이다.9)

먼저 노동불안기에 나타난 대규모 분규사태를 확인할 필요가 있다. 이 사건들은 연속적으로 나타났을 뿐 아니라 규모가 확대되어 나간 특징을 가지고 있다. 1910년의 폭동을 낳은 남웨일즈 광산 분규, 1911년 6월 14일에 서 8월 24일까지 8만의 노동자들이 단결하여 투쟁한 72일간의 **리버풀 파업의 준혁명적 상황**,10) 리버풀 파업에서 번져 나간 동조파업, 2만 5천의 군대가 동원될 준비를 하고 있었던 1911년 8월의 **런던 부두파업**,11) 그 해 8월 곧 이어 시작된 **전국 철도파업**, 1912년 2월 **영국 역사상 처음으로 나타난 전국 광부들의 파업**,12) 거리의 데모에서 기선 콜롬보시*City of Colombo*에서의 **총격으로까지 이어진 1912년 런던 부두파업**,13) 1913년의 준숙련기계공들의 **블랙 컨트리**Black Country**파업**,14) 그리고 『더 타임즈*The Times*』가 '**노동과 자본 간의 내전상태**'를 감지한 1913년 가을의 더블린Dublin **총파업**이 일련의 띠를 구성하고 있다.15) 남웨일즈 분규에서는 사망자가 발생했으며, 리버풀 파업에서도 1911년 8월 13일 '피의 일요일' 사건에서 군대와 소요자들의 충돌이 있은 지 이틀 후 소요가담자가 총에 맞아서 사망하는 사태가 발생했 다. 8월 18일 전국 철도파업 다음날인 8월 19일 라넬리Llanelli에서는 파업파 괴자의 열차를 보호하던 군대가 파업노동자들에게 발포를 하여 두 사람이 사망하는 사건이 발생하고, 폭약 상자가 터지면서 다섯 사람이나 더 사망하 는 사태가 빚어졌다.16) 1913년 8월에 시작된 더블린 파업은 5명이 사망하는 결과를 낳았다.17) 이러한 사건들은 파업의 규모와 정도를 짐작하게 하며, 이러한 사태에 대해 당국이 느낀 위기감의 정도도 보여준다. 투쟁이 치열했 던 정도는 맨체스터 선원지도자였던 해리 카핀터Harry Carpenter의 말에서 짐작해 볼 수 있다. 다음은 군중 속에서 사복경사가 그의 말을 부지런히 받아 적은 내용이다.

> 이것은 죽음의 투쟁이다. 나는 서서 죽기보다 차라리 싸우다 죽겠다. 우리는 굶어죽지 않을 것이다. 우리는 우리의 집들이 부서지는 것을 두려워하지 않는다. 우리는 떨지 않는다. 맨체스터 경찰은 국민들에게 치욕스런 존재다.……파업파괴자에게 한 일을 가지고 사람을 가두는 경찰관리는 그의 제복을 입을 자격이 없다.[18]

그런가 하면 런던의 웨스트 엔드West End 지역에서 권총이 핫케이크처럼 팔려 나간 사실은[19] 이러한 투쟁이 사회적으로 어떤 반향을 불러 일으켰는가를 보여주고 있다.

당대인들의 인식은 이 시기의 사건의 의미를 짐작하게 하는 중요한 지표가 될 수 있다. 당대에 가장 가까이에서 노동 불안기의 상태를 관찰할 수 있었던 사람 중의 하나였던 애스크위드Askwith는 1913년 이후에 노동불안이 끝날 것이라고 보지 않았다. 그는 "현재의 불안이 끝날 것이라고 나는 한 순간도 믿지 않는다. 불안은 더 커질 것이다. 아마도 더 큰 위력을 가지고 증가될 것이다. 비교적 짧은 시일 안에 최근의 사건들을 작은 전조에 불과한 것으로 만들어 버릴 운동들이 나타날는지 모른다."고 주장했다. 어니스트 베번Ernest Bevin도 유사한 입장을 제시했다. 그 역시 1차 대전이 없었다면 갈등이 증폭되어 '세계가 여태 경험한 가장 커다란 노동자 반란 중의 하나를 보았을 것'이라고 믿고 있었다.[20]

더욱이 이러한 파업들은 특별한 양상을 띠고 있었다. 그것은 파업이 많은 경우에 비공인 파업의 형태를 띠고 시작되었으며 타 지역으로 급속히 확산되어 갔다는 점에 있었다. 1911년 부두노동자들의 파업은 사우쓰앰튼 Southampton의 선원과 화부들의 파업으로 시작되자마자 곧 굴Goole, 헐Hull,

136

맨체스터Manchester, 카디프Cardiff, 런던 등으로 번져 나갔다. 또 다른 특징은 파업에서 노동자들의 불만이 특정한 고용주나 개인, 회사 혹은 지방의 문제에 국한되지 않았다는 점이다. 그래서 1911년 8월 5일 브리스톨Bristol에서 철도원들의 파업이 발생하자(이것도 비공인 파업으로 시작되었다) 파업은 급속히 타 지역으로 전파되어 8월 18일 산업 전체로 확대되는 공식적 파업을 선언할 수밖에 없었던 것이다.21) 유사하게 블랙 컨트리Black Country에서는 노동자동맹Workers' Union이 버밍엄Birmingham, 스메스윅Smethwick, 웨스트 브롬위치West Bromwich에서 23실링의 최저임금을 요구하며 파업을 시작했고, 이것은 곧 다른 지역으로 퍼져 나가 1913년 4만 명 이상이 파업에 참여하게 되었다.22)

연속적이었던 파업의 띠, 확대되어 나간 파업규모, 특이한 파업 양상, 근접 관찰자들의 불안한 소견 등은 노동불안기를 단순 노사분규기로 보기 어렵게 만들고 있다.

2. 노동불안의 원인

노동불안기의 실제 의미를 파악하기 위해서는 그것을 일으켰던 원인들이 과연 어떠한 것이었는가를 알아볼 필요가 있다. 1914년 이전의 제국의 전성기는 경제적인 면에서 여러 가지 부정적인 면을 안고 있었다. 대인저필드Dangerfield는 에드워드 시대의 마지막 시기에 대해 다음과 같이 지적했다.

사회는 전쟁 전에 매우 금권정치적이 되었다.……오직 노동자들만이 번영의 몫을 박탈당하고 있는 것으로 보였다. 1910년에 영국의 노동자들은 1900년보다 더 가난해졌다.23)

이런 주장은 실증적으로 입증이 되었다. 1880~1914년 사이 영국의 경제성장은 둔화되었다. 특히 1911~1913년 사이 실업률은 3%미만으로 유지되어 노동시장은 노동자들에게 유리하였지만[24] 실질임금은 떨어지고 있었고 무역이나 군사적 상황 등은 악화되고 있었다. 산업생산의 성장률도 떨어지고 있었으며, 영국의 교역조건도 악화되고 있었다. 그리고 이 두 요인이 결합하여 1900년 이후 노동자들의 실질임금 수준을 떨어뜨렸다. 이윤과 지대의 상승이 계속되는 가운데서 실질임금은 1900~1912년간 10%나 떨어졌다. 특히 석탄과 철도산업 부문에서 임금압박은 더욱 강하게 나타났는데 그것은 이 부분에서 생산성의 하락이 가장 빨랐을 뿐 아니라, 또 시장의 조건이 나빴기 때문이다. 미들랜즈Midlands와 블랙 컨트리Black Country의 금속산업은 외국 상품의 수입으로 인해 곤란을 겪었으며, 랭카셔Lancashire와 요크셔Yorkshire의 직물업은 유럽과 미국 시장이 관세에 의해 닫혀 있는 관계로 고전했다.[25]

노동불안에 대하여 노동자들의 소득 상황과 연관시켜 경제적 해석을 시도해 보려는 노력은 여러 쪽에서 나타났다. 1911년 가을 애머리L. S. Amery 등 통합당Unionist Party 의원들이 노동불안의 원인을 찾는 노력을 한 끝에 보고서를 제출하였을 때, 그들은 이전의 시기 중 1871~72년, 1889~91년의 기간을 돌아보면 동일한 요인을 찾아낼 수 있으며 그것은 임금은 변하지 않는데도 생계비가 상승하는 현상이라고 지적했다. 즉 이들은 노동불안의 원인이 표준생계비의 실질적인 저하에 있다고 본 것이다.[26]

확실히 경제적 요소는 중요한 하나의 원인이었던 것으로 보인다. 조셉 화이트Joseph White도 생각가능한 모든 설명이 제기되었음을 지적하면서도 그 가운데서 노동조건의 악화를 가장 강조하고 있다.[27]

138

노동불안의 경제적 원인에 대해서는 다른 견해가 있다. 헨리 펠링Henry Pelling은 애스크위드Askwith가 임금이 물가를 따라가지 못한 점을 지적한 점에서 옳지만, 이런 현상이 물가수준이 떨어지는 시절에 임금을 깎으려는 시도보다 노동불안을 자극할 가능성이 더 클지에 대해서는 의심이 간다는 식으로 이의를 제기했다. 그래서 그는 경기사이클의 패턴이 더 중요한 요인이었을 것이라고 주장했다.[28] 즉 1911~14년의 시기는 호황이면서 실업률이 낮은 시기였다는 것이다. 통계로 보면 1911~14년간의 각 해에 실업률은 각기 3.0%, 3.2%, 2.1%., 3.3%로 상당히 낮은 수준에 머무르고 있다. 1888~91년의 기간과 1896~1901년의 기간에도 실업률이 낮았는데 이때도 역시 노동조합의 호전성이 강했음을 볼 수 있다. 결론은 "사람들은 잠재적인 파업파괴자들의 공급이 가장 낮을 때, 즉시 고용주들에게 저항할 수 있다"는 것이다.[29] 이런 논란은 그 자체로도 흥미롭지만 그보다 여기서 더 중요한 것은 노동불안의 경제적 원인에 대한 시비를 가리는 것보다 그런 시비 자체가 노동불안의 존재와 심각성을 증명하고 있다는 점이다. 이 시기는 노동불안기라는 현상을 설명해야 할 필요를 제기하고 있다는 점에서 다른 시대와 차별화되고 있음을 알려 주고 있는 것이다.

경제적 해석을 넘어 또 다른 해석들을 찾아 볼 수 있다. 먼저 산업구조의 변화에서 노동불안의 원인을 찾아보는 접근방법이 있다. 사업가들은 보다 큰 단위로 합병을 계속해 나갔고 그 결과 소유와 통제에서 고도의 집중을 야기했다. 합병의 범위는 철도나 운수업 분야에서 미국이나 독일에 비해 훨씬 컸다. 그런데 이런 거대기업 및 '자본동맹'의 성장은 노동조합의 지방적 직능적 기초를 붕괴시키는 결과를 낳았다. 따라서 노동자조직은 지방적 기초에서 벗어나 산업을 포괄하는 조직으로 옮겨가기 시작했던 것이다.[30]

기술변화나 작업규율에 입각해 설명하는 접근방법도 가능하다. 즉 작업 과정에서 노동자들에 대한 압박이 더욱 강화되었다는 점에 주목하는 것이다.31) 이런 측면은 기계와 건설부문에서 특히 중요했다. 기술변화가 숙련공들의 기술을 준숙련공의 지위로 변화시키거나 격하시켰기 때문이다. 그 결과 숙련공들의 전통적인 협상력을 위험하게 만들었고 숙련공들은 자신들의 지위를 필사적으로 고수하려고 노력하는 한편, 협상력을 제고하기 위해 노동조합의 합병을 기대했다. 이런 과정에서 숙련공, 준숙련공, 비숙련공이 하나의 산업 안에서 묶일 수 있게 된 것이다.32)

정치적 해석도 제기되었다. 코울Cole과 포스트게이트Raymond Postgate는 의회의 역할에 주목했다. 노동운동의 분출을 의회가 노동자들에게 보다 많은 부를 나누어주려는 의지가 결여된 이유로 설명하는 것이다.33)

어떻게든 이 특이한 현상을 설명하려는 시도는 이외에도 여러 가지 설명을 낳았다. 세실 경Lord Robert Cecil은 1912년 3월의 의회연설에서 노동불안을 신디칼리스트 선동가의 활동에 돌렸으며,34) 네빌 커크Neville Kirk는 드러내고 부를 자랑하는 에드워드기의 풍토가 불에 기름을 붓듯이 노동불안을 확대시켰다고 주장했다.35)

심지어 당시의 『더 타임즈*The Times*』의 코레스판던스 칼럼Correspondence Column난을 채웠던 사람들은 노동불안을 1911년 여름의 특히 더운 날씨탓으로 돌렸다.36)

노동불안의 원인에 대해서는 다양한 해석을 제시하는 것이 가능해 보인다. 무엇이 결정적인 요인이었느냐에 대해서는 이견이 갈릴 수 있겠지만, 이런 다양한 해석들은 노동불안을 설명하는 데 있어 배타적이기보다는 상호보완적일 수 있다고 생각된다. 중요한 것은 많은 사람들이 노동불안기의 원인을 찾아내려는 노력을 기울였다는 것 자체가 이 시기의 중요성과

특이성을 드러내고 있다는 점이다.

3. 노동계급의 변화

퍼킨은 에드워드시대에 위기가 존재했음을 주장하면서 그 위기가 복합적이라는 점을 인정하면서도 자본과 노동의 대립을 가장 핵심적인 것으로 보았다.[37] 따라서 노동계급의 상태에 대한 평가는 노동불안기의 성격규정에 있어서 매우 중요하다.

만약 우리가 빅토리아 후기에 혁명적 잠재력을 가지고 있는 노동자상을 받아들인다면[38] 노동불안기의 의미는 달라질 수 있다. 그러면 노동불안기를 여러 가지 불만에 대한 노동자들의 발작적인 대응시기로 보지 않고 노동자들의 혁명적 저항정신이 표출된 시기로 볼 수 있게 되는 것이다. 노동불안기는 바로 체제에 대한 도전이 제기된 시기로 간주될 수 있는 것이다. 하지만 카우츠키Kautsky처럼 무감각하고 유순한 노동자상이나, 혹은 중간계급의 사회가치를 일반적으로 받아들인 노동자상을 채택한다면 노동불안기는 영국역사 흐름의 대세에 영향을 끼치지 않은 그저 다소 소란스러웠던 시기로 관찰될 수도 있을 것이다.

노동계급의 공격성이나 전투성을 일반화시키기는 어렵지만 노동계급의 성격변화를 감지할 수 있는 부분들은 여러 면에서 지적해 볼 수 있다. 우선 노동자들의 의식에 변화를 가져오게 만든 사회적 조건들을 지목해 볼 수 있다. 대단위로 노동이 집중되는 경향, 노동의 분화 현상, 작업장과 거주지의 분리 현상 같은 것들이 지적될 수 있을 것이다.[39] 여기에 더해 당시 노동자 구성의 변화를 지적해 볼 수 있다. 즉 새로운 노동운동의 기저에는 변화된 노동계급이 자리하고 있었다는 것이다. 우선 집단적 노동자들mass workers의 출현을 지적해 볼 수 있다. 1911년까지는 제조업에서 집단적 노동자들이 확립되었는데 이들은 숙련기술에 기초하지 않은 노동자들이었다.40) 화학, 고무, 페인트, 건축자재, 자전거, 자동차, 전기기계, 양조, 제분, 식품처리 등등에서 출현한 새로운 공장들은 대량생산이라는 새로운 생산과정을 도입하였으며, 새로운 공장에 대량으로 고용된 노동자들로 말미암아 숙련공craftsman과 비숙련노동자labourer라는 전통적인 구별은 사라지게 되었다.41) 이것이 '일반노동조합주의'의 확산과 성장을 설명하는데, 그 중 가장 성공적이었던 것이 노동자동맹Workers' Union이었다. 노동자동맹은 1898년 이래 자전거, 자동차, 전기 등 새로운 기계공들 사이로 확대되어 나갔으며 1910년 5천 명에서 1914년 16만 명으로 회원 수를 늘려 나갔다.42) 아울러 탈기술deskilling 현상이 나타나면서부터는 숙련공이 비숙련공으로 대체되는 현상도 나타났다.

산업의 변화에 따라 노동관행에도 변화가 생겼을 것이라는 점은 추측하기 어렵지 않다. 새로운 기술의 도입으로 말미암아 노동과정에 대한 감독이 보다 강화된다거나, 노동과정에서 새로운 통제가 나타나는 현상이 발생했을 것이다.43) 중요한 것은 이런 현상들이 모두 새로운 갈등의 요인으로 작용했다는 점이다. 예컨대 기계업과 건설업의 경우 노동자들의 불만은 기술이전적인 기술변화에 크게 기인했다. 전문화와 노동분업은 보다 집약적인 방식으로 노동이 이루어지게 했고 노동과정을 '합리화'함으로써 노동단가를 최저로 만들었다. 작업속도는 빨라졌으며 복잡한 보너스체계는 잉여가치를 최대화시켰다. 그 결과 숙련공들에게는 소득, 지위, 작업통제권 모두에서 불리한 쪽으로 변화가 일어났다. 숙련공들은 그들의 작업통제권과 지위가 상실되는 것에 대해 불만을 가졌으며, 노동단가를 낮추고 보다 강도 높은 작업일정을 부과하는 것에 불만을 품게 되었다.44)

그런가 하면 노동관행의 변화는 임금인상 이외의 새로운 요구들이 제기될 조건으로 작용했다. 한 가지 예로 기존의 노동과 가정의 위계제를 손상시키는 방식으로 작용한 기계화와 변화된 작업형태를 들 수 있다. 광산에서 석탄 채굴기의 도입은 광부들 사이에서 시간을 채탄막장coal-face의 속도에 맞추던 기존의 방식에 변화를 가져왔다. 3교대제 노동과 8시간 노동은 많은 광부들의 사회생활의 패턴과 가족생활을 붕괴시켰다.[45] 이러한 것에 대한 반발이 1910년 더람Durham과 노썸버랜드Northumberland에서 일어난 파업에서 중요한 부분을 차지했다. 또 부적절한 장소에서의 채탄이나, 성과급의 도입은 임금지급체계의 변화로 인한 불만을 야기했다. 물론 이것은 최저임금제를 확보하려는 노력으로 나타났지만, 단순한 임금인상 투쟁의 성격만을 띤다고 할 수는 없을 것이다. 잘못된 관행을 교정하려는 노력이 함께 나타났기 때문이다.

게다가 영국 노조운동의 전통은 노동불안기에 와서 노조조직의 확산을 요구하는 모습을 보였다. 즉 노조에 대한 인정recognition을 얻어내려는 투쟁이 강력해진 것이다. 1907년 임금인상에 대한 철도원연합회ASRS의 요구 아래에는 바로 이 인정을 얻고자 하는 욕구가 깔려 있었다. 왜냐하면 북동부 지역North Eastern을 제외하고는 어떤 철도회사도 노동조합을 인정하지 않았기 때문이다. 또한 데본포트 경Lord Devonport이 의장이었던 새로 재조직된 런던 항만청Port of London Authority과 톰 만Tom Mann, 벤 틸렛Ben Tillett, 하벨록 윌슨Havelock Wilson이 이끌었던 전국 운수노동자동맹NTWF 간에 벌어진 투쟁인 1912년 런던 부두파업 역시 그러했다.[46] 1912년의 전국 광부파업에서도 영국 광부동맹이 대표교섭기관으로서의 승인을 얻어내려는 의도가 있었음이 지적된다.

더욱이 이러한 노동계급의 변화와 신디칼리스트 운동과는 밀접한 관계를 지녔다. 마르셀 반 데어 린덴Marcel van der Linden과 웨인 쏩Wayne Thorpe은 신디칼리스트 운동이 두 그룹의 노동자들 사이에서 영향이 컸다고 주장했다. 한 부류는 부두노동자들이나 가스노동자들, 건설노동자들과 같은 일용노동의 성격이 짙은 노동에 종사하는 노동자들이다. 다른 부류는 2차 산업혁명의 결과로 인해 구조화된 노동자들로 광부, 철도노동자, 공장노동자들이 그들인데 이들은 기술의 희석, 노동의 강화, 노동과정의 재조직 같은 것을 경험했다.[47] 이들의 주장이 맞다면 영국의 경우는 노동자들의 구성이 신디칼리스트 운동이 일어나기에 좋은 조건에 놓여 있었다고 볼 수 있다. 한편으로는 광범위한 일용노동자들이 존재했는가 하면 다른 한편에서는 새로운 기술발전으로 인해 새로운 노동자들이 생겨나고 있었고, 거기에다 새로운 작업과정과 낡은 작업과정은 마찰을 빚고 있었기 때문이다. 전통적 숙련공과 전통적 비숙련노동자, 새롭게 생겨나는 비숙련노동자들이 모두 노동과정에서 마찰을 빚고 있었다. 숙련공은 자신들의 관행적인 작업통제권을 상실해 가고 있었으며, 전통적 비숙련노동자들에게는 작업강도가 강화되었다. 새로운 비숙련노동자들에게는 새로운 경영기법에 의한 보다 엄격한 작업통제가 강요되었지만 이들은 아직 대량생산의 공장통제에 완전히 포섭되지는 않았다. 이들 모두가 노동과정에 저항했다. 그리고 그러한 운동은 신디칼리스트 운동의 대안에서 하나의 초점을 맞출 수 있었던 것이다. 역시 쏩Thorpe이 제시하는 신디칼리스트 운동의 성공 조건들인 급진적 분위기의 성장, 노동과정의 변화, 기존의 노동전략에 대한 불만 등을 놓고 볼 때도[48] 영국의 환경은 상당히 유리한 국면에 놓여 있었다. 직업 이동이나 지리적 이동의 증가 역시 신디칼리스트 운동과 밀접한 연관을 맺고 있음이 지적되는데, 19세기 후반 새로운 직종의 창출이나 노동자 유입 등을 고려해 본다면 이런 부분들도 고려될 필요가 있다.[49]

남웨일즈 광산에서 비국교도의 전통이 깨어진 것에는 노동력의 이동이 중요한 역할을 했던 것이다.[50]

4. 노동운동의 새로운 성격

노동불안기에는 노동자계급의 변화만 일어났던 것이 아니라 노동운동의 성격도 변화되었음을 지적해 볼 수 있다. 즉 노동운동은 체제에 대한 항의의 성격을 띠게 되었던 것이다. 영J. D. Young의 주장에 따르면 19세기 후반 영국노동계급에는 중간계급의 지배적 사회가치에 저항하는 공격적인 노동운동의 조류가 있었다. 노동자들은 단지 경제적인 문제에만 저항을 표출한 것이 아니라 사회적 문화적 문제들에 대하여 강력하게 항의하는 모습을 보여주었다는 것이다.[51]

또한 파업 과정에서 노동자들은 공장 속에서 자신의 위치를 재확인하는 차원을 넘어서서, 사회 속에서 자신의 위치를 재확인하는 과정을 겪었다는 주장도 있다. 데이빗 스미스David Smith는 1910년의 토니팬디Tonypandy의 소요를 산업 분규로서만이 아니라 사회적 균열로서 보아야만 하며, 론다 Rhondda 지역의 노동계급에 의해 자아와 공동체가 재정의되는 긴 과정의 일부였다고 주장했다.[52]

이러한 측면을 함께 밑그림으로 놓고 본다면 노동불안기의 공격적인 노동자운동이 영국사회에 미친 영향을 간단히 처리하기는 힘들 것이다. 노동불안은 경제적인 항의와 함께 사회문화적 항의가 결합된 성격을 지녔다는 해석이 가능해질 뿐만 아니라 이 시기의 공격적 노동운동이 사회전체의 질서와 연관되어 있었음을 인정해야 할 것이기 때문이다. 영J. D. Young은 노동불안기를 지배한 동기를 "소유계급의 헤게모니에 대한 근본적 도전"으

로 보았고, 노동불안기의 소요를 "체제에 대한 공격"으로 간주했다.[53]

노동불안기의 노동운동의 영향을 낮게 평가하는 견해는 이 시기의 노동운동이 일상적인 노동운동의 범주에서 벗어나지 않았음을 지적한다. 하이만Hyman은 대부분의 파업노동자들은 노동과정 내에서 통제와 자율의 전통을 방어하기 위해 싸우지 않았고 생계를 위해 투쟁했다고 주장하면서 노동불안기 노동운동의 급진성을 평가절하했다.[54] 그러나 신디칼리스트 운동 안에 실용적 요구를 하는 측면도 한 부분으로 자리잡고 있음을 인정한다면, 이 시기에 나타난 임금과 노동시간을 둘러싼 요구들을 통상적 노동운동의 범주에 넣어 단순화시킬 수는 없을 것이다. 신디칼리즘의 실용적 측면을 무시하거나 간과하면 노동불안기에 나타난 노동자들의 임금인상과 노동시간의 감소를 위한 투쟁을 신디칼리스트 운동과 분리시켜 버리는 오류를 범하게 된다. 하지만 신디칼리즘에 바로 노동자들의 실질적 이익을 추구하는 측면이 있으며, 그러한 노력과 노동자통제를 향한 운동이 연결되어 있었음을 지적해 볼 수 있다. 따라서 노동불안기의 운동에 두 개의 전선이 있었음을 인식해야 할 필요가 있다. 임금과 노동시간의 문제를 통해 나타난 경제적 이익을 둘러싼 투쟁이 그 중 하나에 해당된다면, 다른 하나는 사회적 지배가치에 대한 도전, 중간계급의 가치에 대한 도전, 문화적 계급투쟁, 체제에 대한 도전, 소유계급의 헤게모니에 대한 도전으로 나타난 또 하나의 전선이 있는 것이다.[55] 이 두 개의 전선을 분리시키지 않고 연결시켜 생각한다면 노동불안기의 소요는 이전과는 다른 새로운 노동운동의 성격을 표출시켰다고 할 수 있을 것이다.

5. 1914년의 시점에서 본다면

전전의 영국 사회에 위기는 존재하지 않았다는 견해와, 1914년 여름의 상황은 전쟁이 없었다면 전례없는 하나의 사건을 만들어 내었을 가능성이 컸다는[56] 상충하는 견해 사이에서 어느 쪽 입장을 택하기는 사실상 쉽지 않다. 사실 노동운동은 광범위하게 전개되었고 이전보다 전투적이 되었지만, 그리고 이전과는 달리 1911년 리버풀의 산업권력이나 런던의 "타워힐 Tower Hill의 정부"를[57] 목격하기는 했지만, 노동자들이 권력을 붕괴시키고 정치적 혼융상태를 만들어내는 단계까지 나아가지는 않았다. 하지만 그렇다고 하여 이 사건들이 지녔던 잠재적 폭발성을 무시해도 될는지는 의심스럽다. 리버풀 파업에서는 두 척의 군함이 머지Mersey강으로 파견되어 도심 한 복판을 향해 대포를 겨냥하는 사태가 발생했으며, 런던 대운수파업 기간 동안에는 처칠이 군대를 런던에 집중시키고 2만 5천의 군대를 부두노동자들의 작업에 투입시킬 형편에 이르렀다. 그리고 전국 철도파업 기간 동안에는 전국의 역과 다리에 군대가 배치되는 상황으로까지 나아갔다.[58] 전국 여러 지역에 계엄령이 선포되고 샐포드Salford 같은 경우는 사실상 군대의 점령하에 있을 정도였다.[59] 로이드 조지는 위기를 타개하기 위해 북아프리카에서 일어난 아가디어Agadir 위기를 국내문제에 이용할 정도였다.

사실 파국으로 치달을 수 있었던 당시의 사건들을 마지막 폭발점에 이르지는 못하게 억제시킨 요인들이 있었을 것이다. 그런 점에서 영국 정부가 조지 애스크위드George Askwith 같은 조정자를 가졌다는 점은 진정한 행운으로 작용했다고 보아야 할 것이다. 그는 노사관계에서 양쪽이 모두 그 구성원들을 단속할 수 있을 만큼 잘 조직되고 강력해야만 한다는 점,

노사관계는 자발적인 과정이 되어야 한다는 점, 사심없는 전문가로서의 중재자들이 있어야 한다는 점 등을 원칙으로 하면서 노사협상을 새로운 차원으로 끌어올렸다.60) 그는 헐Hull의 고용주들에게 자신은 파업을 진압하러 온 것이 아니라 노동자들의 요구에 대해 논의하러 온 것이라고 단호히 말했다. 그래서 그는 바로 다름 아닌 파업노동자들에게 인기가 있었다. 그러나 비록 정부가 노사관계의 제도적 틀에 대한 전망을 지향했다 해도 노사문제에 대한 국가의 개입에는 한계가 있었다. 1912년 노동국의 압력 아래서 정부는 전국노사협의회NIC: National Industrial Council를 수립했지만 그 의장이었던 애스크위드Askwith는 더블린 운수노동자파업에서 실패를 인정해야 했다.61) 그러므로 일단 적어도 당시의 노사관계제도에 커다란 위기가 있었음을 인정해야 할 것이다.62)

게다가 『일간소식Daily Herald』과 같은 매체가 신디칼리스트, 분배주의자, 기독교사회주의자, 전투적 참정권자 등 당대의 여러 급진주의자들을 서로 연결하는 역할을 하면서 다양한 급진주의의 조류들을 끌어들였다. 그러니 당시의 여러 운동들은 서로 상승작용을 일으키면서 전개되어 나갔을 가능성이 크다.63)

그러나 과연 이 정도에서 그쳐도 되는 것일까? 그래서 다음과 같은 퍼킨의 주장은 매우 시사적이다. 즉 "문제가 해결되고 난 후에 과거를 돌아볼 때 위기는 실제적이지 않았으며, 사회구조에 대한 위협이나 기존 체제에 대한 도전이 결코 없었다고 말하기는 쉽다.……그러나 이 시대는 아일랜드와 중국에서 혁명이 일어나고 유럽에서 4개의 제국이 무너진 시대였다."64) 우리들은 한 시대가 지나고 난 후에 이미 사건의 결과를 아는 가운데서 하나의 사건이 지녔던 무게를 재고 있다. 그런데 그 무게는 지금의 저울로 재는 무게인 것이다. 당시의 저울에서 그것의 무게가 얼마나 나갔을지를 재기 위해서는 지금 우리들의 저울과 당시의 저울의 차이를 생각해 볼 필요가 있는 것이다. 사람들의 생각이 세계를 변화시키는 중요한 요인이다. 역사적 실체는 사람들의 생각에 의해 만들어져 나가는 것이다.

신디칼리스트 운동이 일어나고 있었던 1910년대에는 제국이 무너져 가고, 러시아에서는 유럽 각국의 체제들에 적대적인 공산주의체제가 들어서고 있었다. 이런 상태는 질서수호 계층의 입장에서는 매우 혼란스럽고 위험한 모습으로 비쳐졌을 것이다. 시간이 지나고 모든 문제가 해결되어버린 상태에서 과거를 돌아보며 그것은 그리 큰 위험이 아니었다고 말하기는 쉽다. 하지만 실제 그 시대를 살았던 사람들에게 혼란스런 상황이 주는 의미는 지금의 우리가 과거를 돌아보며 부여하는 의미와는 달랐을 것이다. 혼란스런 상황에서 미래는 결정적이지 않으며 그 길은 몇 갈래의 선택지 사이에서 개방되어 있다. 물론 역사의 족적을 알고 있는 우리들로서는 1910년대 이후 영국 사회가 걸어간 길을 알고 있다. 하지만 당시의 사람들에게는 그것은 달리 될 수 있었던 길이라는 점을 기억해둘 필요가 있다.

그런 의미에서라면 에드워드기의 위기는 전쟁으로 인해 연기된 것이라는 퍼킨의 주장에 공감할 여지가 있다.[65] 즉 위기는 존재하지 않았다는 주장은 당시의 시점에서 본다면 불확정적인 사항에 대한 사후적 단정일 따름이다. 그리고 전쟁이 발발하지 않았을 때 1914년의 문제들이 갑자기 해결되었을 것이라고 생각하기는 매우 어렵다. 위기는 높은 개연성의 상태로 존재했으며 지속되었다. 전쟁이 끝나고 국제관계에 평화가 도래했을 때 국내에서는 해결되지 않은 문제들이 다시 고개를 들었다. 하지만 싸움은 이제 다소 변형된 지형에서 진행될 수밖에 없었다. 전쟁을 치렀던 시간은 방어자들에게는 더없이 귀중한 시간이었을 것이며 방어의 방법을 숙고할 시간을 주었을 것이다. 아울러 전쟁 자체가 국가의 역할에 대한 대중의 인식을 바꾸는 작용을 하였을 가능성도 크다. 지금의 시점에서 노동불안을 위기가 아니었다고 말하는 것은 시간의 혜택을 받고 있는 사람들의 사치일 것이다.

4장

노동불안기에 노동자들의 연대는 이루어졌을까?

존 번즈 John Burns(1858~1941)
노동조합주의자로서 톰 만, 벤 틸렛 등과 함께 신조합주의 운동을 이끈 인물
이다. 런던에서 출마해 하원의원을 지냈고 각료로 재직하기도 했다.

1. 연대에 대한 서로 다른 견해

사실 '연대'라는 용어는 지금 다소 생소해 보인다. 많은 사람들이 분산과 해체를 강조하는 가운데 이미 지나간 시대의 용어를 다시 되살리고 있는 것처럼 들리기도 한다. 그런 느낌은 역사학에서 나타난 경향과 무관하지 않다. 포스트모던주의와 후기구조주의의 작품들은 노동계급의 삶에 계급 단결이 핵심적 중요성을 갖는다는 생각에 대해 도전했으며, 사회적 현실에 대한 환상을 만들어내는데 있어서의 언어의 중요성을 강조했다. 영국사를 놓고 볼 때 이러한 도전은 주로 스테드만 존스와 패트릭 조이스로부터 나왔으며 최근에는 비아지니와 리이드의 작품들이 여기에 가세하고 있다.[1] 엥겔스 이래 많은 역사가들은 그들이 마르크시스트든 아니든간에 챠티스트 운동을 전통적인 인민급진주의와 결별한 것으로 간주했지만 스테드만 존스Stedman Jones, 패트릭 조이스Patrick Joyce, 비아지니Eugenio Biagini, 리이드 Alastair Reid 등은 인민급진주의와 챠티스트 운동 그리고 19세기 후반의 노동운동의 연속성을 추적하면서 정설에 도전했다.[2] 나아가 유제니오 비아지니와 알라스테어 리이드 등은 19세기 후반에서 20세기 초에 이르기 까지 노동계급은 동질성과 연대가 증가했다기보다는 다양성과 분열에 의해 특징지어진다고 주장했다.[3] 빅토리아시대와 에드워드시대의 노동계 급과 노동운동은 평화롭게 자본주의에 수용되어 갔다는 것이다.[4] 그리고 노동계급의 보수주의와 숙명론을 강조하는 스테드만 존스의 주장을 넘어 서서 노동계급이 인종주의, 개인주의, 성차별, 소비자주의 등에 의해 압도당 했다는 주장 등이 모두 같은 맥락 속에서 제기된다고 할 수 있다.[5] 이런 주장들 속에서는 노동자들의 연대란 실체가 없는 하나의 허구로 가차없이 부서져 버린다.

　소위 포스트모던주의적 연구경향 속에서는 통일성보다는 개별성이 강조되고, 분산과 해체, 차이점, 다양성, 사상과 행동의 균열, 현상의 복잡성이나 미묘한 차이점 등이 중요시되는 것을 확인할 수 있다.6) 지나치게 일반화와 통일성이 강조된 결론들에 대해 개별성과 예외성을 찾아내어 소외된 현상을 발견해 내고, 빠트린 영역을 되살리는 작업은 너무나도 의미있는 작업이다. 하지만 그렇다고 하여 그것이 전부라는 주장이나 무게중심을 그 쪽으로 기울이는 노력에 대해서는 다소 엄밀한 평가가 필요하다. 두 개의 작업은 서로 다른 축에 서 있지만 사실은 동일한 목적을 향해 병행하여 추구되어야 할 성질을 지니기 때문이다. 우리는 잃어버린 차이점들을 발견해내는 것이 중요하다는 점을 인정해야 하겠지만, 개별 현상들 속에서 발견되는 '차이'들을 뛰어넘어 나타나는 현상에 대해서도 강조해야 할 필요를 인정해야 할 것이다. 차이는 존중되어야 하지만 그렇다고 하여 그것이 공통의 가치추구나 통일된 행동을 막는 요소로만 이해되어서도 안 될 것이다.

　신디칼리스트 운동에서 연대solidarity는 무엇보다도 중요한 방법론이었다. 그것은 톰 만을 비롯한 여러 신디칼리스트 운동가들의 책자들과 그들의 발언에서 확인된다.7) 신디칼리스트들의 공식적 조직이었던 산업신디칼리스트교육연맹ISEL 회의에서도 연대의 중요성은 거듭 확인되었다.8) 그렇다면 연대는 과연 구호로만 그치지 않고 운동 속에서 실현되었는가? 이 질문에 대한 긍정적인 답변은 여러 곳에서 확인할 수 있다.9) 당대에 발행되고 있었던 『새로운 정치가The New Statesman』는 1913년 여름의 미들랜드Midland의 비숙련공, 비조직 노동자들의 파업에 대하여 '직업의 연대'가 아닌 '노동계급의 놀라운 연대'가 이루어지고 있음을 지적했다.10) 홉스봄

Hobsbawm 역시 영국 노동계급의 형성에 대해 쓴 글에서 특히 1911년 이후 지방local, 지역regional, 숙련공, 비숙련공들 사이에서 분산divergence보다 수렴현상convergence이 나타났다고 지적했다.11)

이렇게 연대현상을 확인해 볼 수 있다 하더라도 그 연대의 실체가 무엇이 있는가에 대한 질문은 계속 남게 된다. 연대는 운동의 과격성에 의해 특징지어지는 것은 아니라고 생각한다. 그것은 차이를 뛰어넘는 행위이며 공동의 이해에 대한 인식을 이루어내는 과정을 연루한다. 그러나 그것의 실체는 연대의 구체적인 의미가 연대가 이루어진 상황과 맥락에 따라 제각기 달라질 수 있을 것이므로 획일적으로 확정하기 어렵다고 생각된다. 그런 만큼 우리는 노동불안기의 연대의 실체에 접근하기 위해 노동불안기의 노동자들의 특별한 상황을 고려해야만 할 것이다. 그들이 나뉘어져 있었던 갈래를 따라 연대가 이루어져 나간 여러 측면들이 지적될 수 있을 것이기 때문이다. 이런 측면들을 노동불안기가 시작하는 무렵에 발생했고, 신디칼리스트 활동이 특히 두드러졌던 리버풀 파업과정 속에서 찾아보고자 하는 것이 이 글의 목적이다. 그리고 리버풀 파업을 넘어서서 보다 확대된 영역 속에서 나타난 연대에서도 몇 가지 특징들을 찾아보려고 한다. 이러한 모습들에 대한 검토는 노동불안기에 나타난 연대의 양상을 파악하게 할 뿐 아니라, 신디칼리스트 방법론의 성과를 살펴볼 수 있는 기회도 함께 제공할 것이다.

2. 리버풀 파업의 특성

조 화이트Joe White에 따르면 1875년 노동조합법 이래 노자관계에서 노동의 힘은 지속적으로 성장하여 1875년 형성되었던 노자관계의 균형점은

156

점차 노동쪽으로 이동했다.12) 노동조합의 회원수는 꾸준히 증가해 나갔으며 1870년 25만에 불과했던 노조회원은 1920년에 이르면 800만으로 늘어났다.13) 그 중에서도 이 시기의 마지막 십년간은 특히 중요한 시기였다. 1910년 250만이었던 노조회원수는 1920년에 3배로 늘어났으며, 이 시기의 전반부 즉 1차 대전이 일어나기 전까지는 노동불안기Labour Unrest라는 시기로 특징지어졌기 때문이다.

리버풀 파업은 1926년의 총파업General Strike까지 지속되는 노사갈등의14) 서막을 열고 있는 이 노동불안기의 시작점에 위치해 있다.15) 리버풀 파업에 대해서는 1880년대 신조합주의New Unionism의 연장선상에 놓여있는 운동으로, 즉 1889년 런던에서 벌어진 운동의 두 번째 판으로 보는 견해가 있지만,16) 1889년 런던의 운동과 1911년 리버풀의 운동을 동일한 성격을 지녔던 것으로 보기는 곤란하다.17) 물론 리버풀 파업을 비롯하여 노동불안기에 나타난 노동운동을 1880년대 후반의 신조합주의의 연장으로 보는 견해에는 나름의 이유가 있다. 1880년대 후반의 신조합주의는 분명히 이전과 비교해 볼 때 노동운동에서 양적인 측면에서만이 아니라 질적인 측면에서도 뚜렷한 차이가 나타날 만큼 차별화된 운동이었고, 그러한 운동에서 나타난 것과 유사한 현상을 노동불안기의 노동운동에서도 발견할 수 있기 때문이다.

예컨대 신조합주의 운동과정에서 나타난 중요한 특징들 즉 노동조합주의가 이제까지 잘 조직되어 있지 않았던 직종들로 침투해 들어간 점, 많은 비숙련노동자들이 고분고분한 태도deference에서 벗어난 점, 사회주의자들의 영향이 나타난 점, 신조합들이 자유-노동Lib-Lab식 결탁에서 벗어나 독립적인 노동계급 정치를 지지한 점 등은 분명히 기존 노동운동에 새로운 성격을 부여하였다.18) 그리고 이런 특징들은 리버풀 파업이나 노동불안기의 다른 노동운동들에서도 발견되고 있다.

그러나 일면 유사해 보이면서도 1889년과 1911년에는 중요한 차이점들이 발견된다. 1911년의 경우, 조직되지 않은 직종들로 노조가 조직되어 가는 과정에서 숙련노동자와 반숙련노동자, 비숙련노동자의 운동들이 얽히게 되며, 비숙련노동자들이 전투적 성격을 띠게 되지만 그 정도는 더욱 거세지며, 사회주의자들의 영향을 동일하게 파악할 수 있다 해도 그 사회주의의 내용은 바뀌게 되며, 노동자들은 그들의 보다 독립적인 운동을 지지하게 되지만 그것이 반드시 정치적 경로만을 의미하지는 않게 되었다는 것이다.

따라서 1911년의 리버풀 파업은 신조합주의 운동과 차별화시켜 파악할 필요가 있다. 그리고 그렇게 차별화되는 부분 중에서도 가장 중요한 것은 무엇보다도 여기서 분석하고자 하는 연대의 모습이라고 생각된다. 여러 측면을 통해 드러나는 연대의 모습이야말로 이 운동을 비숙련공들의 노조 운동으로 단순화시킬 수 없게 만든 핵심적 요인이었던 것이다. 그런데 그런 연대의 모습은 리버풀 파업이 지녔던 특성과 밀접한 관계가 있었던 것으로 보인다. 따라서 리버풀 파업에서 나타난 연대를 이해하기 위해 리버풀 파업이 지녔던 특성들을 잠깐 살펴 볼 필요가 있다.

리버풀 파업에서 나타난 다양한 연대의 모습을 가능하게 만든 것으로 우선 지적할 수 있는 부분은 리버풀 파업의 총파업적 면모다.

포스트게이트Margaret Postgate는 자서전에서 리버풀 파업을 거의 소규모의 내전이었다고 평가했으며,19) 저널리스트였던 필립 깁스Philip Gibbs는 리버 풀 파업에 대해 다음과 같이 회고했다.

리버풀에서는 총파업이 있었고 내가 거기 보내졌다. 그것은 내가 영국에서 본 것 중 가장 혁명에 가까이 가 있었다. 그것은 운수노동자들의 파업과 함께 시작되었고 동조파업을 선언한 다른 조합들로 퍼져 나갔다. 여러 주일동안 – 거의 석 달동안 – 리버풀에서는 어떤 것도 움직이지 않았다. 부두노동자들은 어떤 짐도 다루지 않았다. 철도 짐꾼들이 뛰쳐나왔다. 전차운전사들은 태업을 했다. 심지어 거리청소부들조차도 노동하기를 거부했다.[20]

리버풀 파업이 총파업의 양상을 띠었다는 것은 톰 만이 1911년 8월 13일 일요일의 집회에서 파업은 모든 운수노동자들의 파업을 의미한다는 것을 지적한 데서 확인되었다. 여기서 파업은 "페리선Ferry노동자, 예인선 tugboat노동자, 부속선노동자, 고가철도 및 지하철도노동자, 플랫선노동자, 바지선노동자, 부두노동자, 짐꾼 등등을 포함하는 모든 운수관련 노동자들이 손을 놓는 것"을 의미했던 것이다.[21] 그리고 이 집회에 선원seaman과 화부fireman, 선박승무원steward, 요리사cook, 정육공butcher, 제빵공baker, 기계공, 크레인 기사, 전차승무원trainwayman, 철도원railwayman, 공장 및 창고노동자, 운하노동자, 플랫선노동자 등등의 모든 부류의 운수노동자들이 모였음을[22] 덧붙인다면 리버풀 파업이 총파업의 양상을 띠었음을 부인하기는 어려울 것이다.

파업위원회는 마치 하나의 권력기구처럼 작용했으며 톰 만은 캐닝 플레이스Canning Place에 있는 그의 사무실에서 공장주, 양조업자, 식품업자, 석탄상인 등등으로부터 그들의 짐을 나르는 것을 허용해 달라는 요청에 시달렸다. 다음과 같은 예를 들 수 있는데 이것은 1911년 8월 14일 리버풀 우체국장으로부터 온 요청이다.

선생님. – 선생님께서는 어제 만약 오늘 아침까지 분규가 만족스럽게 타결되지 않는다면 내일 아침부터 운수총파업이 시작될 것이라고 말한 것으로 보도되었습니다. 나는 부두가 폐쇄되었고 모든 노동이 정지되었다는 것을 방금 알았습니다. 우편 배달부들이Mail Cart Drivers '운수노동자들transport workers'이라는 표현에 포함되어 있는지 여부가 명백히 언급되지 않았습니다. 따라서 나는 선생님이 우편마차Mail Carts가 자유롭게 통행할 수 있는지를 알려 줄 수 있을 것인가를 문의할 수밖에 없습니다.……우체국장Postmaster-General은 파업을 하는 것에 간여할 어떤 의도도 가지고 있지 않음을 알려 드립니다.……이 편지의 소지자는 우편배달부들의 고용상태에 대해 어떤 정보도 전달할 것입니다.23)

이런 요청에 대해 파업위원회는 허가할 것인지 금지시킬 것인지를 판단하여 허가증을 발부하여 주었다. 허가증의 전형적인 문구는 "소의 여물로 한 통의 건초를 통과시켜라"와 같은 것이었는데,24) 이러한 허가증을 발부받은 우체국장은 이후에 "선생님 – 나는 당신의 편지가 우편배달업무는 방해받지 않을 것이라는 점을 알려준 데 대해 감사드립니다."라는 감사의 편지를 잊지 않았다.25) 이런 사례들은 산업 권력의 초기형태가 나타났음을 보여주고 있는 것이다.

또한 리버풀 파업은 그 격렬성에 있어서도 다른 어떤 파업 못지않았는데 북동부에 있는 노동계급지역에서 주민들이 군대의 진입을 막기 위해 싸우는 모습을 『리버풀 데일리 포스트 앤드 머큐리*Liverpool Daily Post and Mercury*(리버풀 일간소식)』지는 다음과 같이 보고했다.

많은 경우에 주민들은 경찰에 대항하여 운동을 일으킨 사람들 편을 들었다. (사람들은)집과 지붕에서 병과 벽돌, 돌맹이들을 던졌다.……침대 같은 것들을 쌓아 말을 탄 경찰이 들어오지 못하도록 만들고 있다는 이야기를 들었다.26)

리버풀 경찰서장이었던 더닝Dunning은 톰 만이 내란이란 용어를 사용한 것에 대해 – 그 맥락은 정부가 내란을 원한다는 것이었지만 – 민감한 반응을 보이면서, 1911년 8월 23일 내무성에 조언을 구했는데,[27] 이것은 치안당국이 리버풀 파업을 체제에 대한 위기로 받아들이고 있었음을 보여주는 것이다. 이와 같이 리버풀 파업 과정에서 나타난 총파업의 양상과 격렬성은 리버풀에서 노동자연대를 촉진시키는 조건이 되었다. 이런 점에서 사실상 리버풀 파업은 전국적 운동의 선봉에 서 있었던 것이다.[28]

또 하나 지적할 수 있는 리버풀 파업의 특성은 파업 과정에 신디칼리스트 운동의 영향이 뚜렷이 반영되고 있다는 점이다. 조셉 화이트Joseph White는 리버풀 파업이 머지사이드Merseyside 총파업에 가까웠음을 주장하면서 여기서 신디칼리스트의 활동은 파업 초기부터 두드러졌으며,[29] 전체 과정에서 그 속성이 유감없이 발휘되었음을 지적했다. 총파업의 양상은 신디칼리스트들이 '직접 행동'으로 의미하는 모든 것을 포괄하는 자연발생적이고 비공식적인 운동으로 전개되었고, 경찰이 소요를 자극함에 따라 폭력과 유혈사태가 나타났으며, 파업위원회가 시민의 책임과 권력의 일부를 직접 떠맡은 '이중권력dual power'의 초기적 상황을 야기하는 식으로 전개되었던 것이다.[30] 그리고 신디칼리스트 운동의 선봉에 서 있었던 톰 만이 파업위원회의 지도자로 부상했다. 파업 과정에서 나타난 중요한 결정들에서 만Mann의 전술은 두드러졌고[31] 그런 점에서도 신디칼리즘의 영향은 분명히 확인된다. 노동불안기에 나타난 신디칼리스트의 영향을 평가절하하려는 경향을 보여주는 클레그Clegg의 경우마저 리버풀 파업에서 나타나는 신디칼리스트의 영향을 분명히 인정하고 있는 것을 확인할 수 있어서 리버풀 파업에서 신디칼리스트의 활발한 활동은 명백했던 것으로 보인다.[32] 신디칼리스트 잡지인 『운수노동자Transport Worker』가 리버풀 파업의 와중인

1911년 8월 8일 출간된 것도 결코 우연이 아닌 것이다.

더욱이 이런 영향은 신디칼리스트적 분위기syndicalism as a mood라는 배경에 의해 뒷받침되고 있었다.33) 1911년 6월 14일 사우쓰앰튼Southampton의 선원들이 비공식 파업에 들어가면서 정기선인 올림픽 호SS Olympic의 출항을 막고,34) 리버풀에서 화부들이 튜토닉 호SS Teutonic, 발틱 호SS Baltic에서 일하기를 거부했을 때 이런 운동은 아무런 생각없이 진척된 것은 아니었다는 말이다. 파업은 선박동맹이 20년간 노동자들에 대해 우월한 지위를 견지해 온 것에 대한 반격으로 나타났을 뿐 아니라, 톰 만에 따르면 6월이 한 해 중 투쟁하기에 가장 좋은 달로 선택되었다는 것이다. 이때에 사업은 가장 바빴으며, 이 달에 예정된 대관식에는 해외에서 많은 귀빈들을 데리고 오기로 되어 있었다. 올림픽호SS Olympic는 일단의 미국 부호들을 데려오기로 예정되어 있었던 것이다.35)

이처럼 리버풀 파업이 신디칼리스트 운동과 연결되는 만큼 여기서 나타난 연대는 신디칼리스트 운동의 시금석으로 간주할 수 있는 의미도 지니고 있었다. 왜냐하면 신디칼리스트들은 산업권력을 추구하면서도 폭력적 권력장악 시도나 국가 권력과의 정면투쟁을 주창하지 않았으므로, 그들의 현실적인 성과를 연대라는 방법론과의 관련성 속에서 지적해 볼 수 있기 때문이다.

3. 리버풀 파업에서 나타난 연대

톰 만은 1912년 1월에 나온 『신디칼리스트Syndicalist』첫 호에서 1911년은 연대를 통해 나타나는 현상들에 대해 많은 사람들의 눈을 열었다고 자평했다.36) 여기서 그가 염두에 두었던 사건은 무엇보다도 리버풀 파업이었을 것이 틀림없다. 1911년의 가장 큰 파업은 리버풀에서 일어났으며 그 양상도 앞에서 언급한 대로 총파업의 양상을 띠었기 때문이다. 그리고 여기서 노동자들의 연대현상이 뚜렷이 확인되기 때문이다.37) 그렇다면 과연 리버풀 파업에서 나타난 '연대'의 구체적인 모습은 어떠했으며, 연대의 형성과정에는 어떤 특징이 나타났고, 연대는 어느 정도의 성과를 거두었던 것일까? 이런 문제들에 대해 답변해 나가는 과정에서 노동불안기에 나타난 연대의 실제적 의미를 찾아나가 보도록 하겠다.

연대의 구체적인 모습 중에서 먼저 숙련노동자를 포함하여 우월의식을 느끼는 노동자들과 비숙련노동자간의 분열이 지양된 사례를 지적해 볼 수 있다. 본래 선박승무원들은 선상 노동자들을 그들과 동등하게 여기지 않았다. 그런데 리버풀 부두파업의 와중에서는 선박승무원들stewards, 선박요리사들과 여객선 식당근무원들catering staff 같이 그들의 지위를 의식하면서 자신들이 다른 노동자들과 차별화된다고 생각하는 노동자들과, 선상이나 기관실에서 근무하는 노동자들 즉 화부fireman, 선원seaman 같은 육체노동자들 사이의 연대현상이 나타났다. 1909년 조 코터Joe Cotter가 선박승무원·요리사·정육공·제빵공 전국연합National Union of Ships' Stewards, Cooks, Butchers and Bakers을 조직한 이후 이들이 리버풀 파업에서 선원seamen들을 지지함으로써 해상노동자들seafarers은 처음으로 통일된 행동을 하게 되었다. 게다가 지지과정에서 상호작용 현상도 나타났다. 즉 앞에서 지적한 방향과는 반대로 선상노동자들deck hands과 기관실노동자들engine room workers이 여객선 식당근무원 및 선박승무원들을 지지하여 이들이 고용주로부터 양보를 얻어내기까지 노동에 복귀하지 않는 현상도 나타났던 것이다.38) 즉 숙련노동자의 비숙련노동자 지지 현상과 비숙련노동자의 숙련노동자 지지라는 현상이 교차하여 발생했다는 것이다. 리버풀 파업위원회의 구성을 살펴봄으로써도 그러한 연대의 증거를 찾아 볼 수 있다. 여기에는 전국부두노동자연합NUDL: National Union of Dock Labourers, 전국 선원 및 화부 연합NSFU: National Seamen's and Firemen's Union, 선박승무원연합Stewards' Union, 석탄적재노동자연합Coalheavers' Union, 짐마차꾼연합Carters' Union, 제빵공연 합Operative Bakers' Union, 부두 통수선공연합Dock Board Coopers' Union, 철도원연 합회ASRS, 기사연합회ASE, 창고업자연합Warehousemen's Union, 단순노동자 및 일반노동자연합Navvies and General Labourers' Union 등이 참여했는데 이런 구성은 파업위원회에 숙련노동자들과 비숙련노동자들이 함께 망라되어 있음을 보여주는 것이다. 선박승무원연합, 제빵공연합, 기사연합회 등은 숙련공조합의 성격을 뚜렷이 보여주기 때문이다. 여기서 우리는 노동자들 이 리버풀 파업 과정에서 숙련노동자와 비숙련노동자로 차별화되어 있었 던 기존의 상황을 깨뜨려 나가고 있었음을 알 수 있다. 아울러 그런 구분을 넘어서서 그들을 아우르는 공동의 이익을 모색하고 있었음을 짐작하게 된다.39)

이런 신분의 벽을 깨는 연대는 해상운송 분야만이 아니라 육상운송 분야에서도 이루어졌다. 리버풀 파업의 연장선상에서 벌어진 철도파업에 서는 '숙련되고', '귀족적인'40) 기관사들과 비숙련노동자들 사이의 전통적 인 신분의 벽이 깨어지고 이들이 공동전선을 펴는 현상이 나타났던 것이다.

그리고 이런 숙련노동자와 비숙련노동자간의 연대는 동일 산업내 숙련 노동자와 비숙련노동자의 연대라는 형태를 넘어서서 **다른 산업간의 숙련노 동자와 비숙련노동자의 연대**라는 형태로도 나타났다. 리버풀 파업에서는 가슴 양쪽에 10개의 단추를 단 멋진 제복과 제모를 착용한 **전차승무원들**과 노동자모자를 쓴 허름한 복장의 **부두노동자들**이 함께 시중심가를 행진했다.

영국 노동운동에서 숙련노동자의 노동운동과 비숙련노동자의 노동운동은 분리되어 진행되어 왔다. 1889년 런던의 부두노동자운동은 영국 노동운동에 새로운 성격을 부여했지만 그것이 숙련노동자와 비숙련노동자의 차이를 지양해 내지는 못했다. 하지만 그런 차이가 리버풀의 부두노동자운동에서 무너진 것이다. 신디칼리스트들이 그토록 이루어 내고자 했던 숙련노동자와 비숙련노동자의 연대가 리버풀 파업에서 실현된 것이다.

두 번째로는 서로 다른 직종들간의 연대를 지적해 볼 수 있다. 그런 현상은 관련 직종들 사이에서 이루어지기도 했으며 개별 산업들 사이에서 이루어지기도 했는데 이런 과정을 거치며 연대가 확산되어 가는 양상을 보여준다. 리버풀 파업에서는 처음에 부두노동자들dockers이 해상노동자seafarers들을 지지하였다. 다음에는 해상노동자들이 노조에 대한 인정을 받아내려는 부두노동자들을 지지하였다. 그리고 또 다른 방향에서 짐마차꾼들carters은 이 양 부류의 노동자들을 모두 다 지지하는 입장을 보여주었다. 그런가 하면 또 이 세 부류의 노동자들이 모두 함께 철도원들railwaymen과 전차승무원들trainwaymen의 파업을 지지했던 것이다.41) 게다가 전차승무원들의 파업에는 시 발전소노동자들의 파업이 이어졌으며 또한 거리청소부들street cleaners과 쓰레기수거원들dustmen이 여기에 동조파업을 벌였다. 따라서 직종간의 연대는 연쇄적이며 교차적으로 이루어졌을 뿐 아니라 동종산업과 이종산업을 넘나들며 복합적으로 전개되는 양상을 보여주었다고 할 수 있다.42)

직종을 뛰어넘는 이러한 연대가 파업의 지리적 확산보다도 더욱 중요한 의미를 지녔음을 톰 만은 알아차렸던 것으로 보인다. 그는 만약 파업이 모든 항구에서 동시에 발생했다 해도 이러한 직종간의 연대가 없었다면 곧 분쇄당했을 것이라고 보았던 것이다. 그는 리버풀 파업에서 짐마차꾼, 부두노동자, 철도원들 사이의 연대를 승리의 요건으로 간주했다.43)

세 번째로는 노동자들을 서로 차별화시킨 인종적 종교적 적대감을 넘어서게 한 측면을 들 수 있다. 그 대표적인 예는 1911년 리버풀 파업 기간 동안 개신교 노동자들과 카톨릭 노동자들간의 인종적 종교적 적대감이 중단된 사례이다.44) 즉 부두노동자들은 대개 카톨릭교도였고 짐마차꾼들은 신교도들이었는데 이들 사이에는 종교를 기준으로 하여 적대적인 대립관계가 형성되어 있었다. 그러나 이들은 리버풀 파업 기간 동안 오랜 종교적 갈등을 무시하고 함께 행동했는데,45) 그야말로 오렌지Orange와 그린Green은 함께 뭉쳤던 것이다.46) 프레드 바우어는 8월 13일의 데모에 참가했는데 다음과 같이 회상했다.

> 그들은 오렌지 가스톤Orange Garston, 에버톤Everton과 톡스테쓰 파크Toxteth Park, 로만 카톨릭 부틀Roman Catholic Bootle과 스코틀랜드 로드Scotland Road 지역으로부터 왔다. 그들의 종교적 반목은 잊혀졌다.……가스톤Garston 밴드는 5마일을 행진했다. 그리고 지휘자는 오렌지와 그린 리본을 달고서 당당하게 지휘봉을 휘둘렀다. 이 밴드는 반은 로마 카톨릭에서 반은 오렌지 밴드에서 만들어진 것이다.47)

파업 과정에서 경찰과의 충돌로 인해 사망한 파업노동자들의 장례식 과정에서도 종교적 적대감이 완화된 모습이 잘 드러났다. 사망한 노동자 중 한명은 신교도 짐마차꾼이었던 존 숫클리프John Sutcliffe였으며 다른 한 명은 카톨릭 부두노동자인 마이클 프렌드가스트Michael Prendegast였다. 카톨릭 노동자인 프렌드가스트가 사망한 후, 카톨릭 공동묘지로 가는 긴 장례행렬에는 '네더필드가 개신교 개혁십자군Netherfield Road Protestant Reformers' Crusade' 회원 250명이 섞여 있었으며 이들은 장례식에 기꺼이 화환을 보냈다. 개신교 노동자인 숫클리프의 장례식에는 '카톨릭 보호연맹

Catholic Defense League'의 회원 150명이 장례행렬에 참가했다. 리버풀의 사회 정치적 생활의 추악한 측면이었던 종교를 근거로 한 분파적 다툼은 연대 속의 투쟁에서 묻혀버린 것이다.48) 파업 과정에서 나타난 파업위원회의 33명의 위원들 중에도 카톨릭교도와 북아일랜드신교도Orangeman들이 모두 포함되어 있었다.49) 이러한 연대가 성취된 결과『운수노동자』1911년 11월호에는 노동자들에게 카톨릭, 개신교, 장로교, 침례교, 불가지론, 유태교 등 종교적 차이는 문제가 되지 않는다는 자신에 찬 주장이 나타나게 된 것이다.50)

네 번째로는 조직이 잘 되어 있는 노동자들과 이제까지 조직이 잘 되어 있지 않은 노동자들 사이의 연대다. 노동불안기에는 이 두 부류의 노동자들의 파업이 모두 일어났다. 예컨데 철도원railwaymen, 해상노동자seafarers, 부두노동자들waterfront workers의 경우는 노조가 잘 조직되어 있지 않았다.51) 펠링Henry Pelling은 특히 이러한 부분 즉 노조가 잘 조직되지 않은 노동자들의 운동만을 강조하는 바람에 노동불안기의 신디칼리즘을 신조합주의의 연장으로 파악하는 입장을 지니게 되었다. 그러나 노동불안기에는 광부, 건설노동자, 면직공 등 조직이 잘 되어 있는 노동자들의 경우에도 분규가 발생했다. 이러한 두 부류의 노동자 저항 현상을 두고 조 화이트Joe White는 두 개의 동시발생적인 노동불안이라고 규정하기도 했다.52)

분규는 이 두 부류의 노동자들 모두에게서 발생했을 뿐 아니라 이들 사이에서 연대가 나타나는 모습을 보여주었다. 리버풀 파업에서 조직노동자와 비조직노동자의 연대는 먼저 한 산업내의 여러 직종들 사이에서 찾아볼 수 있다. 그런 현상으로 짐마차꾼이나 석탄적재화부들coalheavers과 같이 잘 조직된 노동자들이 부두노동자나 해상노동자와 같은 잘 조직되지 않은 노동자들을 지지한 사례를 들어볼 수 있다. 짐마차꾼들은 1889년

머지항 및 철도 짐마차꾼연합MQRCU: Mersey Quay and Railway Carters' Union으로 조직되어 있었다. 더욱이 이들은 고용주들과 우호적인 관계를 유지했었기 때문에 그들이 부두노동자들과 동조파업을 벌였을 때 이것은 놀라운 현상으로 받아들여졌다.53) 약 2천명의 잘 조직된 석탄적재화부들도54) 잘 조직되지 않은 해상노동자들seafarers을 지지하여 파업을 벌였다. 그 뒤를 이어 이번에는 냉동창고노동자들cold storage workers과 보일러 청소노동자들boiler scalers 같은 조직되어 있지 않던 노동자들이 여기에 동조하여 파업을 벌이는 현상이 나타났다.

조직된 노동자와 조직되지 않은 노동자의 연대는 동일직종 안에서도 일어났다. 예를 들어 부두노동자의 경우 전국 부두노동자연합National Union of Dock Labourers은 사우쓰 엔드 지역의 작은 회사들에 소속되어 있는 부두노동자들에게 영향을 미쳤을 따름이지, 노쓰 엔드 지역의 거대한 회사들에 고용되어 있는 부두노동자들에게는 별로 영향을 미치지 못했다. 커나드The Cunard나 화이트 스타 라인The White Star Line같은 대선박회사들은 20년 동안 전국 부두노동자연합National Union of Dock Labourers에 속한 노동자들을 즉시 해고했기 때문이다. 전국 부두노동자연합National Union of Dock Labourers은 여기에 대항해 1908년 노쓰 엔드에 지부를 세워 비밀스런 방식으로 활동했지만 회원은 200명을 넘지 않는 작은 규모에 불과했다. 그러나 파업이 시작되자 전투성은 조합에 속한 조직노동자들이 아니라 조합에 속하지 않은 비조직노동자들로부터 터져 나왔다. 조직되지 않은 부두노동자들은 전국 부두노동자연합National Union of Dock Labourers에 가입하기 위해 노조에 모여들었고 조직노동자들과 연대하기 시작한 것이다.55) 여기서는 조직되지 않은 노동자들이 조직된 노동자들과 연대해 나가는 한편, 조직되지 않은 노동자들 스스로가 조직된 노동자들로 변화되어 가는 현상이 나타났다.

　조직된 노동자와 조직되지 않은 노동자의 구분은 숙련노동자와 비숙련노동자의 구분과 비슷하게 맞아 떨어지는 측면이 있기는 하지만 그렇다고 하여 반드시 일치하는 것은 아니다. 예컨대 운수노동자와 철도노동자는 잘 조직되어 있지 않았지만 이 안에는 숙련노동자와 비숙련노동자가 함께 뒤섞여 있었기 때문이다. 그런가 하면 석탄적재화부들은 잘 조직되어 있었지만 비숙련노동자들이었다. 그리고 부두노동자들은 모두 비숙련노동자들이었지만 그 안에는 조직노동자와 비조직노동자가 뒤섞여 있었던 것이다.

　다섯 번째는 성性적 차이를 넘어서서 나타난 연대를 지적해 볼 수 있다. 리버풀 파업 과정에서 남성 노동자들이 주축을 이루긴 했으나 여성들도 여러 사건들에서 중요한 역할을 하였던 것으로 보인다. 그것은 마타니아F. Matania가 호텔에서 직접 목격한 광경을 그린 그림에서 알 수 있다. 여기서 한 여성은 등뒤에서 경찰이 시위자를 위협하고 있는 가운데서도 맨발에 치마와 블라우스복장을 한 채 쇼올에 벽돌을 하나 가득 담고 서 있다.[56] 그리고 파업노동자들의 부인들이 누더기를 걸치고 "우리의 빈곤은 당신들의 위험이다"와 같은 위협적인 슬로건을 내걸고서 거리를 행진하는 용기를 보이기도 했다.[57] 성 조지 플래토우St. George Plateau에서 열린 집회를 찍은 사진에는 우산을 들고 모자를 쓴 채 군중 속에 섞여 있는 여인들의 모습도 드문드문 보인다.

　여섯 번째로 지적할 것은 일용노동자와 정규직 노동자 사이의 연대다. 부두노동자들과 선원들은 대부분 일용직으로 고용되어 고용상태가 불안한 처지에 놓여 있었던 반면, 철도원이나 전차승무원들은 승진의 전망이 있는 정규직으로 고용되었다.[58] 그러나 이들은 리버풀 파업에서 그런 차이를 넘어서서 각각의 파업행위에 동조하는 모습을 보여주었다.

일곱 번째로 양보를 얻어내 기득권을 확보한 노동자들과 아직 자신들의 주장을 관철시키지 못한 노동자들간의 연대를 지적한다. 이미 보다 나은 조건을 획득한 부문의 노동자들은 다른 노동자들의 요구에 무관심해질 법도 하지만 이들은 여타 노동자들의 요구가 받아들여질 때까지 자신들의 직종에 돌아가 작업하기를 거부함으로써 분파적 이기주의를 극복하고 있다.59) 선원들은 파업 초기에 선박회사들로부터 양보를 얻어내었지만 부두노동자들이 파업을 시작했을 때 이들에 동조했고 결국 부두노동자들의 노조가 인정받도록 만들었다.

리버풀 파업에서 연대는 이처럼 다양한 측면에서 드러났다. 리버풀의 노동자들은 여러 축을 따라서 그들의 이질성을 극복해 나갔으며, 특정 노동자집단의 분파적이고 배타적인 이해추구에서 상호적인 이해추구로 변화되어 나갔다. 이렇게 다양한 형태로 전개된 리버풀 파업의 연대 속에서 우리는 그 다양한 측면들을 연결하고 있는 몇 가지 특징을 지적해 볼 수 있다.

첫째, 연대는 작업공간을 공유하는 노동자들 혹은 서로 접촉할 수 있는 근거리에서 노동하는 노동자들 사이에서 먼저 일어나면서 확대되는 양상을 띠고 있다는 것이다. 선박승무원과 선상노동자들간의 연대나, 철도기관사들과 일반 철도노동자들 사이의 연대가 먼저 이루어진 것에서 이런 현상을 발견할 수 있다. 다른 직종이나 산업에 종사하는 숙련노동자들끼리 혹은 비숙련노동자들끼리 서로 뭉치는 식의 연대가 아니라, 같은 직종 내지 유사 직종에 종사하는 숙련노동자와 비숙련노동자가 뭉치는 식의 연대가 먼저 일어나고 있는 것이다.

둘째, 연대는 단번에 형성되거나 모든 노동자들에 의해 동시에 받아들여지는 식으로 일어나지는 않았다는 것이다. 연대는 꼬리에 꼬리를 무는 식으로 전개되면서 확대되는 방식으로 나타났다. 첫 번째에서 지적한 작업공간을 공유하거나 작업공간이 가까운 숙련노동자와 비숙련노동자의 연대는 거기에서 그치지 않고 이런 식의 연대가 형성된 다른 직종의 노동자들과 다시 연대하는 방식으로 확대되어 나갔다. 해상노동자들은 부두노동자들과 연대했고 다시 철도노동자들과 연대해 나갔다. 이 과정에서 연대는 한 부류의 노동자들이 다른 부류의 노동자들을 끌어들이며 양적으로 팽창해 나가는 동시에, 교차지지라는 상호작용을 통해 질적으로 강화되어 나가는 이중적 현상을 보여주었다. 그리고 이런 현상은 한 번에 그치지 않고 되풀이되어 일어나면서 연대의 양적, 질적 자기 확대과정을 진행시켜 나갔다. 하나의 연대가 새로운 연대를 불러오는 식의 연대는 파업에 직접 참가한 노동자들을 넘어서서 결국 파업에 참가하지 않은 노동자들까지 동조자로 끌어들였다. 톡스테쓰Toxteth의 협동조합은 파업위원회에 보낸 1911년 8월 19일자의 편지에서 "회원들을 대신하여 우리는 자신들의 노동조건을 개선하기 위해 파업을 벌이고 있는 사람들에 대하여 우리가 공감하며, 호의적인 타결이 이루어지리라고 믿는 것을 기록하고 싶어한다"는 것을 결의하고 있다.60)

셋째로 지적해 볼 수 있는 또 하나의 중요한 특징은 앞에서 제시한 여러 측면에서 파악되는 연대의 유형이 중층적으로 얽히는 현상이 나타나고 있다는 것이다. 리버풀 파업이 전개되어 나간 상황을 예로 들어보자. 리버풀 파업 초기에 선원들은 선박승무원들을 지지했고, 부두노동자들은 해상노동자들을 지지했다. 그리고 해상노동자들은 후에 부두노동자들을 지지했다. 그런가 하면 짐마차꾼들은 해상노동자들과 부두노동자들 모두를 지지했다. 그 후에 이들 모두는 다시 철도원들과 전차승무원들을 지지했다.

이런 현상은 다음과 같이 설명될 수 있겠다. 비숙련노동자들(선원)이 이들에 대해 우월의식을 가진 노동자들(선박승무원)을 지지하는 현상이 나타나는 가운데, 한 직종의 비숙련노동자들(부두노동자)과 다른 직종의 숙련, 비숙련노동자들(해상노동자)이 서로 교차하여 지지하는 현상이 나타났으며, 다시 이들 모두를 다른 직종의 비숙련노동자들(짐마차꾼)이 지지하고, 이렇게 얽히게 된 여러 직종의 노동자들이 다른 직종의 숙련노동자와 비숙련노동자 모두를(철도원) 지지하는 현상이 나타났다는 말이다. 숙련노동자와 비숙련노동자의 연대가 나타나는 가운데 직종간의 연대가 실타래처럼 얽히면서 교차되는 연대현상이 나타난다. 그 가운데 개신교 노동자(짐마차꾼)와 카톨릭 노동자(부두노동자)간의 차별, 일용노동자(부두노동자)와 정규직 노동자(철도원)간의 차별을 뛰어넘는 연대현상의 여러 층들이 중첩되며 흘러가고 있다.

이처럼 리버풀 파업의 연대는 여러 측면에서 분석될 수 있음과 아울러, 복잡한 전개과정 속에서도 유기적인 연관성을 지니고 있음을 보여준다. 톰 만이 리버풀 파업에 대해 "그렇게 많은 직종에서, 그렇게 많은 노동자들이, 그렇게 철저한 연대를 보여준 적은 없었다"고[61] 지적한 것은 위에서 제시한 바와 같이 여러 측면에서 나타나고 강화되어간 연대의 모습에 대한 총체적인 평가였을 것이다.

4. 노동불안의 확대와 연대

신디칼리스트들이 강조하여 주장한 연대는 리버풀 파업 과정에서 여러 측면을 통해 구체적인 모습으로 드러났다. 그리고 이 중 많은 부분들이

172

리버풀을 벗어나서 보다 확대된 영역 속에서 일어난 파업에서도 동일하게 확인되었다. 예컨대 숙련공과 비숙련공의 연대, 남성과 여성간의 연대, 조직되지 않은 노동자들로의 연대의 파급같은 것이[62] 그것이다.

시야를 확대해 보면 리버풀 파업에서 비롯된 숙련공과 비숙련공 사이의 연대는 다른 지역의 파업들로도 파급되었다. 몇 가지 사례를 지적해 볼 수 있다. 블랙 컨트리Black Country의 파업에서는 준숙련 기계공과 저임노동자들 사이의 연대가 일어났다.[63] 1913년 더블린 공장폐쇄에 대한 철도원들의 동조파업에서는 자신들을 숙련공이라 생각하는 철도운전사들과 그렇지 않은 화물 포터potter들 사이의 연대가 다시 한번 나타났다. 철도원들 사이의 카스트제도가 연대의 위력 앞에서 무너진 것이다.[64]

여성노동자들과의 연대도 두드러진다. 여성노동자들의 활동은 특히 블랙 컨트리의 파업에서 두드러졌다. 여기서 여성노동자들의 역할이 중요했음은 여러 사람들에 의해 지적된다.[65] 애스크위드Askwith는 블랙 컨트리의 파업의 기원에 대해 이렇게 지적하고 있다.

> 파업은 그들에게 지급되는 임금으로는 더 이상 살 수 없다고 말하는 더들리Dudley의 몇몇 소녀들의 작은 외침으로부터 시작했다. 마치 몇 년 전 런던의 성냥공장 소녀들이 런던 부두파업을 시작한 것과도 같이 말이다. 그래서 이 소녀들이 미들랜즈Midlands를 밝힌 횃불에 불을 붙였다.[66]

런던에서는 착취당하는 버몬시Bermondsey의 여성 공장노동자들이 1만 5천 명이나 뛰쳐나왔다.[67] 여성들의 파업은 파업에 새로운 성격을 부가시키며 연대를 강화시켜 나갔다.[68]

그런데 우리가 이렇게 시야를 넓히게 되면 노동불안기의 연대에 대해 리버풀에서 발견한 연대의 형태들에 부가하여 몇 가지를 더 지적할 여지가 생긴다. 그러한 것들로 다음과 같은 것을 들 수 있다.

버몬시Bermondsey 런던의 남동쪽의 템즈 강에 면해 있는 지역으로 사우스워크구Borough of Southwalk에 속해 있다. 동쪽으로는 부두지역인 로더하이드Rotherhithe가 있다.

첫째, 연대의 지리적 팽창을 지적할 수 있다. 즉 한 지역에서 나타난 연대가 한 산업의 전국적인 연대로 이어졌다는 것이다. 그것은 리버풀 총파업의 연장선상에서 일어난 철도파업이 전국적인 파업으로 확대되어 나간 예에서 찾을 수 있다. 그 결과 8월 18일 모든 전국 철도노조들이 각종 분파적 이익으로 갈라진 분열을 넘어서서 최초로 전국적인 파업을 선언하게 된 것이다.[69] 사실 이런 지리적 팽창은 리버풀 총파업으로 귀결되었던 부두파업이 처음 시작될 때부터 찾아볼 수 있다. 사우쓰앰튼에서 화이트스타 라인White Star line의 정기선인 올림픽 호의 선원들이 일으킨 파업은 곧 헐, 굴, 맨체스터, 리버풀 등으로 퍼져나갔던 것이다.[70]

둘째, 산업간의 연대가 일어났다는 것이다. 이런 현상은 리버풀 파업 과정에서 일부 나타나기도 했지만 노동불안기 동안 보다 광범위한 양상을 띠며 나타났다. 즉 한 지역 내에서만이 아니라 여러 지역에서 또 지역을 넘어서서 일어나는 양상을 띠었다. 이런 현상은 특히 운수노동자, 광부, 철도노동자들 사이에서 두드러졌다.

철도원들과 광부들의 연대는 1911년 여름의 전국 철도파업에서 두드러진다. 그런 연대는 요크셔와 노팅검셔에서 뚜렷했다. 라넬리에서는 사상당한 사람들 중에 철도원들이 없었다는 점에서 광부들의 연대를 확인시켜준다. 캐슬포드Castleford에서 광부들은 선로를 사보타지했고, 노팅검의 광부들은 미들랜드 철도Midland Railway의 맨스필드Mansfield 노선에서 운영하던

174

기차들을 방해했다.71)

운수노동자들과 철도원들 사이의 연대는 지적한 바와 같이 리버풀 파업에서 현저했다.

특히 리버풀 파업의 경우 이들 두 부류의 노동자들 사이의 연대는 상호적이었음을 지적할 수 있다. 즉 리버풀 파업 초기에는 운수노동자들에 대하여 철도원들이 동조파업을 벌였으나, 1911년 8월 전국 철도파업이 일어나면서부터는 운수노동자들이 철도원들을 지지하는 파업을 벌여 나갔다. 1912년 여름의 런던 운수파업에서도 운수노동자와 철도원들 간의 연대현상이 두드러졌다. 특히 이스트 엔드East End지구에서 그러했는데, 스트랏포드Stratford의 찰스 디어Charles Dear와 웨스트햄West Ham의 톰 커크Tom Kirk가 이끄는 수천 명의 철도원들이 운수노동자들을 지지하는 파업을 허락할 것을 노조관리들union officials에게 요구했다.72) 운수노동자들에 대한 철도원들의 동조파업은 더블린파업에서 다시 한번 확인되었다. 1913년 9월 많은 산업지역들에서 철도원들은 더블린으로의 운송을 사보타지하기 시작했으며 고용주들이 관련노동자들을 해고하기 시작하자 파업으로 이어졌다. 거의 만 명의 철도원들이 리버풀, 버밍햄, 더비, 세필드 등에 집중된 운동에 연관되었고 후에는 남웨일즈에서도 동조파업이 일어났다.73)

광부들과 운수노동자들 사이의 연대 현상으로는 1912년의 전국 광부동맹의 파업에서 나타난 사례를 들어 볼 수 있다. 카우던비스Cowdenbeath의 스코틀랜드 광부들의 집회에서 스코틀랜드 부두노동자동맹의 서기였던 오코너 케삭은 광부들에게 다음과 같이 확신시키고 있다. "만약 광부동맹이 필요하다고 간주한다면 운수노동자들은 즉시 그들을 도우러 갈 것입니다. 광부들의 투쟁은 이제 전체 노동계급의 투쟁입니다. 만약 광부들이 실패한다면 그것은 이 나라 노동자들의 모든 부분들에서 투쟁이 일어나는 시작점이 될 것입니다."74)

셋째, 노동계급을 넘어선 하층 중간계급과의 연대도 조심스럽게 지적해볼 수 있다고 생각된다. 하층 중간계급은 자신의 정체성을 결코 노동계급과 동일시하지 않았지만 그런 차별화현상이 노동불안기의 여러 사건들을 거치면서 다소 희석되었다는 증거를 찾을 수 있다. 비록 다음과 같은 경찰쪽의 지적은 카디프 운수파업 과정에서 나온 것이지만 그러한 정서는 다른 항구나 도시에서도 나타났을 것이라고 여겨지기 때문이다.

> 일반 하층 중간계급의 사람들은 법과 질서를 유지하기 위해 경찰을 돕는 것을 그들의 의무라고 깨닫지 못하고 있는 것으로 보인다. 일단의 건달들이 재산을 파괴하고 경찰을 습격하고 무질서를 야기하는 경우가 종종 일어난다. 이러한 건달들은 즉시 분명히 선량해 보이는 사람들에 의해 둘러싸인다. 그들의 행동은 건달들을 오히려 격려하는 것이다. 그런 사람들이 그렇게 많이 있는 것은 경찰이 진짜 범죄자들을 잡는데 매우 큰 어려움을 안겨준다. 그러한 방해가 경찰과의 마찰을 빚고 경찰을 돕는 대신 건달들 편을 드는 것이다.75)

리버풀 파업 과정을 찍은 사진들에서도 그런 징후를 발견할 수 있다. 캐나다도크Canada Dock역 근방의 리전트 거리Regent Road에서 노동자들이 마차의 운송을 저지하였을 때 여기에는 노동자 모자를 쓴 육체노동자들뿐만 아니라 스트로보우터Straw boater(창이 넓고 위가 평평한 밀짚모자. 중간계급이 즐겨 쓰는 모자이다.)를 쓴 사무직 노동자들도 상당수 가세했던 것이다. 리버풀에서 열린 파업노동자들의 집회에서도 노동자모자를 쓴 육체노동자들과 함께 스트로보우터나 바울러 모자Bowler hat(둥근 창에 왕관 모양의 형태를 한 모로 만든 모자. 처칠이 즐겨 쓴 모자이다.)를 쓴 사무직 노동자들이 함께 뒤섞여 연설을 듣는 모습을 확인할 수 있다.76)

넷째, 노조합병운동을 통해 조직을 대단위화해 나가는 과정에서 드러나는 연대의 모습을 지적해 볼 수 있다. 노동자들은 파업 과정에서만이 아니라 노조의 합병 과정에서도 연대의 모습을 보여주었다. 철도원연합회 ASRS: Amalgamated Society of Railway Servants 및 일반철도노동자연합GRWU: the General Railway Workers' Union, 통신원·전철수연합회UPSS: the United Signalmen and Pointsmen Society 등의 철도노조들은 하나로 합쳐 전국 철도원연합NUR: National Union of Railwaymen으로 합병되었다.77) 이것은 18만 명의 철도원들이 하나의 조직 안에서 활동하게 된 것을 의미했다.78) 건설노조들이 건설노동자연합AUBTW으로 결성된 것도 중요한 진전이었다.79) 신디칼리스트들은 『신디칼리스트』라는 잡지의 이름을 『신디칼리스트 및 합병소식Syndicalist and Amalgamation News』으로 바꾸고 있는데 이는 그들이 노조합병운동을 강조하고 있음을 보여준다.80)

노조합병운동은 숙련공과 비숙련공의 연대가 이루어지는 통로라는 의미도 지녔다. 기계업 합병운동의 경우 1913년 가을과 1914년 여름 사이 많은 지방위원회들이 버밍엄Birmingham, 타인사이드Tyneside, 셰필드Sheffield, 런던London, 에리쓰Erith, 코벤트리Coventry, 더비Derby 등과 같은 기계업과 금속업의 중심지들에 세워졌다. 이 그룹들 안에서 기사연합회ASE의 숙련공들은 노동자동맹Workers' Union의 준숙련공이나 비숙련공들과 협동할 수 있었던 것이다.81)

다섯째, 인종적 차이나 차별을 넘어서려는 시도가 나타났다는 점도 조심스럽게 지적해 볼 수 있겠다. 1911년 운수노동자들의 파업이 커다란 물결을 형성하고 영국을 휩쓸고 지나간 후 출판되기 시작한 『운수노동자Transport Worker』 11월호에서는 백인종, 흑인종, 황인종, 홍인종 심지어 유태인까지도 노동자들의 연대에 문제가 되지 않는다는 주장이 실리고 있음을 확인할 수 있기 때문이다.82) 실제의 사례로는 남웨일즈에 들어온 스페인 노동자들의 경우를 들 수 있겠는데 이들은 그들 자신의 전통과 사회주의를 가지고 들어왔음에도 이 지역 공동사회의 일원이 되어 마찰이나 갈등을 별로 일으키지 않았음을 볼 수 있다.83)

리버풀을 넘어서 보다 확대된 영역 속에서 나타난 연대에는 새로운 속성들이 발견된다. 그러나 노동불안기의 시작점에 서 있었던 리버풀 파업은 노동불안기의 다른 파업들에서 나타난 연대에 대해 분명히 하나의 준거를 제공했다. 그런 만큼 노동불안기에 발견되는 또 다른 형태의 연대는 리버풀 파업의 연대의 연장선상에 놓여 있었다고 보아야 할 것이다.

5. 연대가 가져온 효과

연대는 과연 어떤 힘을 행사했는가? 부두노동자들이 만들어낸 연대의 힘에 대해 톰 만은 다음과 같이 자평했다.

> 당시에 가장 큰 기선이었던 올림픽Olympic호가 사우쓰앰튼에 도착했다. 이 선박은 뉴욕으로 가기 위해 석탄을 필요로 했다.……그러나 석탄적재노동자coalheaver들이 개선된 조건을 요구하며 활동을 개시했다. 6월 14일 파업이 영국의 모든 주요 항구들에서 선언되었다.……선박동맹은 20년 이상 여러 가지 사항들을 마음대로 주물렀지만 단 하루 만에 그 모든 권력을 상실해 버렸다.84)

1911년 리버풀 운수총파업에서 선원, 선박승무원, 부두노동자들, 짐마차꾼carter, 예인선승무원tugboatsmen, 석탄적재화부들coalheavers, 냉동창고 노동자들이나 보일러 청소원 같은 부두의 보조노동자들waterfront workers, 철도원

railwayman, 전차승무원trainwayman, 발전소 노동자들, 쓰레기수거원dustmen, 거리 청소부streetcleaners 등을 함께 묶는 노동자들의 연대가 이루어졌을 때 연대에 참가한 노동자들은 분배수단을 통제하게 되었을 뿐만 아니라,[85] 산업에서 새로운 권력이 느껴지게 만들었다. 파업위원회는 사실상 행정 권력의 일부를 장악했다. 파업위원회가 생존물품인 우유와 빵에만 물자수송을 한정한다고 선언하자 파업위원회의 허가증을 받으려는 신청이 줄을 이었으며 그렇지 않은 물자수송에는 호위병들이 따라 붙어야 했다. 부두 남쪽 끝에 있는 셑톤가Sefton Street 혹은 도크 로드Dock Road를 따라서 지나가는 마차를 호송하기 위해 경찰과 군인들은 마차 양옆에 방벽을 만들면서 말을 타고 가야 했으며, 윌리암슨 광장에서 물자를 호송하는 군인들의 모습은 어깨총을 하고 행진을 하는 사열식이나 퍼레이드를 연상케 했다.[86]

톰 만은 아내에게 보낸 편지에서 1911년 8월 18일의 리버풀 상황을 설명하고 있는데 연대의 위력이 실감나게 묘사되고 있다.

> 어제(8. 17) 전차가 모두 정지했으며 전기공급은 상당한 정도로 줄어들었다. 오늘 고가철도overhead railway는 정지되고 노선을 따라 나있는 수문들 Dock Gates은 폐쇄될 것이다.……파업위원회의 허락이 더 큰 가치를 지닌다. 3채의 마차를 호송하기 위해 300명의 호위병이 따라 붙는데 비해 다른 3채의 마차는 파업위원회의 허가증을 받고서 단지 마부들만이 타고 거리를 지나가는데, 이런 광경을 지켜보는 것은 매우 즐거운 일이다. 시장, 경찰서장, 경찰, 특별 경찰, 군대와 군함 등 모두가 노동자의 연대가 이루어지는 가운데서는 의미없게 되어 버린다. 그리고 심지어 바보조차도 지금 이 순간에는 이 도시에서 연대가 작동하는 것을 볼 수 있다.[87]

심지어 전함 안트림Antrim의 출현에 대해서조차도 리버풀에서의 "연대"가 그들을 전부 물리치고 있다는 자신만만한 태도를 보여 주고 있다.[88]

연대는 물리적인 힘만을 행사했던 것이 아니라 정신적인 힘도 행사했던 것으로 보인다. 리버풀의 우체국장은 '검은 일요일'이 지나고 총파업이 일어난 다음날 톰 만에게 우편마차의 통행에 대해 문의하면서 자신은 고용주나 피고용인 중 어느 쪽 편도 들지 않는다는 점을 밝히고 있는데 이것은 점차 시민들만이 아니라 공무원들도 파업위원회의 권력을 인정하게 되었음을 보여주는 것이다.[89]

연대의 힘은 결국 정부로 하여금 고용주를 압박하게 하는 효과를 낳았다. 로이드 조지는 1911년 아가디어Agadir에 독일군함 팬더Panther가 입항하자 주요 수송로가 막힐 것을 우려했으며, 전쟁발발의 위험을 이용하여 고용주들을 협상 테이블로 끌어냈다.[90] 연대는 정부가 대외정책을 기획하고 수립하는데 중요한 변수로 고려해야만 하는 효과를 낳았다.

리버풀 파업이 종식된 것도 연대의 힘에 의해서였다. 해고된 전차승무원의 복직을 허용하지 않으면 전국적인 동조파업을 벌이겠다는 파업위원회의 강경한 입장에 회사는 공석이 생기는 대로 해고노동자들을 복직하겠다는 약속을 하게 된 것이다.[91] 글래시어Bruce Glasier는 이러한 톰 만의 위협이 단순한 허풍에 불과했다고 주장하지만[92] 리버풀 파업에서 나타난 연대가 있었기에 설사 이것이 단순한 과시에 불과했다 하더라도 여기에 힘이 실릴 수 있었던 것이다.

그러나 연대의 힘이 비도덕적인 양상으로 치닫지는 않았던 것으로 보인다. 리버풀 파업을 비난한 사람들은 파업이 생필품공급을 차단하는 비도덕적인 행위를 초래했다는 식의 인상을 심어 주려고 했지만 톰 만은 이런 식의 논조에 대해 단호히 반박했다. 만은 다음과 같이 주장했다.

그(리버풀 보건 관리)는 당신이나 당신을 위해 행동한 파업위원회가

180

고의적으로 어린이에게서 우유를 빼앗았다는 인상을 만들어 내었다. 그는 거짓말쟁이다. 우유에 대한 요청이 온 바로 첫 시간에 그리고 우리가 어떤 어려움이 있다는 것을 알았을 때 모든 시설들이 제공되었다.……따라서 호우프Hope 박사는 가장 심각한 범죄에 대해 유죄인 것이다.……셸톤공원 같은 트여진 공간, 맑은 공기를 가지고 있고 천 명당 70명의 유아사망률을 가진 동네와 천 명당 260명의 유아사망률을 가진 동네의 불균형에 대해, 더러운 슬럼가에 대해 관심을 가져야 한다.93)

여기서 톰 만은 파업이 시민들의 기초생활에 위협을 가하지는 않았음을 역설하고 있다. 파업기간 동안 병원과 공공기관을 위한 재화는 물건을 실은 각각의 짐칸에 '파업위원회의 허가에 의하여'라는 플래카드를 내걸고 안전하게 수송되었으며94) 이런 과정에서 빵과 우유가 날라질 때마다 수천의 사람들이 환호했다.95)

연대의 위력이 피부로 느껴졌던 만큼 연대는 가시적인 성과를 낳았다. 임금인상과, 노동조합의 인정, 선박동맹 티켓의 폐지, 의료검진의 개선 등이 모든 해상노동자들에게 이루어졌다. 선상노동자, 화부, 화물을 배치하는 노동자trimmer, 그리스칠을 하는 노동자greaser들에게만이 아니라 요리사, 선박승무원, 정육공, 제빵공들에게도 혜택이 주어졌다는 말이다. 만의 계산에 따르면 임금인상은 월 10실링에서 25실링에 이르렀으며, 영국선박이 세계선박의 반을 차지하고 만 척 이상의 선단을 가지고 있는 것을 감안하면 파업의 결과로 얻은 화폐소득은 연 60만 파운드에 달했다.96) 또한 일용노동자라는 불안한 지위를 지녔던 대부분의 부두노동자들은 연대의 위력을 인식하고 노조에 가입함으로써 고용안정을 이룰 수 있었다.

연대는 노동조건을 실질적으로 개선시켰을 뿐 아니라 노동조합원의 수를 증가시키며 노동자조직의 역량을 배가시키는 효과도 가져왔다. 리버풀의 부두노동자의 경우를 들어보면 리버풀 파업 이전 7천 명에 불과했던 조합원의 수가 단 몇 주만에 2만 5천으로 늘어났다.[97] 노동불안기 이전과 이후의 노동조합 전체회원 수의 증가를 보면 그런 차이를 더욱 분명히 알 수 있다. 1900년에서 1910년까지 노동조합은 200만에서 250만의 회원증가에 그쳤지만, 1910년에서 1914년 사이 노동조합은 250만에서 400만으로 그 회원수를 늘였다.[98] 특히 연대의 현상이 두드러졌던 철도부문의 경우 노동조합원의 수가 늘어나면서 광부와 면직공에 이어 세 번째로 큰 노조로 성장하게 된다.[99] 노동자동맹Workers' Union의 경우도 1911년 회원수가 5천에서 만 8천으로 늘어난 후, 1914년까지 14만 3천명으로 급속히 늘어났다.[100] 그리고 연대는 전국 철도원연합NUR의 성립에서와 같이 노조가 합병되는 효과도 낳았음을 지적해야 할 것이다.

연대는 사회의 변화에 대한 예감을 가시적으로 느끼게 할 만큼 강렬한 인상을 심어준 것으로 여겨진다.[101] 체임벌린Austin Chamberlain은 1912년 3월에 쓴 편지에서 '영국은 이상한 경험을 겪고 있으며' 자신이 '새로운 세계에 살고 있다'고 쓰고 있다.[102] 이때는 리버풀 파업이 일어난 다음 해이며 그 해 2월에 막 광부파업이 시작되고 있는 무렵이었다. 아마도 체임벌린은 리버풀 파업에 이어서 벌어지고 있는 사태에서 노동자연대의 위력을 강력하게 감지한 것으로 보인다. 그는 이어서 '국가 기구 전체가 천천히 정지해 가고 있다'고 쓰고 있는 것이다. 그러한 위력은 체임벌린에게만 느껴졌던 것은 아니었던 것 같다. 왜냐하면 한 총포도매상이 리볼버 100개를 이틀만에 팔았음을 밝히고 있기 때문이다.[103]

6. 맺음말

리버풀의 노동자들은 자신이 속한 각각의 산업과 직종에서 파업을 일으킬 서로 다른 이유들이 있었다. 예를 들자면 부두노동자들의 경우 노조는 배척받았고, 일용직 노동이 대부분인 가운데 노동자들은 고용이 불안했으며, 십장들은 가혹하게 노동규율을 부과했다. 위협과 부패가 만연했다. 그런가 하면 철도원들의 경우는 비록 고용은 일용직에서 벗어나 있었다 해도 준準군사적인 통제를 받고 있었으며 낮은 임금과 긴 노동시간에 시달렸다.104) 그러나 이렇게 서로 다른 이유들로 인해 파업이 시작되었다 해도 파업 과정에서 노동자들은 서로를 도와주는 통일성이 있는 운동을 벌이게 되었다.

그 결과 리버풀 파업에서 노동자들은 다양한 측면에서 연대를 이루어 내었고, 그들을 가르는 여러 가지 차이들을 넘어섰다. 예컨대 연대는 숙련의 정도, 우월의식, 직종, 산업, 종교, 성, 조직화, 정규노동, 기득권 등이 만들어내는 노동자들간의 이질감을 무너뜨렸다. 그리고 리버풀 파업의 연대는 그것이 확대되어 나가는 과정 속에서 연대의 다양한 측면들이 서로 유기적 관계를 맺으며 전개되어 나가는 특징도 보여주었다. 나아가 리버풀 파업의 연대는 노동불안기에 나타난 다른 지역의 연대 현상에 하나의 준거틀로 작용했다. 그 과정에서 노동불안기의 연대에는 연대가 지리적으로 팽창해 나가고, 산업간의 연대가 일어나며, 노조가 합병되어 나가는 새로운 측면들이 부가되었다.

노동자 연대의 효과는 물리적으로는 산업에서 새로운 권력이 피부로 느껴지게 만들었을 뿐 아니라, 정신적으로는 사람들의 태도를 국가 권력과 파업위원회의 권력에 대해 중립적이 되도록 만들었다. 연대는 국가 권력이 노동과 자본에 대해 중립적인 입장에서 개입하도록 하는 효과를 낳았을 뿐 아니라 고용주들을 직접 압박하여 고용주의 양보를 얻어내는 힘으로도 작용했다. 그 결과 연대로 말미암아 임금인상과 노동시간의 단축을 포함한 여러 가지 가시적인 결과들이 확보될 수 있었다. 그 뿐만 아니라 연대는 노동자들의 조직역량 자체를 배가시켜 연대가 단발성 효과에 그치지 않고 지속적이고 항구적인 힘으로 작용할 수 있도록 하는 결과를 가져왔다.

리버풀 파업과 신디칼리스트들이 뚜렷이 연관됨으로써 리버풀 파업은 신디칼리스트들의 이론과 실천이 연결되는 사건으로서의 의미도 지녔다. 리버풀 파업에서 드러난 노동자 연대의 다양한 모습과 연대가 만들어낸 여러 가지 효과는 신디칼리스트 운동이 연대의 구체화를 통하여 그들의 방법론을 일정부분 실현시켜 나갔을 뿐 아니라, 현실의 장에서 어느 정도 가시적인 성과도 거두었음을 보여주고 있다.

5장

신디칼리즘은 노동불안기를
주도했을까?

윌 쏜 Will Thorne(1857~1946)
전국 가스노동자조합을 조직하고 총서기를 맡은 노동운동 지도자였다. 신조
합주의 운동을 이끌었다. 런던에서 출마해 노동당 의원을 지내기도 했다.

1. 신디칼리즘과 노동불안기의 관계

1911~14년간의 노동불안은 사실상 처음부터 신디칼리스트 반란이란 이름을 얻었다.[1] 신디칼리즘이 1911~14년의 노동불안기 동안 그 중심에 놓여 있었다는 관찰은 노동불안기 동안 신디칼리즘이 노동불안의 초점으로 작용했음을 인정하는 것이다.[2] 그러나 신디칼리즘이 노동불안기에 중요한 역할을 하지 못했음을 지적하는 견해도 있다. 클레그Clegg와 함께 래이번Laybourn은 신디칼리즘이 노동불안기에 노동계급 사이에서 퍼져나 갔다고 볼 수 없다고 주장한다.[3] 노조주의는 비록 공격적이었다 해도 조정과 중재라는 확대되는 구조 안에 갇혀 있었으며, 정부가 커다란 분규를 막기 위해 규칙에 맞게 효과적으로 개입하고 있었음이 확실하다고 그는 주장한다.[4] 그 결과 노자관계는 제도화된 형태로 나가는 경향이 높아졌다 는 것이다.[5]

당대에도 신디칼리즘의 영향에 대한 부정적 평가가 존재했다. 특히 사회민주동맹Social Democratic Federation의 기관지였던 『정의*Justice*』는 '사실상 어떤 신디칼리즘도 없었다'는 주장을 펴 신디칼리즘의 실체를 부인했다. 독립노동당ILP의 기관지인 『노동계급의 지도자*Labour Leader*』는 신디칼리즘을 '토리언론에 의해 만들어진 새로운 요괴'라고 주장해 신디칼리즘의 영향을 평가절하하는 입장을 취했다.[6]

그러나 전전에 많은 사람들이 신디칼리스트 운동에 대해 일종의 두려움을 느꼈다는 점은 뚜렷해 보인다. 우선 노사관계에 대하여 상무성Board of Trade의 조지 애스크위드Goerge Askwith, 광산감독관Chief Inspector of Mines 레드매인R. Redmayne, 내무성Home Office의 새클톤D. Shackleton 같은 내각의 여러 자문관들이 모두 구舊노동운동 지도자들이 젊고 공격적인 노동운동 지도자들에게 급속하게 권위를 상실당하고 있으며, 단체교섭은 직접행동으로 대체되고 있음을 우려했다. 그리고 많은 중간계급 관찰자들이 당시 영국의 제도에 대해 이의를 제기했다. 웰즈H. G. Wells와 벨록H. Belloc은 의회에 선출되는 대표가 무엇을 대표하는지에 의문을 제기했으며, 앤젤N. Angel은 정책결정자들이 합당한 사회적, 정치적 자격을 갖지 못했다고 주장했다. 더욱 중요한 부분은 고용주들이 신디칼리스트 분위기가 퍼져 있다는 점을 알고 있었다는 것이다. 그런 점은 고용주 의회협의회Employers Parliamentary Council와 상공회의소 협회Association of Chambers of Commerce의 독회 proceedings에서 확인된다.7) 1914년의 상공회의소 연례 보고에서는 "국가는 매우 강력한 종류의 전제에 위협받고 있다.……그것은 일찍 종식되어야만 한다.……신디칼리즘은 세계가 이제까지 보았던 것 중 최악의 전제형태들 중의 하나다."라는 보고를 하고 있다.8) 대중들을 상대로 한 신디칼리즘에 대한 인식과 선전도 1912년쯤에는 상당히 퍼져 나갔던 것으로 보인다. 특히 톰 만이 체포되고 난 후 맨체스터의 신디칼리스트 조지 심슨George Simpson은 이 사건이 "신디칼리즘을 이 나라의 집안 용어로 만들었음을" 주장했다.9)

그러나 신디칼리즘 분위기에 대하여 많은 사람들이 인식하고 있었고 또 두려움을 가지고 있었다는 것이 곧바로 신디칼리즘이 노동운동의 주도권을 장악하고 있었음을 확인해 주는 것은 아니다. 그러나 그렇다고 하여 신디칼리스트들의 영향력을 과소평가해도 되느냐 하는 문제는 여전히 남게 된다. 그들을 무시할 수 없게 만드는 요인은 그들의 운동이 당시 노동운동이 흘러가는 방향과 잘 조율되어 있었다는 점에 있다.

사실 신디칼리즘과 노동불안의 발생 사이에는 어떤 연관성이 있다.

1910년 9월 남웨일즈 파업의 발생과 톰 만의 귀환시기는 비슷하게 맞아떨어지고 있다. 여러 사람들이 신디칼리즘과 톰 만의 활동을 연결시키고 있기 때문에[10] 적어도 이 두 현상의 상호작용에 대해 인정할 여지는 있는 것으로 보인다. 또한 러스킨 칼리지Ruskin college 학생들의 수업거부로 인해 1909년 중앙노동학교가 형성되었던 것도 노동불안과 신디칼리즘의 영향을 연결시킨다. 노아 아블렛Noah Ablett, 노아 리스Noah Rees, 조지 하비George Harvey 등은 모두 러스킨의 베테랑들이었으며, 중앙노동학교는 남웨일즈와 철도원연합에서 지지를 얻고 있었기 때문이다.[11] 조셉 화이트가 신디칼리스트의 영향을 너무 가볍게 일축해 버려서는 안 된다는 경고를 하는 것도 이런 요인들이 연루되어 있기 때문일 것이다.[12]

러스킨 칼리지 Ruskin College 문필가인 러스킨의 이름을 따서 만들어진 교육기관이다. 이 학교는 1899년 만들어진 성인 교육기관으로 정규 교육을 받지 못한 사람들에게 교육 기회를 제공하는 기능을 가졌다. 특히 대학에 가지 못한 노동자들에게 교육기회를 주려는 목적을 가지고 있었다. 노동자 교육에 대한 관심을 가지고 있는 셈이다. 이 학교는 비록 옥스퍼드에 있었고 옥스퍼드 대학과 긴밀한 관계를 가지긴 했지만 옥스퍼드 대학에 포함되지는 않았다. 러스킨 칼리지는 교육을 사회변화의 동인으로 보았으므로 교육을 통해 교육받은 사람들의 삶을 바꾸는 것을 중요하게 생각했다. 교육과정에는 노동조합 운동이나 사회운동과 같은 사회 문제에 대한 관심을 담고 있는 과목들이 포함되어 있다.

중앙노동학교 Central Labour College 1909년부터 1929년까지 존속한 영국의 성인 노동자들을 위한 학교이다. 1909년 러스킨 칼리지에서 벌어진 파업 사건의 결과로 만들어졌다. 러스킨 칼리지 졸업생들과 마르크스주의적인 재학생들을 중심으로 해서 조직되었던 플렙스 연맹은 1909년 8월 2일 옥스피드에서 모임을 가졌는데 여기서 옥스퍼드 대학의 영향을 받지 않는 독자적인 노동계급 교육기구를 만들자는 결의를 했다. 중앙노동학교는 남웨일즈 광부동맹South Wales Miners' Federation과 전국 철도원연합National Union of Railwaymen으로부터 재정 지원을 받았다. 학교 교장은 러스킨 칼리지 사태 때 학생 편을 든다고 해서 물러나야 했던 데니스 허드Denis Hird가 맡았다. 중앙노동학교는 1911년 옥스퍼드에서 런던의 얼즈코트Earl's ourt로 이전했다. 1915년 학교는 노동조합회의로부터 공식적으로 인정을 받게 되었다. 하지만 1929년 대공황과 함께 재정 지원이 끊어지면서 학교는 문을 닫게 된다.

더욱이 신디칼리즘의 사상적 위상을 프롤레타리아의 전통적 담화의 연장선에 위치시키고 그 범주를 길드 사회주의Guild Socialism로까지 확대시키면, 신디칼리즘은 전전에 갑자기 등장했다가 급속히 수그러들어 버린 방식으로는 볼 수 없게 되며 그 영향력에서 보다 강력한 자리를 차지할 수 있게 된다.13) 자유당이 전전에 몰락하고 있었다는 입장에 선다면14) 그 공백을 메우기 위해 등장하는 새로운 진보세력들의 각축장에 신디칼리즘은 다른 세력들과 함께 동등한 자격으로 출전하고 있는 것이다. 이런 생각을 해 볼 수 있다. 자유당의 응답을 제대로 얻어내지 못한 노동계급이15) 그들의 이해를 반영할 기구를 찾기 위해 눈을 돌렸을 때 거기에는 두 개의 기구가 가능했다는 것이다. 하나는 새로운 노동조합이었고 다른 하나는 새로운 정당이었다. 전자는 신디칼리즘에서 출구를 찾았으며 후자는 노동당에서 출구를 찾았다. 이렇게 놓고 본다면 노동계급 운동의 가능한 두 개의 통로 가운데서 신디칼리즘은 하나의 출구로 존재했던 것이다. 노동불안기에 신디칼리즘이 노동운동에 미친 영향을 단순하게 평가하기는 어렵다. 상이한 해석들을 살펴보는 것을 시작으로 이 문제에 접근해 보기로 한다.

2. 신디칼리즘에 대한 상충되는 해석

신디칼리즘을 해석하는 방식에 대하여는 일찍이 엘리 할레비Élie Halévy가 발표하고 조지 대인저필드George Dangerfield가 보다 분명한 논조로 진술한 친숙한 해석이 있다. 즉 노동불안은 기존 사회 정치 질서를 총체적으로 붕괴시키려 했으며, 전쟁이 없었다면 폭동으로 이어지는 총파업이 발생했을 것이라는 주장이다.16)

그러나 이런 시각에 대하여 회의를 제기하는 견해들이 제시되었다. 신디칼리즘은 1910년 톰 만의 귀국과 그 해 7월 『산업신디칼리스트*Industrial Syndicalist*』가 정기적으로 발간되면서 터져 나오기 시작하여 2년간 들불처럼 번져 나갔다가 혜성처럼 사라졌다는 것이다.[17] 영국의 뿌리깊은 노동주의 labourism와는 완전히 대치되는 전투적이고 호전적인 노동운동의 이데올로기가 마치 발작을 일으킨 듯이 영국 전체를 휩쓸었지만 곧 영국의 노동운동은 정상을 되찾았다는 시각인 것이다. 이런 시각은 신디칼리스트 운동의 존재를 적극 인정하면서도 그것이 1차 대전 전 위협적인 세력으로 계속 존재했다는 입장에는 반대하고 있다.

예컨대 펠프스 브라운Phelps Brown은 전전에 영국이 위기상황에 놓여 있었다는 점을 완전히 부인했고,[18] 헨리 펠링H. Pelling은 영국 노동조합주의 전반에 대해 신디칼리즘의 중요성이 과장되어서는 안 되며, 이 이념은 1910년에서 1912년 여름까지 영국 사회에 발작적인 영향을 끼친 다소 제한된 운동이라는 점을 주장했으며,[19] 신디칼리즘을 1880년대 후반의 신조합주의의 연장선상에서 파악하려고 했다.[20] 이러한 견해를 받아들인 제임스 힌튼James Hinton은 신디칼리즘은 어떤 체계적인 교리도 가지지 않았으며, 순전히 호전적 노동운동의 힘에만 의존하면서, 1910~12년의 총파업 운동 동안 유성과 같이 나타났다가 사라졌다고 주장했던 것이다.[21] 웹Webb, 엔서R. C. K. Ensor, 프리비체비치Privicević, 리글리C. Wrigley 등이 모두 1910~12년의 3년설을 주장하는데 이들은 1912년부터 신디칼리스트의 급속한 퇴조를 주장하고 있다.[22]

신디칼리스트의 존재를 적극적으로 인정하지 않는 입장들도 제시되었다. 필립스G. A. Philips는 광부, 철도원, 운수노동자들의 삼자동맹은 결코 혁명적 총파업의 잠재력을 가진 기구가 아니었음을 강조함으로써 신디칼

192

리즘의 영향의 의미를 격하시키려고 했다.23) 역시 피터 스턴스Peter Stearns도 신디칼리즘은 어느 곳에도 없었다는 식의 입장을 취하고 있다.24) 아마도 1913년 기사연합회ASE의 서기직에 나선 톰 만이 투표의 1/4만을 얻으며 낙선한 사실에서 이러한 사정이 드러난다고 볼 수도 있을 것이다.25)

로이 처치Roy Church는 1910~14년간의 노동불안기의 현상이 특별하지 않았다고 보며,26) 호전성과 파업의 수준은 광산업의 경우 지역에 따라 다양했다는 증거를 제시한다. 아울러 지역적인 차이가 컸으므로 광산업의 경우조차 한 지역에서 다른 지역으로 호전성이 퍼져나갈 수 없었다는 점을 지적한다. 그래서 그는 "만약 우리가 광산지역에서의 호전성을 이해해야 한다면 지역간의 상세한 비교연구가 역사가의 다음 과제가 되어야만 한다"는 주장을 펴고 있다.27) 커크N. Kirk도 대중이 신디칼리즘 이데올로기를 지지했다는 점을 인정하지 않으며, 강화된 노동운동은 단지 노동주의의 힘을 강화시켰다고 본다.28) 하이만Hyman은 노동불안기의 위기현상이 부재했다는 바탕 위에서 신디칼리즘은 산업 갈등의 문제에 단지 주변적으로만 연관되어 있었다는29) 주장을 펴기도 했다.

그러나 이런 수정주의적 주장들을 반박하는 입장들이 다시 제기되었다. 스탠디쉬 미참Standish Meacham은 경제적 불만들에 계급적 분열과 적대감이 더하여져 1차 대전 전 영국 사회에 전례없는 호전성이 나타났다고 주장했다.30) 또한 신디칼리스트 운동을 재평가해 보려는 홀튼Holton은 전전에 위기가 있었다는 대인저필드의 입장을 확인하면서 이런 연구자들의 입장이 반박받은 것은 그들의 생각이 잘못되어서가 아니라 이들이 충분히 자신들의 입장을 밝히지 못했기 때문이라는 주장을 폈다. 그는 또한 노동불안기의 신디칼리스트의 영향력에 대해서도 적극적으로 평가했다. 1911년에 발생한 여러 항만에서의 파업을 신디칼리스트들의 조직적인 노력의 결과로 간주하며,31) 노동불안기에 나타난 신디칼리스트의 활발한 활동도 전전까지로 확장시켰다. 그런 생각은 신디칼리즘을 노동불안기에만 활동한 사상이라는 인식을 넘어 1900년에서 1926년까지의 시기에 걸쳐 있는 사상으로 파악하게 한다.32) 특히 1912~14년간의 평가에 있어서는 힌튼 등이 주장하듯 이 시기에 신디칼리즘의 급속한 쇠퇴현상이 나타났다기보다는 그 반대로 강화현상이 나타났다고 주장한다. 산업신디칼리스트교육연맹ISEL의 붕괴에 대하여는 새로이 조직된 산업민주연맹Industrial Democracy League을 제시하여 신디칼리스트 운동의 연속성을 지적하며, 아울러 전전 『일간소식Daily Herald』지와 「일간소식연맹Daily Herald League」에서의 신디칼리스트의 활동을 강조하고 있다.33) 또한 산업불안 현상도 광산과 철도, 기계와 건설 등의 분야에서 지속되었음을 주장한다. 고용주 의회협의회EPC, 상공회의소 등이 위기를 의식하고 있었음도 지적한다. 신디칼리스트 이론에 대해서도 적극적인 평가를 내렸다. 즉 그는 신디칼리즘이 '무정형적'이거나, '무이론적'이거나, '일시적'이거나, '소시민적'이거나, '정치와 국가를 무시하는' 운동이었다는 평가를 거부한 것이다.34) 또한 신디칼리즘을 영국적 전통에 접맥시키려는 시도를 하면서, 신디칼리스트의 인기의 증거로 반反국가이론이 상당한 정도로 일반노동자들의 의견과 동조했음을 지적했다.35) 조 화이트Joe White도 힌튼Hinton의 주장은 런던 건설업의 경우에는 명백히 맞지 않으며, 남웨일즈의 경우에도 신디칼리스트의 영향이 급속히 사라진 것으로 보기 어렵다고 주장했다.36) 퍼킨Perkin도 1차 대전 전 에드워드시대에 위기가 존재했음을 주장하면서 그 위기는 복합적이긴 했으나 자본과 노동의 대립이 가장 핵심적인 것이었음을 지적한다.37) 프라이스Price도 한 관찰자의 평가를 들어 노동불안의 한 가운데에 신디칼리즘이 자리잡고 있었음을 지적하고 있다.38) 그는 공식 노조 지도부에 대한 노동자들의 공격과 신디칼리즘이 이데올로기적으로 연관이 되는 것으로 correlate 묘사하고 있다.39) 또한 이론적 진술의 시기적 폭을 전전에 한정시키지 않고 전후 갈라처W. Gallacher와 캄벨J. R. Campbell의 『직접행동』(1919)과 길드 사회주의Guild Socialism에까지 확대시키면서 이론적 무게에 대해서도 매우 적극적인 평가를 하고 있다.40) 그리고 조 화이트도 신디칼리즘에 대한 두 개의 큰 입장을 나누고 그것을 각기 최소주의와 최대주의적 견해로 규정해 볼 때 자신은 최대주의적 입장에 선다는 점을 밝히고 있다.41) 노동자들의 도전은 진정으로 산업의 현상태status quo에 대한 위협이었다고 보는 것이다. 크로닌J. E. Cronin도 신디칼리스트 이념의 영향력이 지나치게 낮게 평가되고 있음을 지적한다.42)

이와 같이 신디칼리스트 운동과 사상을 영국 역사에서 특이하고 발작적인 현상이라는 평가에서 구원해 보려는 시도와, 이를 반박하며 신디칼리스트 운동은 실재에 비해 크게 과장되었다는 주장이 병립하면서 시각은 나뉘어 있는 상황이다.

3. 프로토 신디칼리즘 혹은 신디칼리스트적 분위기

수정주의적 견해는 대개 실증적 자료를 주장의 근거로 제시한다. 무엇보다도 1910~14년간의 노동불안기의 노동운동을 조사한 연구자들은 신디칼리스트의 영향이 실재로는 미미했다는 조사결과를 내어 놓았다. 클레그Clegg의 조사는 이 기간의 많은 노사분규 중에 신디칼리스트의 영향을 받은 것은 몇 개 되지 않는다는 연구 결과를 내어 놓았다. 그는 1911~14년간에 발생한 4천 번의 파업을 조사하기는 불가능함으로 파업으로 상실한 7천만 일 중 5천 백만 일을 차지하는 14건의 중요한 분규를 조사함으로써

이 시기의 사건의 성격을 규명하려고 했다. 그런데 그는 이 중 오직 4건의 분규만이 신디칼리즘과 연관되었고, 그것도 리버풀 파업을 제외하고는 상대적으로 소수의 노동자만을 끌어들였을 뿐이라고 주장했다. 클레그는 신디칼리즘이 전전의 산업 갈등에서 상대적으로 미미한 요소였다는 점을 지적하면서 거의 모든 주요한 파업을 설명하는 것은 두 가지 요인이라고 주장했다. 그 첫 번째 요인은 노조 조직의 급속한 발전이었으며 두 번째 요인은 몇몇 고용주 집단들의 열악한 재정 상황이었다. 주로 광산 소유주들과 철도회사들의 재정 상황이 그러했다는 것이다.[43)]

데이비스P. Davis 역시 남웨일즈를 벗어난 광산에서는 신디칼리스트들에 대한 지지가 거의 없었다고 주장하고 있으며,[44)] 로이 처치Roy Church는 광산에서의 전투성이 파업노동자들에게 미친 영향의 정도는 1890년대의 그것이나 1901년에서 1914년 사이의 그것이나 크게 차이가 없다는 주장을 했다.[45)] 레이번Laybourn 역시 노동불안기의 광산 분규나 그 이전 25년간의 산업 분규나 별로 다를 바가 없다는 주장을 하면서 노조운동에 대한 신디칼리스트의 영향력은 미미했다고 결론짓는다.[46)]

19세기 후반 노사관계의 실체에 대하여 일반 노동자들의 운동을 적극적으로 평가하는 경향 자체를 비판하는 입장도 있다. 제이틀린Zeitlin은 '일반노동자주의rank and filism'를 비판하면서 노조의 지도자들이 노조의 일반 회원들보다 오히려 더 전투적이었다는 주장을 편다. 즉 '온건한 지도자와 호전적인 노조원들'이라는 양분법을 받아들일 수 없는 주장으로 간주하는 것이다.[47)] 그리고 노동자들은 '해방 아니면 수용'이라는 이분법적인 선택지에 직면하지 않았다는 것이다. 노동자들의 태도가 일반적으로 그러했다면 신디칼리스트 운동은 평범한 일반 노동자들과 따로 놀고 있었다는 말이 된다.

그러나 이러한 수정주의적 해석으로 신디칼리스트 운동의 영향이 분쇄되어 버린다고 볼 수는 없다. 왜냐하면 예컨대 클레그Clegg의 실증적 분석 같은 연구는 분명히 의미있는 분석이긴 하나 그것이 양적인 분석을 넘어서서 질적인 차원에서도 커다란 의미를 부여한다고 보기 어렵기 때문이다. 예컨대 클레그는 노동불안기에 신디칼리스트의 영향을 받은 파업은 소수의 경우에만 그러했다고 하나, 이 소수의 파업은 우선 거대한 파업들이었고, 더욱이 광산, 철도, 선박shipping, 부두dock 같이 경제의 기본 구조를 위협할 수 있는 핵심산업들에서 벌어졌던 것이다.[48]

예컨대 톰 만이 주도했던 리버풀 파업의 경우 이를 회고하는 사람들의 평가를 들여다보면, 그것은 다른 어떤 파업보다도 큰 영향을 미친 하나의 사건이었음을 알게 된다. 마가렛 포스트게이트Margaret Postgate는 그녀의 자서전에서 다음과 같이 회고했다.

> [그것은] 거의 소규모의 내전이었으며……청소하지 않은 거리에는 악취가 풍겼고……트럭에 쌓인 채소들은 에지 힐Edge Hill 역에서 썩어가고 있었다. 전차는 멈춰 있었고 깨진 병이 나뒹굴었다.……석간신문 특별판이 반시간마다 나왔고 미국인 여행객은 부두에서 짐을 나를 포터를 구하지 못한 채 트렁크에 앉아 있었다.[49]

필립 깁스Philip Gibbs는 저널리스트였는데 그의 자서전에서 리버풀 파업에 대해 '내가 영국에서 본 (사건 중) 가장 혁명에 가까이 다가간 것'으로 그리고 있다.[50]

이런 평가는 파업의 영향은 잃어버린 노동일만으로 평가될 수 없는 또 다른 차원을 지닌다는 점에 눈을 돌리게 한다. 그런 질적 차이를 중시해야 한다면, 신디칼리스트 운동의 영향은 총파업일수에서 신디칼리즘의 영향을 받은 파업의 일수가 차지하는 비율에 따라 결정될 사안이 아니다. 그 파업이 노동자들에게 미친 심리적 강도와 전체 노동운동의 방향에 미친 충격 등이 고려되어 파악되어야 할 것이다. 단 하루동안 지속된 파업이라 하더라도 그것은 노동운동에 결정적인 영향을 줄 수 있었다.

이런 점에서 신디칼리스트 운동에는 비공식적인 차원에서 작용한 사회운동의 측면이 있었다는 홀튼Holton의 주장에 귀를 기울일 부분이 있다.51) 마르셀 반 더 린덴Marcel van der Linden도 신디칼리즘에는 이데올로기적 차원보다 작업장과 조직의 수준이 중요하다는 점을 강조한다. 이런 차원에서 영국의 신디칼리스트 운동을 바라보면 신디칼리스트 운동은 이 운동에 내심 동조적이거나 여기에 끌려들어올 잠재성이 큰 노동자들의 폭넓은 지지를 받으면서 움직여 나간 측면이 발견된다.

아울러 노동불안기에 노동운동의 성격이 변화되었다는 점에 주목해야 한다. 산업조정관이었던 애스크위드G. Askwith는 1910년 파업을 분석하면서 강조점을 임금에서 다른 곳으로 옮기는 내용의 보고를 했다. 그는 "이상하게도 이러한 분규들에 직접 영향을 받은 노동자들 중 오직 20%만이 임금문제에 연루"되어 있음을 지적했다. 이 시기의 많은 파업들은 노조에 대한 인정을 받기 위해 또는 경영자들의 통제에 저항하기 위해 벌어진 투쟁이었던 것이다.52) 또한 상당한 수의 파업들은 고용주들과 노동조합지도자들에 의해 체결된 합의에 대해 일반노동자들이 반발하여 일어나는 양상을 띠었다. 애스크위드는 1912년 4월 14일의 보고서에서 노동운동 지도자들은 영향력을 상실했고 자신감도 잃었다고 하면서 그들은 그들이 졌던 책임을 지려 하지 않는다고 지적했다.53) 노동운동의 쟁점이 변화되고, 그것이 비공식 차원에서 일어나고 있으며 공격적인 성격을 띠었다는 점은 부인할 수 없으며 그것이 이전의 노동운동과 달라졌다는 점도 분명했다.

이런 변화는 로이드 조지에 의해서도 포착되었다. 로이드 조지는 '노동문제'의 원인에 대해 1912년 5월 8일의 의회토론에서 흥미있는 지적을 했다.

첫째는 임금의 문제이다. 둘째는 삶의 조건이 인간의 존엄성을 지키기에 적당하지 않다는 것이다. 셋째는 그들이 그들 자신의 정신을 가진 사람이 아니라 의문이나 불평없이 지시를 받아들여야 하는 사람으로 취급된다는 감정이다.……그러한 것들이 노동불안을 야기시킨 것들이다.[54]

노동불안기의 이러한 현상에 대해 코울G. D. H. Cole은 신디칼리즘과 연관하여 흥미로운 지적을 했다.

진정한 신디칼리즘에 대해 말한다면 영국에는 사실상 그것이 없다.……[그러나]그런 충동impulse에 대하여 말한다면 그것은 많이 있다.……노동불안은 사실이다.……그러나 그것은 불명확한 충동이상인 것이다. 그것은 방향과 단호함을 가지고 있고, 이 방향이 신디칼리스트적인 것이다.[55]

여기서 중요한 점은 코울이 노동불안기의 상황은 불명확한 **충동 이상의** 그 무엇을 지니고 있다는 점을 발견했다는 것이다. 즉 코울은 당시 영국에서 이전과 달리 분명히 무언가가 일어나고 있다는 점을 인지했다는 것이다.

이러한 경향을 후에 홀튼은 프로토 신디칼리즘proto-syndicalism이라고 불렀는데 이를 그는 '모호한 반란과 명확한 혁명적 행동 사이에 놓여 있는 **사회적 행위**'라고 규정했다.[56] 그리고 1911년 런던부두파업에서 틸렛Tillett이 "의회가 한 세기동안 한 것보다 지난 며칠 동안 파업이 이루어 놓은 것이 더 많다"고 말했을 때의 정서를 홀튼은 신디칼리스트 정서를 가진 징후로 간주했다.[57]

조셉 화이트도 신디칼리스트들을 일반노동자에게서 발생하는 본능적 견해와 감정들을 의식적으로 표현한 선구자로 간주하면서, 노동운동은 신디칼리스트들과 일반 노동자들 사이에서 공동의 전망을 가졌지만 단지 강약의 차이가 있는 형태로 진행되어 나갔음을 주장한다.58) 이런 주장은 노동자들의 본능적 견해와 신디칼리스트들의 의식적 이념이 함께 노동불안기의 상황을 만들어내었음을 지적하는 것이다. 여기서 노동불안기에 대다수의 노동자들이 신디칼리스트의 견해에 직접 동조하지 않았다 하더라도, 신디칼리스트의 주장은 노동자들의 정서와 조화를 이루었다는 주장이 가능해진다.59)

안쏘니 기든스Anthony Giddens의 '**실제적 의식**practical consciousness'이란 개념을 신디칼리즘에 원용해 볼 여지도 있다. 이것은 '행위자들이 사회생활의 과정 속에서 어떻게 해야 할 것인가에 대해, 그것들에 직접적인 추론적 표현discursive expression을 할 수 없더라도, 묵시적으로 알고 있는 것들'로 바로 작업장 수준과 조직의 수준이 함께 이 '실제적 의식'을 형성하는 것이다.60) 에드워드 톰슨Edward Thompson도 "**선원들은 그들의 바다를 알고 있다**"고 표현한 데서 '**실제적 의식**'과 같은 것이 있음을 드러낸 바 있다.61) 신디칼리즘이 이데올로기적 차원과 함께 작업장의 차원을 포함한다면62) 신디칼리스트 운동으로 이해될 수 있는 영역은 더 넓어질 것이다.

영J. D. Young도 이 시기의 노동운동을 '스스로 터져나온 불만untutored discontent'이라고 보고 있으며 노동자들은 반反자본주의적 감정을 드러내었다고 주장했다. 즉 노동자들이 명확한 이데올로기에 의해 움직이지 않았다 해도 자본주의에 대한 도전을 제기한 운동이었다는 점을 지적하는 것이다.63)

이 시기의 노동자들의 도전을 중간계급의 사회가치에 대한 도전이라고 볼 수 있다면, 즉 독립노동당이나 사회주의 일요학교에서 전달되는 부드러운 메시지, 검약과 절제를 강조하는 비국교도적 가치,64) 사회민주동맹 같은 사회주의단체의 엘리트주의적 태도들에 대한 도전이라고 본다면 노동불안기의 파업에서 신디칼리즘의 요소를 파악해 낼 여지는 보다 커질 수 있다.

역사 운동 속에서 그 운동의 이데올로기를 충분히 이해하는 사람들이 얼마나 참여했는지는 의문이다. 사람들 중에는 철저하게 이념의 노예가 되어 자신을 그 운동과 동일시한 사람도 있었을 것이고, 또한 멋모르고 대중심리에 끌려 참여한 사람들도 있었을 것이다. 그 중간에 어떤 이념과 정서적으로 조율이 된 상태에서 참여하는 사람들을 설정해 볼 수 있다. 홀튼의 '프로토 신디칼리스트proto-syndicalist'나 조셉 화이트의 '신디칼리스트적 분위기'는 그런 사람들을 설정해 놓고 볼 때 이해할 수 있게 되며, 그런 전제를 받아들인다면 신디칼리스트 운동은 보다 넓은 기반 위에 설 수 있게 될 것이다. 여기에다가 리차드 프라이스처럼 신디칼리즘을 지방주의적 전통이라는 노동자 담화의 연속성 속에서 파악하고 독립성이라는 노동자 정치전통 속에 위치시켜 볼 수 있다면,65) 신디칼리즘은 노동운동의 역사적 연속성이라는 지지대까지 확보할 수 있게 되는 것이다.

4. 사건을 통해서 본 프로토 신디칼리즘

사건을 따라 추적해 볼 수 있는 증거들도 신디칼리스트 운동의 무시할 수 없는 영향을 확인시켜 준다.

조셉 화이트에 따르면 철강, 면직업 등에서는 신디칼리스트의 영향력이 미약했다.66) 하지만 다른 산업에서는 신디칼리스트의 지도력이 뚜렷하게 드러난 경우들을 역시 찾아 볼 수 있다. 그러한 몇 몇 경우들로 글래스고우

Glasgow의 싱거Singer 재봉틀 공장에서의 파업과 더블린Dublin 운수노동자들의 파업을 들 수 있다. 전자는 미국기업이 영국의 경제에 침투해 들어온 보기라고 할 수 있는데 극단적인 노동분업을 실시하고 대개 여성들인 준숙련공들을 대거 고용하는 등 '제2차 산업혁명'의 축소판이었다고 할 수 있었다. 경영진은 싱거Singer에 노조가 들어서지 못하게 하려 했고 사회주의노동당SLP은 이러한 적대적인 환경에서 산별노조의 노선에 따라 조직을 만들어 나가기 시작했다. 신디칼리스트들은 1911년 초까지는 공장 안에서 일종의 거점을 만드는데 성공했다.67) 라킨Larkin과 코널리Connolly가 주도한 더블린Dublin 파업 역시 신디칼리스트들이 파업을 이끈 경우였다. 비록 지도부와 일반노동자들 사이의 이데올로기적인 간극은 컸고 5개월의 투쟁 끝에 파업은 실패로 끝이 났지만 노조는 붕괴되지 않았고 아일랜드 운수노동자연합the Irish Transport and General Workers' Union은 아일랜드공화국의 가장 큰 노조로 남게 되었다.68) 이 두 경우는 노동자들이 조직되지 않고 노동자들의 의식이 개발되지 않은 상태에서 신디칼리스트들이 파업을 이끈 경우였다.

이와 함께 일반노동자들에게 신디칼리스트의 영향력이 강하게 느껴진 경우들도 있었다. 1910년 9월 남웨일즈의 론다 계곡Rhondda Valley에서 발생해 1911년 8월까지 지속된 캄브리안 콤바인Cambrian Combine파업이 그것이었다.69) 토니팬디Tonypandy에서의 폭동으로 귀결되어 파업행위자의 사망으로 이어진 이 분규에서 신디칼리스트들은 파업의 경로를 사실상 처음부터 끝까지 만들어 나갔다.70) 이 지역에서는 대규모의 노동력 이동이 비국교도의 전통문화를 깨뜨렸으며, 플렙스Plebs연맹이 신디칼리스트 이념을 활발히 전파했다. 그런 점들이 상대적으로 조용했던 이 지역에서 전투적인 노동운동이 일어난 요인이 되었다.71) 남웨일즈에서의 투쟁의 모습을 힌튼

202

Hinton은 다음과 같이 기록하고 있는데 그 격렬성이 생생하게 느껴진다.

골짜기의 양쪽은 가파르고, 언덕 아래에는 좁은 길들로 나뉘어진 집들이 열을 지어 불규칙적으로 모여 있었다. 지역의 지형에 익숙해 있는 소요를 일으킨 사람들은……상대적으로 안전하고 주도권을 쥘 수 있는 자리를 확보하는데 아무런 어려움을 겪지 않았다.……돌과 함께 기타 여러 가지를 에이프런에 담아 나르는 부인들의 도움을 받아, 그들은 경찰들에게 툭 터진 거리에서 난폭하게 돌을 던졌다.……경찰들이 갓길을 올라갔을 때 몇몇 광부들은 침대방의 창문을 통해 공격을 계속하기 위해 집으로 후퇴했다. 결국 군중들은 총검을 장착한 군대에 의해 해산되었다.[72]

그렇게 영국 노동자들을 비판하던 레닌조차 "광부파업 이후 영국 노동자들은 더 이상 예전과 같지 않으며", 영국에서는 "사회세력의 균형에 변화가 일어났음을" 지적할 정도였다.[73] 광부들의 노동운동에서 신디칼리스트의 영향은 확대되어 나갔는데 그것은 남웨일즈 광부동맹의 집행위원회에 신디칼리스트 운동가들인 아블렛N. Ablett과 리즈N. Rees가 선출되는 것에서 확인할 수 있다.[74]

론다 계곡Rhondda valley의 파업은 아버대어 계곡Aberdare valley과 스완시 계곡Swansea valley에도 영향을 미쳤다. 파업에서는 전투적인 직접행동의 사례들이 나타났다. 파업파괴자들을 싣고 오는 기차들을 가로채어 그들을 다시 집으로 돌려보냈는가 하면, 그 지역에 살고 있는 파업파괴자들은 추방되거나 거리나 집에서 공격을 당했다. 'B'자나 'BL' 또는 'Scab' 같은 문자들이 대문에 쓰여졌다. 여자나 아이들이 창문을 깨뜨리기도 했다. 막장에 대한 공격도 가해졌다.[75]

토니팬디에서의 사건이 단순한 난동이 아니었다는 것은 다음과 같은 증거에 의해서이다. 이 사건은 르윈피아Llwynpia의 글래모건Glamorgan 광산에서 충돌이 일어나고 난 후 경찰에게 당한 파업노동자들이 그들의 분노와 좌절감을 마을 중심가의 상점을 약탈함으로써 드러낸 사건이었다. 그 결과 경찰과의 충돌이 이어졌고 여기서 사망사건이 발생했다. 그런데 상점의 약탈과정에서 그 상점들이 선별되었다는 점이 특이하다. 특히 파업노동자들에게 적대적인 치안판사였던 젱킨T. P. Jenkin의 직물상점의 경우가 흥미로웠다. 그는 '그들이 (파업노동자들) 훈제청어와 차만 먹고 살게 내버려 두라'는 식의 모욕적인 발언을 했던 것이다. 한 목격자에 따르면 파업노동자들은 젱킨의 가게를 선택하였으며 여기서 사람들은 천을 탈취하여 '흰 조끼와 모자'로 단장하고 행진을 했다는 것이다.76) 광산매니저의 집이 선택되기도 했다. 길포크 고크Gilfoch Goch의 브리타닉 Britannic광산의 매니저, 스완시 계곡Swansea valley에 있는 이스탈리페라 Ystalyfera의 광산매니저의 집들에 공격이 가해졌다. 그 과정에서 파업노동자 들은 파업을 막기 위해 선봉에 서 있는 경찰에 대한 인식을 새롭게 해 나가기도 했다. 토니팬디의 제시 클라크Jesse Clark는 다음과 같은 생각을 보여 주었다.

> 그들은 우리를 강타하려고 거기에 있었다.……누군가가 경찰은 시민이 나 노동자들을 위해 있다고 내게 말하려 했다. 그러나 그렇지 않다.……잭 런던Jack London이 그의 책 『철기시대*Iron Age, Iron Heel*(강철군화)』에서 말한 대로 그들은 돈이 있는 사람들을 위해 나와 있다.77)

그러나 목격자들의 회상에 따르면 시위자들은 개인들의 집에는 피해를 주지 않으려 노력했다는 점이 확인된다.78)

1911년 3월 세워진 비공식 개혁위원회URC는 론다 계곡에서의 파업이 보다 체계적인 지향점을 가지고 있다는 점을 보여 주었다. 여기서 나온

204

『광부들의 다음 단계*Miners' Next Step*』는 남웨일즈 광부파업에 하나의 초점을 제공했는데 그것은 분명히 신디칼리스트적인 대안을 보여 주고 있는 것이다.

그리고 이런 사건들 속에는 명시적으로 파악되는 신디칼리스트의 영향과 함께 프로토 신디칼리즘의 요소가 나란히 감지되었다. 남웨일즈 광부파업과 함께 1911년의 **헐파업, 리버풀 파업, 전국 철도파업, 런던 운수파업, 1912년의 전국 광부파업, 런던 부두파업** 등은 모두 프로토 신디칼리스트적인 경향이 나타난 사례로 간주할 수 있다.[79] 리버풀 파업 특히 노쓰 엔드North End에서 비공식적으로 나타난 직접행동의 모습이나,[80] 노동운동 지도자들이 신디칼리즘을 명시적으로 채택하지 않았다 해도 그들이 광범위한 연대를 받아들였던 사실에서[81] 신디칼리즘은 이미 작동하고 있었다고 할 수 있다. 1911년 런던 부두파업의 경우도 명백히 자발적이고 비공식적 파업의 성격을 띠고 있었으며,[82] 노동운동 지도자들이 통제력을 상실하고 겁에 질려 있는 것으로 보고된 헐Hull에서의 사건은 신디칼리스트의 직접적인 관여가 없었고, 노동자들이 권력을 혁명적으로 장악하려 하지 않았지만 강력한 '신디칼리스트적 분위기'를 보여준 전형적인 사건이었다.[83]

1912년의 런던 부두파업에서는 10만 명이나 되는 사람들이 이스트 엔드East End에서 센트럴 런던Central London까지 일련의 거대한monster 행진을 벌였다. 가장 폭력적인 사건은 상당수의 사람들이 권총을 들고서 벌인 파업노동자와 파업파괴자들 사이의 싸움이었다. 7월말에는 기선 콜롬보시City of Colombo호에서 총싸움이 벌어졌다. 빅토리아 부두에서만 사건이 벌어졌던 것이 아니다. 틸뷰리 부두Tilbury Docks 등지에서도 유사한 충돌이 일어났다. 거리와 펍에서는 파업파괴자들에게 물리적인 공격이 사회적 오스트라시즘Ostracism처럼 가해졌다.[84] 규율과 스케줄 조정에 대한 경영자

독재에 대항하여 버스승무원들이 차고에서 파업파괴자들과 벌인 게릴라식 투쟁에서도 프로토 신디칼리즘의 경향은 확인된다.85)

1913년과 1914년에 이르는 기간 동안에도 신디칼리즘의 영향은 기계, 건설, 철도, 운수, 광산 등의 영역에서 계속되었다. 모건K. O. Morgan은 남웨일즈의 전투적인 노동자들이 1914년까지 영국 신디칼리스트의 주류에서 이탈되었다고 주장했지만 홀튼은 그런 주장을 반박하고 있다. 특히 홀튼은 신디칼리즘이 이 기간 동안 『일간소식Daily Herald』지와 「일간소식연맹Daily Herald League」을 통해 활동의 폭을 넓혀 나갈 수 있었음을 지적하고 있다.86) 1차 국제신디칼리스트 대회를 영국에서 열기로 한 결정은 영국의 신디칼리스트 운동이 활발히 전개되고 있다는 점이 외부인들의 눈에 반영된 케이스라고 할 수 있을 것이다.87)

프로토 신디칼리스트적인 경향을 반영하는 하나의 척도로 노조지부들이 점차 전투적인 태도로 변해간 점을 지적할 수 있다. 1911년의 철도파업의 와중에서 철도원연합회ASRS의 지부들 중 100개 이상이 노동조합의 조정적 정책에 대해 강력하게 비판하는 입장으로 바뀌었다. 그러한 경향은 에딘버러 제1지부에서 1911년 8월에서 1912년 1월 사이에 나타난 순차적인 결정들에 반영되었다. 1911년 8월 27일의 "우리 지부는 합동집행위원회에 의해 이루어진 파업타결의 방식을 승인한다."에서 1911년 10월 22일에는 "우리는 집행위원회에 총서기의 사임을 요구한다.……그 이유는 그가 조직과 상의하지 않았기 때문이다."로 바뀌었다. 그 후 1911년 12월 17일에는 "우리 지부는 합동집행위원회가 철도회사와 완전히 무의미한 타결을 하면서 보여준 거만하고 무지하고 전제적인 행위에 놀랐다."는 입장을 밝혔던 것이다.88)

신디칼리즘의 영향을 부각시키기 위해 프로토 신디칼리즘이라는 다소 불명확한 개념을 채택한 것은 신디칼리즘에 대한 분명한 지지나 의사표명 없이 신디칼리즘에 동조적인 태도가 나타났음을 지적하기 위해서이다. 이런 경향 속에서 노동자들은 설사 산업통제에 대한 명확한 대안을 가지고 있지 않다 해도 더 이상 소위 "너희들 멋대로 하는 것을 그냥 보고 있을 수 없다"는 의식을 드러내었다. 임금과 노동시간 같은 부분만이 아니라 가축들처럼 줄을 서서 야만적인 방식으로 진행되는 검진에 대한 반발, 비번 중 술 취한 것이 문제가 된 엔진드라이버의 복직을 요구한 녹스Knox 파업, 상스런 말을 한 것으로 노동자를 체포한 경찰관의 정직을 요구한 파업, 노동자장례에 참석이 금지된 것에 대한 항의파업, 노동자협박을 거부한 것으로 해고된 매니저의 복직요구 등등 산업전반에서 벌어지는 독단과 전횡에 대한 항의가 제기된 것이다.[89] 신디칼리즘의 기본정신이 자발성과 자율에 있다는 점을 주지한다면 간섭과 통제에서 벗어나려 했던 노동자들의 경향은 신디칼리즘과 충분히 맥이 닿고 있었다고 보아야 할 것이다. 게다가 운동의 내용뿐만 아니라 운동이 터져 나오는 방식도 신디칼리즘과의 연결성을 보여주었다. 사회주의노동당SLP의 마테슨John Carstairs Matheson이 지적했듯이 '스스로 터져나온 불만untutored discontent'의 형식으로 노동운동이 불거져 나왔던 것이다.[90] 이런 점은 신디칼리즘의 반엘리트주의적 태도와 특히 잘 부합하고 있다.

5. 신디칼리스트 운동에 대한 평가

신디칼리스트 혹은 프로토 신디칼리스트적인 요소를 노동불안기의 파업에서 찾아 볼 수 있다는 점은 신디칼리즘이 노동운동에 큰 영향을 발휘했음을 확인시킨다. 하지만 신디칼리스트 운동을 평가절하할 수 있는 요인들이 여러 가지 있다. 그런 점들에 대해 살펴보기로 한다.

먼저 노동불안기의 저항이 다양한 내용들을 가지고 있다는 점을 지적해 볼 수 있다. 그러나 노동불안기의 저항의 이질적 요소들에 대하여 눈을 돌리는 것이 반드시 신디칼리스트 운동의 의미를 격하시킨다고 볼 수 없다. 노동불안기에 일어난 노동운동은 단일한 동기를 가지지 않았다는 점을 인정할 수 있으며, 노동자들의 파업동기도 신디칼리즘과는 무관한 것들이 있었다는 점을 당연히 인정하여야 할 것이다. 그러나 중요한 것은 그러한 운동에 하나의 초점을 제공한 세력이 누구였느냐 하는 것이다. 여러 이질적인 요소들 가운데서 신디칼리스트 운동의 역할은 단연코 두드러졌다고 생각된다. 왜냐하면 그만큼 위협적인 사상과 운동으로 많은 비판자들의 공격의 대상이 되었다는 점 자체가 이 운동에 당시의 사람들이 커다란 무게를 느끼고 있었다는 말이 되기 때문이다.

신디칼리즘이 노동운동을 장악하지 못했다는 사실도 신디칼리스트의 영향을 격하시키지는 않는다. 신디칼리스트의 활동이 파업을 야기하는데 직접 작용하지 않았다 해도 노동자들의 파업요구가 확대되어 나가는 과정에서 커다란 역할을 하였기 때문이다. 남웨일즈에서 파업은 임금지불문제로 일어났지만 신디칼리스트들은 이 파업을 최저임금을 요구하는 전국적인 운동으로 변화시켜 나가 최초의 전국 광부파업을 야기시켰다.[91]

또 대부분의 파업노동자들이 노동과정에 대한 통제를 위해 투쟁하기보다는 생계를 위해 투쟁하였다고 하는 주장[92] 역시 신디칼리스트의 영향을 배척할 수는 없다. 왜냐하면 우선 신디칼리스트 운동 안에 이미 실용적인 주장이 내포되어 있다는 점도 지적해야 할 중요한 사항이지만, 이런 주장은 이 시기의 노동운동에 가미된 새로운 성격을 완전히 무시하는 결점을 안고 있기 때문이다.

208

이 시기에 영국노동자들의 3/4이 노동조합주의자들이 아니었음을 지적하는 것도[93] 타당한 반론으로 볼 수 없다. 사회구성원들의 1/4이 운동에 관여했다면 그것은 결코 무시할 수 없는 성격의 운동이었다고 생각되기 때문이다. 오히려 그 정도 비율의 사람들이 운동을 벌였다면 한 사회에 충격을 주기에 그것은 충분한 정도의 역동성을 지녔을 것이라고 생각해야 할 것이다. 더욱이 혼란을 수습할 체계적인 제도가 개발되지 않은 상황이었다면 그 충격은 더욱 컸을 수도 있다.[94]

나아가 신디칼리스트 운동의 영향을 반드시 노동자통제의 가시적인 확대에서만 찾으려 하는 것도 타당하지 않다. 신디칼리스트 운동 자체가 실용적인 주장을 하는 측면을 지니고 있었고, 그들의 혁명이 역사변화에 대한 진화론적 입장에 포섭되어 있는 만큼 임금제의 폐지라는 신디칼리스트의 목적만을 기준으로 그 영향을 판별할 필요는 없다. 노동자들의 연대가 강화되어 가는 현상이 나타난 것으로 그 영향을 가늠해 보는 것도 한 방법이다. 노동자들의 연대라는 측면에서 신디칼리스트 운동의 성과를 살펴본다면 신디칼리스트 운동의 성과는 결코 적지 않은 것이다.

신디칼리즘이 1차 대전 후에 **노동자통제 이념**에 미친 영향은 매우 크다. 프라이스R. Price는 노동자통제의 이념은 1912~22년 사이에 광범위하게 퍼져나갔으며 사회화 개념에서 국유화에 도전하는 하나의 강력한 대안으로 제시되었음을 지적했다.[95] 영국 노동자들의 노동자통제에 대한 투쟁과정에서 만들어진 가장 중요한 문서이며, 영국에서 가장 강력한 노조에 의해 제안된 것으로 간주되는 1919년의 **상키**Sankey**보고서**에서 제시된 정부와 노조간의 권력배분 계획 같은 것도 넓은 의미에서는 신디칼리스트 운동의 영향 속에서 확인되는 것이다.[96] 상키Sankey위원회에서 광부동맹은 상세한 계획을 제출했는데, 이 계획에 따르면 산업은 20명의 광산협의회에 의해 통제되는데 10명은 광부동맹에 의해, 10명은 정부에 의해 지명된다. 의장은 광산장관이 될 것이다. 지역과 광산에는 지역광산회의가 있을 것이다. 여기서도 대표의 반은 광부동맹이 뽑을 것이다. 이것을 두고 비어M. Beer는 노동계급의 승리라고 규정했다. 여기서는 "석탄산업의 현재의 소유 및 노동제도는 비난받을 만하며, 그것이 국유화이든 아니면 국가 매입에 의한 통합방법이든 아니면 공동통제이든 간에 어떤 다른 제도가 이를 대체해야만 한다."는 주장이 제시되었다.97) 프라이스도 상키위원회에서 제시된 상세한 계획은 『광부들의 다음 단계』와 유사한 통제의 계획을 지녔으며 1922년 노동당의 프로그램으로 파고 들어갔음을 지적했다.98) 또 이 시기에 기계업 분야에서는 노동자통제에 대한 요구가 사실상 분명한 하나의 사실이 되어 있었다.

6. 맺음말

수사적인 문구와 선전들을 넘어서서 사회의 진정한 모습을 찾아내려는 노력이 중요하다는 점은 말할 필요도 없다. 그러므로 당대에는 신디칼리스트 운동에 대한 과장이 좌파와 우파 양쪽 모두로부터 나왔다는 점에 주의를 기울여야 할 것이다. 좌파는 허세에 차서 신디칼리스트의 영향을 과대평가했으며 우파는 위협에 놀라 신디칼리스트를 과대평가했을 가능성이 있다. 하지만 과대평가에만 주의를 기울일 것이 아니다. 과소평가에 대하여도 그에 못지 않은 주의를 기울여야 할 것이다. 당대의 주류 사회주의자들은 신디칼리스트를 깔보는 태도로 과소평가했으며, 시끄러운 시절을 보내고 난 후 지나간 시간을 편안하게 바라보는 사람들 역시 신디칼리스트 운동을 대수롭지 않았던 운동으로 간주하고 있다. 과대평가와 과소평가를 모두

경계하면서 신디칼리스트 운동에 접근한다면 우리는 어떤 지점에 도달할 수 있을까? 신디칼리스트 운동이 노동불안기 동안 노동운동의 헤게모니를 잡았다고 주장하기는 어려울지 모른다. 그러나 우리는 신디칼리스트 운동이 노동불안기에 영국 사회를 변화시킬 수 있는 잠재력을 지닌 운동이었다고 인정할 수 있다.

노동불안기 동안 전통적 방식에 입각한 노동운동은 단체교섭과 조정을 통해 노동자들의 불만을 걸러내는데 실패했다. 전통적인 노동운동의 실패를 받아들이지 않는 쪽에서는 이 시기에 좀 어수선하기는 했지만 새로운 노사관계의 틀이 만들어지고 있었다는 주장을 편다. 물론 이런 주장에도 기존 노사관계의 틀이 깨어져 나가고 있었다는 전제는 깔려 있다. 단체교섭과 조정이라는 노사관계의 큰 틀이 깨어지지 않은 지금의 시점에서 본다면 이런 주장은 타당하다고도 할 수 있을 것이다. 그러나 이런 주장은 어디까지나 현재의 편견에 기대고 있는 것이다. 당시의 상황에서 단체교섭이나 조정의 기구가 잘 작동했다면 노동불안이라는 용어 자체가 나오지 않았을 것이다. 그러므로 당대의 관점에서 본다면 노사관계에서 하나의 틀이 깨어지고 있었지만 새로운 틀이 나타나고 있다는 확신은 미약했다고 보는 것이 타당할 것이다.

신디칼리즘의 영향을 낮게 평가하려는 입장에서는 영국에서 나타난 신디칼리즘을 우발적 현상이라고 주장할는지 모른다. 그러나 그렇게 보는 것은 타당하지 않다고 생각된다. 번바움Birnbaum에 따르면 신디칼리스트 출현을 설명하는 중요한 요인의 하나는 국가와 지배계급 사이의 관계이다. 예를 들어 독일의 경우 국가는 자신을 귀족으로부터 분리시킬 수 없었다. 그 결과 국가와 지배계급은 융합되었으며 노동운동은 정치적, 경제적 권력을 단일한 권력으로 인식했고 그 결과 마르크스주의에 쉽게 수용되었다는 것이다. 그래서 "독일 사회주의는 그것이 정복하고자 했던 국가의 이미지를 그대로 본따 조직되었고, 국가만큼이나 중앙집권화되고 규율이 서 있었던 것이다." 반면 프랑스에서 국가는 시민사회를 정치적으로 지배하는 기구로 인식되었다. 그래서 지배는 먼저 정치적 차원에서 경험되었다. 이것이 프랑스에서 무정부주의 이론이 활발했던 상황을 설명했다. 그는 세 번째 노선으로 미국을 들었는데 여기서 지배는 주로 경제적 차원에서 경험되었다.[99] 이런 분류를 놓고 본다면 영국도 미국의 범주에 들어간다고 할 수 있으며 영국의 신디칼리즘이 나타나는 과정에서 미국의 산별노조운동이 가장 먼저 들어온 현상을 이해할 수 있다. 정치적 차원보다 경제적 차원에서 지배가 더욱 강하게 감지되었던 영국에서 산업 권력을 향한 도전이 제기된 것은 결코 우발적인 사건이라고 할 수 없다. 신디칼리즘의 출현이 우발적 현상이 아니라면 '노동자권력을 향한 운동'이 영국 사회주의 운동에서 존립할 수 있는 보다 합당한 근거를 가질 수 있다.

신디칼리즘의 영향은 당대에 위기감을 표출시킨 계층을 놓고 본다면 과장된 측면이 있었다고 볼 수 있다. 하지만 그 영향은 그 반대편에서 평가절하하듯이 미미하지도 않았다고 보아야 할 것이다. 만약 신디칼리즘을 19세기말의 반反합리주의적인 운동에 연결시켜 생각해 볼 수 있다면, 또는 검약과 절제를 통한 자기향상이라는 당시의 지배적 사회가치에 대해 노동계급이 도전한 운동이라는[100] 측면에서 볼 수 있다면 신디칼리즘은 보다 넓은 운동 속에 자리하게 되며, 그 영향은 보다 깊어질 수 있다.

하지만 보다 중요한 판별의 기준은 노동불안기의 노동운동을 어떻게 바라보느냐 하는 점에 있다. 신디칼리즘에 담긴 '자본주의 체제에 대한 근본적 비판 정신'을 중시한다면 노동운동에 대한 신디칼리즘의 영향을 강조하기는 어렵다. 왜냐하면 많은 노동자들이 노동불안기에 전투적인 태도를 보였다 해도, 그들이 자본주의의 뿌리깊은 문제를 깨달은 상태에서 경제제도를 고치자는 생각을 했던 것은 아니기 때문이다. 오직 소수만이 그런 의식을 가졌을 뿐이라고 보아야 할 것이다.101) 그러나 신디칼리즘을 엘리트주의에 대한 저항, 노동자생활의 실질적 개선, 노동자연대의 확보라는 차원에서 바라본다면 다수의 노동자들이 이런 태도를 가졌던 것으로 간주할 수 있을 것이다. 따라서 신디칼리즘의 영향은 결코 과소평가될 수 없다. 즉 비록 장기적 전망에 대한 인식이 결여되어 있었다 해도 신디칼리즘의 단기적 목적에 공감하는 가운데서 운동을 벌인 노동자가 많았던 만큼, 신디칼리즘은 노동불안기에 작동하고 있었던 것이다. 리버풀에서 이루어진 노동자들의 연대, 분파주의를 넘어선 거대 노동조합의 탄생, 임금인상과 노동시간 축소를 얻어낸 여러 직접행동의 성과들, 신디칼리스트의 노동자 통제 이념을 채택한 노동조합의 사례들이 신디칼리스트 운동의 영향을 명시적으로 확인시켜 주기 때문이다.

부록

러슬 Bertrand Arthur William Russell (1872~1970)
웹과 코울의 중간 세대에 해당하는 인물로 한때 페이비언 협회에서 활동했
다. 그는 1918년 『자유로의 길』에서 길드사회주의를 적극적으로 평가했다.
그는 사회주의를 국가사회주의, 무정부주의, 생디칼리즘으로 분류하여 설명
하는 과정에서 각각의 이념이 지닌 약점을 지적하였는데 그런 약점들이 극복
된 절충적인 사상으로 길드 사회주의를 지목했다. 그는 1915년 전국길드연
맹이 조직되었을 때 여기에 참여한 사람이기도 하다.

부록 1. 영국 노동불안기와 관련한 중요 인물들
(이름의 姓을 기준으로 해 한글 가나다 순)

토마스 힐 그린 Thomas Hill Green(1836~1882)

신자유주의New Liberalism 이론을 제시한 사상가이다. 요크셔Yorkshire에서 태어난 철학자로 럭비를 거쳐 옥스퍼드의 밸리올 칼리지에서 공부했다. 그는 1878년 옥스퍼드에서 도덕철학 교수가 되었다. 그는 당시에 널리 퍼져 있었던 효용주의Utilitarianism 사상가들의 물질주의와 경험주의를 비판함으로써 정치철학에 크게 기여했다. 그는 헤겔 사상에서처럼 국가는 공동의 선을 증진시켜야 할 의무가 있다는 주장을 했다. 그의 이상은 인간이 자기완성에 도달하는 것이었다. 이것은 사람들이 행동하는 시민으로서 그들의 잠재력을 자발적으로 발전시킬 수 있는 조건을 의미했다. 이러한 조건을 제공하는데 국가는 중요한 역할을 해야 했다. 그는 「자유입법과 계약의 자유」(1881)라는 글에서 고용주와 노동자 사이의 힘의 불평등은 노동 계약의 자유를 손상시키며, 노동자가 자기 완성을 성취하는 것을 막는다고 주장했다. 그린은 국가의 역할을 인정하였지만 일상적 삶의 문제를 위해 자치시와 시의회의 역할이 보다 중요하다고 생각했다. 그린은 매우 활동적인 학자였는데 정치와 사회문제에 적극적인 관심을 보여, 1865~1866년 교육에 관련된 왕립위원회의 활동에 참가하기도 했다.

제임스 라킨 James Larkin(1876~1947)

아일랜드의 노동조합 지도자이다. 라킨은 리버풀에서 출생했지만 어린 시절을 아일랜드에서 보냈다. 그는 9살이 되던 해 잉글랜드로 돌아와 부두노동자가 되었다. 17세에 독립노동당에 가입했으며 1906년에는 부두노동자 전국동맹NUDL의 조직책이 된다. 1907년부터 아일랜드의 벨파스트와 더블린 등으로 가서 부두노동자 전국동맹의 조직을 구성하는 작업을 했다. 그후 라킨은 독자적으로 아일랜드 운수 및 일반 노동자 동맹Irish Transport and General Workers' Union을 조직했다. 아일랜드 운수 및 일반 노동자 동맹은 정치적 프로그램도 가지고 있었는데 8시간 노동, 실업 문제 해결, 노령연금, 운하 철도 기타 운송수단의 국유화, 보통선거 등의 주장을 포함했다. 라킨은 기독교와 사회주의 사이에 아무런 모순이 없다고 믿는 기독교 사회주의자이기도 했으며 금주운동에 참여하기도 했다. 1911년에는 『아일랜드 노동자The Irish Worker』라는 잡지를 펴내기도 했는데 1911년 9월 판매부수가 10만 부에 육박하는 등 대단한 반향을 불러 일으켰다. 당시 더블린의 인구는 30만이었다. 1912년 제임스 라킨은 제임스 커널리와 함께 아일랜드 노동당Irish Labour Party을 창건했다. 1913년에는 더블린 총파업을 주도하기도 했다. 그는 1차 대전에 반대했다.

조지 란스베리 George Lansbury(1859~1940)

기독교사회주의자며 평화주의자이다. 그는 서포크Suffolk의 헤일즈워쓰Halesworth에서 노동자의 아들로 태어났다. 그의 집은 그가 9세 때에 런던의 이스트 엔드East End로 이사했다. 그의 집은 1884년 오스트레일리아로 이민을 갔지만 그곳의 환경에 실망하고 다시 영국으로 돌아왔다. 그는 이민에 대한 잘못된 선전에 분개하게 되는데 그의 정치의식은 이런 과정에서 시작되었다. 그는 사회운동에 관심을 가지게 되면서 처음에는 런던의 이스트 엔드에서 자유당원들과 어울렸다. 1889년에는 런던시의회에 자유당 후보로 출마하기도 했다. 이 시기에 그는 8시간 노동제를 관철시키려고 노력했지만 자유당의 지지를 얻는데 실패하면서 차츰 자유당에 대해 환멸을 갖게 되었다. 그 대신 그는 사회민주동맹과 접촉하면서 차츰 사회주의 정치에 관여하게 되었다. 1889년 부두파업을 지지하였으며 1892년에는 자유당을 탈당하고 이스트 엔드에서 사회민주동맹의 보우 및 브롬리Bow and Bromley 지부를 조직했다.

그는 무신론자였지만 1890년대에 필립 스노우든Philip Snowden 등의 영향을 받아 기독교 사회주의자가 되었으며 이후 케어 하디에게 기독교를 소개하는데 중요한 역할을 했다. 1892년에는 포플러 빈민원Poplar Workhouse의 빈민감독관Guardian이 되었는데 그는 빈민들에 대한 접근을 달리 했다. 그는 가혹한 조건이 빈민들을 자립하게 할 것이라는 생각에 반대해 빈민원을 개선하는 사업을 펼쳤으며 빈민들에게 채소재배농원market gardening 교육을 시키기도 했다.

1903년에는 독립노동당에 가입하였고, 1910년에는 런던의 노동자지구인 보우 및 브롬리Bow and Bromley 선거구에서 처음으로 의원에 당선되었다. 의회에서 그는 여성참정권 운동을 지지하였으며, 노동불안기에 발간된 톰 만의 『쏘지 마Don't Shoot』라는 파업진압에 동원된 군인들을 향해 쓰여진 소책자를 옹호하는 활동을 했다. 1912년에는 사회주의 신문인 『일간소식Daily Herald』을 발간하는데 일조했다.

1921년에는 포플러 구의회Poplar Borough Council(포플러는 해크니, 스텝니, 베쓰날 그린 등과 함께 이스트 엔드의 행정구 중 하나이다. 보움 및 브롬리는 포플러구에 속한 지역이다)의 다른 의원들과 함께 런던시의회London County

218

Council에 세 지급을 거부한 것으로 투옥되기도 했다. 이것은 포플러 세금 반란Poplar Rates Rebellion으로 알려져 있기도 한데, 그는 런던시의회의 지시에 반대하여 세금을 빈곤한 사람들에게 부조 형식으로 지급해 버렸다. 이 일로 인해 36명의 구의회 의원들이 6주 동안 구금되는 사태가 빚어졌다. 이러한 이유로 란스베리는 1924년 노동당 정부에서 배제되기도 했다. 1929년 2차 노동당내각이 성립되었을 때 그는 대규모 공공사업을 주도하는 일을 맡았다. 하이드 파크 안의 호수Serpentine에 야외수영장을 조성하기도 했다. 1931년 총선에서 아더 헨더슨을 비롯한 주요 노동당 인사들이 패배했지만 그는 보우-브롬리 선거구에서 당선되었고 다음해 의회에서 노동당 당수로 선출되었다. 1932년에서 1935년 동안 그는 노동당 당수로 활동했다. 하지만 평화주의에 대한 그의 과도한 집착은 1930년대 무솔리니가 아비시니아를 침공했을 때조차 제재를 가하는 것에 반대하는 결과를 낳았으며 결국 그의 사임으로 귀결되었다. 그의 뒤를 이어 애틀리Attlee가 노동당 당수로 선출되었다.

버트란드 아더 윌리엄 러슬 Bertrand Arthur William Russell, 3rd Earl Russell
(1872~1970)

러슬은 1872년 웨일즈 남동부의 트렐렉Trellech에서 출생했다. 그의 할아버지는 1831년 개혁법을 제안하고 두 번의 수상직을 맡았던 존 러슬John Russel경이었다.(1861년 그는 초대 러슬 백작이 되었다) 그는 부모를 일찍 여의고 할머니의 손에서 자랐다. 그는 케임브리지의 트리니티 칼리지Trinity College에서 수학과 철학을 수학한 후 이 대학의 펠로우로 뽑혔다. 그러나 1차 대전 동안의 평화주의 운동으로 인해 펠로우의 자격을 박탈당한다.

그는 1896년 『독일 사회민주주의German Social Democracy』를 출판하는 것으로 사회문제에 대한 활동을 시작했다. 1896년 런던경제대학에서 독일 사회민주주의를 가르치기도 했다. 그는 페이비언 사회주의에 관심을 가졌으며 웹부부에 의해 1902년 조직된 코이피션츠 식사모임 클럽Coefficients dining club(웹부부가 조직하여 만든 모임으로 사회개혁가들과 제국주의자들이 여기에 참석했는데 러슬을 포함하여 웰즈, 리차드 할대인, 에드워드 그레이, 레오폴드 막스, 알프레드 밀너 등이 여기에 참석했다. 1909년까지 존속했는데 러슬은 1903년 삼국협상에 반대해 이 모임에서 탈퇴했다.)에 참여하기도 했다.

러슬은 1차 대전 전 여성참정권 운동에 참여했다. 그는 1907년 '여성참정권을 위한 남성연맹Men's League for Women's Suffrage'에 가입했고 여성참정권 후보로 선거전에 뛰어들기도 했다. 1차 대전 중에는 페이비언 협회에서 알게 된 평화주의자 클리포드 알렌Clifford Allen과 함께 징집거부 운동을 하였으며 이로 인해 브릭스톤 형무소에 6개월간 구금되기도 했다.

1918년 풀려난 그는 1920년 영국정부 파견으로 도라 블랙Dora Black과 함께 공식적으로 소련을 방문했으며 여기서 레닌과 만나 장시간 대화를 하기도 했다. 러슬은 레닌에 대한 그의 인상이 다소 실망적이었다고 보고했다. 러슬은 초기에 러시아 공산주의 실험에 희망을 품었으나 러시아에서 실제로 일어나는 일을 관찰한 후 러시아 혁명에 대해 곧 실망하게 되었다. 그는 러시아에서 돌아온 후 『볼세비즘의 이론과 실천Practice and Theory of Bolshevism』(1919)에서 사랑과 아름다움에 대한 관심이 없는 러시아의 사회주의에 대해 비판했다. 그는 레닌이 자유에 대한 사랑이 없는 종교적 광신도와 비슷하다고 생각했다. 그는 1922년과 23년 첼시 선거구에서 노동당 후보로 출마하기도 했다. 그는 스탈린주의를 비판했을 뿐 아니라 마르크시즘을 교조주의 이론으로 배격했다. 그는 1차 대전 중 옥중에서 집필해 1918년 출판된『자유로의 길*Roads to Freedom*』(1918)에서 국가사회주의, 무정부주의, 생디칼리즘 등으로 사회주의를 분류하여 설명하면서 각각의 사상이 지닌 약점을 지적하였는데 이런 약점들을 보완할 수 있는 이상적인 사상으로 길드 사회주의를 지목한 바 있다.

1926년에는 두 명의 미국 무정부주의자를 구하려는-실패로 끝났지만-국제적인 운동에 연루되었다. 1932년 출판된『결혼과 도덕*Marriage and Morals*』에서 남녀 간의 자유로운 교제를 주장했는데(실제로 그의 두 번째 부인 도라는 다른 남자와 성관계를 가져 두 명의 아이를 낳기도 했다), 이로 인해 이후 그는 종교와 도덕의 적대자라는 이유로 뉴욕의 시티 칼리지에서 쫓겨나기도 했다. 그는 민주주의를 옹호하는 활동을 계속했으며 독일의 나치즘, 소련의 전체주의, 미국의 베트남 참전 등에 대해 비판했다. 1954년부터는 비핵화 운동에 참여했다. 그는 1955년 러슬-아인슈타인 성명을 발표하여 핵무기의 위험성에 대하여 경고했으며, 1970년에는 이스라엘의 중동침략을 비난하는 글을 발표하면서 이스라엘이 1967년 점령한 땅에서 철수할 것을 주장하기도 했다. 그는 4번 결혼하였다. 1931년 러슬 3대 백작이 되었으며 1950년에는 노벨 문학상을 받았다. 주요 저서로『독일 사회민주주의*German Social Democracy*』(1896),『전쟁 시기의 정의*Justice in War-time*』(1916),『자유로의 길*Roads to Freedom: Socialism, Anarchism, and Syndicalism*』(1918),『볼셰비즘의 이론과 실천*The Practice and Theory of Bolshevism*』(1920),『산업 문명의 전망*The Prospects of Industrial Civilization*』(1923),『자유와 조직*Freedom and Organization*』(1814~1914, 1934),『권위와 개인*Authority and the Individual*』(1949),『역사에 대한 이해와 기타 에세이들*Understanding History and Other Essays*』(1958),『자서전*The Autobiography of Bertrand Russell*』(1967~1969) 등이 있다.

데이빗 로이드 조지 David Lloyd George, 1st Earl Lloyd-George of Dwyfor
(1863~1945)

1916~1922년 동안 영국의 수상을 재임한 인물이다. 그는 웨일즈어를 하는 웨일즈인으로 맨체스터에서 태어났다. 그의 아버지는 교사였지만 일찍 사망했고 그는 웨일즈에서 자랐다. 그는 1884년 변호사 자격을 땄으며 1890년 웨일즈 북부의 카에나어폰 선거구Caernarfon Borough에 자유당으로 출마해 하원에 들어갔다. 이후 1945년 그가 백작 작위를 받을 때까지 의석을 잃지 않았다. 1890년대 초에는 아일랜드 국민당Irish National Party과 같은 정당을 웨일즈에서 만들려는 시도를 하였으나 곧 이러한 시도를 포기했다. 1899년 그는 급진적 자유주의의 지도자로서 명성을 얻게 되는데 그는 2차 보어전쟁에 대하여 분명하게 반대의사를 표명했다.

1906년 자유당의 승리로 시작된 캄벨 배너만Henry Campbell-Bannerman 내각에서는 상무성 의장President of the Board of Trade으로(1905~1908) 활동했으며 상선법Merchant Shipping Act, 특허법Patent Act 등을 주관했다. 특히 그는 철도노조의 총파업을 막기 위해 철도회사가 노조 대표들을 인정하도록 중재하는 노력을 폈다. 1908년 수상이 된 애스퀴쓰 하에서는 재무장관으로(1908~1915) 활동했는데 이때 그는 기득권층으로부터 격렬한 반대를 받게 된다. 그가 제안한 1909년의 인민예산People's Budget은 특히 커다란 논란을 야기했다. 의료보험과 실업보험과 같은 사회개혁 정책 및 해군력 증강은 토지세, 고율의 상속세, 3천 파운드 이상의 수입에 대한 수퍼택스Super Tax로 충당될 예정이었다. 상원은 이 예산을 부결했으며 귀족들의 격렬한 반대가 이어졌다. 1910년 두 번의 선거가 치러졌고 1911년 결국 의회법Parliament Act이 통과되어 상원의 권력은 축소되었다.

애스퀴쓰의 전시내각에서 로이드 조지는 군수장관minister of munitions으로 활동했다. 그러나 1916년 잠시 전쟁장관secretary for war을 맡은 후 애스퀴쓰의 지도노선에 환멸을 갖게 되었는데 이는 애스퀴쓰의 실각으로 이어졌다. 애스퀴쓰를 이어 연립내각의 수상이 되었지만 애스퀴쓰를 따라 자유당 각료가 대거 사직했으므로 연립내각에서 그는 보수당 각료들과 활동해야 했다. 그는 헤이그나 로버트슨 같은 장군들과 갈등을 빚었지만 1차 대전을 승리로 이끌었다. 즉각 그는 새로운 선거를 실시했으며(이 선거는 수상 로이드 조지와 보수당 당수 보나어 로가 후보들에게 신임장을 주었으므로 쿠폰 선거라고 불렀다.) 선거 결과 압도적으로 보수당이 다수인 연립내각이 수립되었다.

그는 전후 4백만의 제대군인을 다시 일터로 복귀시키는 과정에서 나타난 경제적 어려움을 안게 되었다. 아일랜드 문제는 계속 폭력사태를 야기했고 1921년에는 아일랜드 자유국Irish Free State의 수립으로 이어졌다. 1922년에는 보수당이 그의 지지를 철회했고 그 결과 사임하게 된다. 자유당은 애스퀴쓰와 로이드 조지가 이어서 지도자로 등장하면서 단결했지만 선거에서는 계속 패배했다. 그는 이후 다시 내각에 들어가지 못했다. 그는 복지국가의 기초를 놓은 위대한 급진 개혁가로 기억되고 있으며 1차 대전을 승리로 이끈 사람으로 기억되고 있다. 그럼에도 불구하고 그는 1916년 애스퀴쓰를 축출한 것으로 인해 계속하여 자유당원들의 불신을 받게 된 인물이기도 했다.

톰 만Tom Mann(1856~1941)

만은 잉글랜드 중부지방의 코벤트리Coventry 근교에서 광산 서기의 아들로 출생했다. 그는 6세에서 9세까지 학교 교육을 받았을 뿐 이후 곧 광산에서 일을 하기 시작했다. 1870년 광산이 폐쇄되자 버밍엄으로 이사를 갔으며 그는 여기서 엔지니어로서 7년간의 도제수업을 받았다. 그는 버밍엄에서 아니 베산트Annie Besant와 존 브라이트John Bright의 연설을 듣게 되는데 이것이 그의 정치의식을 각성시켰다. 이후 그는 사회주의자 및 노동조합지도자로 성장하게 된다. 도제수업이 끝난 만은 1877년 런던으로 옮겨 가게 되는데, 여기서 사회주의자였던 그의 십장 샘 메인웨어링Sam Mainwaring을 통해 윌리엄 모리스에 대해 알게 되었다. 그는 1884년부터 하인드만의 사회민주동맹the Social Democratic Federation에서 활동하게 된다. 그는 특히 8시간 노동제를 적극적으로 지지하는 활동을 폈다. 이 단체에서 그는 존 번즈John Burns와 헨리 하이드 챔피온Henry Hyde Champion을 만나게 되었다. 이들과 함께 1888년 『노동자 유권자Labour Elector』라는 잡지를 발간했다.

그는 1889년 런던 부두파업에서 존 번즈, 벤 틸렛 등과 함께 노동운동 지도자로서 명성을 얻게 된다. 런던 부두파업은 구세군Salvation Army과 노동자 교회Labour Church 및 오스트레일리아 노동조합 등의 도움으로 5주 만에 고용주의 양보를 끌어내며 종결되었다. 부두파업 이후 그는 일반노동자조합General Labourers' Union을 조직했고 2만 명이 가입한 이 기구의 초대 의장이 되었다. 아울러 틸렛과 함께 『신조합주의New Unionism』라는 소책자를 출간했는데 여기서 만은 협동조합공화국cooperative commonwealth의 이상을 주장했다. 이후 그는 1894년 독립노동당의 서기로 선출되었다. 1890년대에는 독립노동당의 후보로 세 번이나 의회에 진출하려 했으나 번번이 좌절되었다. 1898년에는 노동자연합the Workers' Union을 세운다.

1901년 만은 오스트레일리아로 건너갔다. 그는 멜버른에 정착해 노조에서 활동하면서 오스트레일리아 노동당과 오스트레일리아 사회당을 조직했다. 그러나 그는 선거에서의 의석 획득에만 관심을 가진 부패한 정당에 곧 환멸을 갖게 되었다. 그는 여기서 빅토리아 사회당the Victorian Socialist

Party을 새로이 조직하였다. 그는 1910년 영국으로 돌아오게 되는데 귀국 후 곧 산업신디칼리스트교육연맹the Industrialial Syndicalist Education League을 조직하고 잡지 『산업신디칼리스트*The Industrial Syndicalist*』를 발간하면서 신디칼리스트 운동의 지도자로 부상한다. 그는 노동불안기Labour Unrest 에 발생한 1911년의 리버풀 운수노동자 총파업을 72일 동안 성공적으로 이끌었다. 그는 1차 대전에 대해서는 이념적, 종교적 이유를 근거로 하여 반대하였으며 평화주의를 주창했다. 1916년 그는 영국사회당the British Socialist Party에 가입했으며 1919년에는 연합기사동맹the Amalgamated Engineering Union 의 첫 번째 서기가 되었다. 전간기에 그는 공산당의 지도적 인물이었다. 다른 사람들과는 달리 그는 결코 노동계급의 정체성을 상실하지 않았으며 노년에도 보수주의로 빠져 들지 않았다.

윌리엄 헨리 메인웨어링 William Henry Mainwaring(1884~1971)

메인웨어링은 스완시에서 태어났다. 그는 남웨일즈의 탄광지역 노동자가 된 후 중앙노동학교에서 공부를 하게 되었다. 2년간의 공부를 마치고 탄광에 복귀했지만 1919년에는 이 학교의 경제학 강사로 학생들을 가르치게 된다. 1924년 영국 광부동맹의 서기직 선출에서는 A. J. 쿡에게 근소한 차로 패배했지만 그는 쿡을 이어 론다 지역의 광부 대표로 지명되었다. 1933년 론다 동부 지역구 선거에서 노동당 후보로 나서서 당선된 후에는 의회에서의 활동을 시작했다. 그는 1936년 11월 남웨일즈에서 웨스터민스터까지 이어진 실업자들의 행진을 조직하기도 했다. 그는 노동조합주의자며 정치가로서 열정적으로 활동했으며 대체로 공산주의의 영향을 성공적으로 막은 사람으로 평가된다.

윌리엄 모리스 William Morris(1834~1896)

건축가, 디자이너, 시인, 미술가, 장인, 사회주의자였던 윌리엄 모리스는 런던 북부의 월탐스타우Walthamstow에서 어음중개인의 아들로 태어났다. 그는 말버러Marlborough School를 거친 후 옥스퍼드의 엑시터 칼리지Exeter College에서 교육받았다. 그는 처음에 성직으로 나갈 생각이었으나 마음을 바꾸어 건축을 공부한 후 로제티Dante Gabriel Rossetti의 영향아래 미술가가 되었다. 그는 곧 회화에 이렇다 할 소질을 가지고 있지 않지만 디자인에는 소질을 가지고 있음을 깨달았다. 그는 1861년 회사를 창건해 벽지와 스태인드 글라스 등을 제작하기 시작했다. 그는 영국 디자인의 수준을 한 단계 높였으며 켈름스코트 출판사Kelmscott Press를 통해 서적 디자인과 인쇄문화에서도 비슷한 영향을 미쳤다.

그와 그의 딸 메이May는 마르크스의 딸인 엘레아노 마르크스와 엥겔스 등과 직접 접촉하면서 활동을 한 영국 최초의 사회주의자들이었다. 1870년대에 모리스는 정치에 관심을 가지게 되었다. 1881년에는 사회민주동맹이 영국에서 결성되었는데 1883년 그가 옥스퍼드의 엑시터 칼리지의 명예 펠로우로 선출되자마자 그는 사회민주동맹에 가입했다. 이때부터 2년 동안 그는 문학과 예술을 젖혀 두고 사회주의 사상에 몰두했다. 1883년에는 그가 대학 강당에서 옥스퍼드의 대학생들을 상대로 하여 사회주의를 옹호하는 연설을 해서 당국을 놀라게 했다. 사회민주동맹 내에서의 분열로 인해 1884년 모리스는 사회민주동맹을 탈퇴해 사회주의연맹을 조직했다. 1885년에는 기관지 『공공복지Commonweal』가 창간되어 그의 글을 싣기 시작했다. 그러나 분열은 계속되었고 1886년 트라팔가 소요 사태 이후에는 무정부주의 사상과 관련하여 그의 사상에 대해 비판이 쏟아지기 시작했다. 1889년 그는 『공공복지』의 운영에서 멀어지게 되었고 점차 운동에서 영향력을 상실하게 되었다. 사회주의연맹에서 영향력을 상실하면서 그는 켈름스코트 출판사의 활동에 몰두하게 된다. 그러나 그의 사상은 계속 영향을 미쳤는데 그의 후기 저작들 중 상당수는 반산업주의 경향을 띠었다. 여기서 그는 장인정신을 높이 평가하며 생산이 산업사회 이전의 생산 방식으로 돌아갈 것을 제안하고 있다.

사회주의와 관련된 그의 주요 저작으로는 1381년 영국 농민소요를 다룬 『존 볼의 꿈*A Dream of John Ball*』(1888 : 원래는 『공공복지』에 1886년부터 1887년에 걸쳐 연재된 글이었다)과, 주인공이 사회주의연맹의 모임에서 돌아와 잠들었다가 깨어난 후 만나게 되는 미래의 처음 보는 마을의 모습을 그린 『낯선 곳으로부터의 편지*News from Nowhere*』(1890)가 있다. 여기서 주인공 윌리엄 게스트는 대도시들, 권력, 법정, 감옥 등이 존재하지 않는 이상적인 사회를 묘사하고 있다. 이 책은 벨아미Bellamy의 『과거를 돌아보며 *Looking Backward*』(1888)에 대한 응답으로 쓰여진 책이었다. 모리스는 벨아미의 사회주의를 좋아하지 않았다. 모리스는 산업혁명과 기계에 대한 선호, 도시적 삶, 강력한 국가를 통한 문제해결 등을 싫어했다. 그는 장인 기술에 의해 만들어진 생산물, 개성적이고 창조적인 노동, 목가적 삶, 작은 단위의 공동 사회를 선호했다. 이 책에서 모리스는 사회주의 사회에서 일어나는 노동에 대하여 쓰고 있는데 그가 구상한 노동은 창조적이며 즐거운 노동이었다. 즉 노동과 예술과 삶은 분리되지 않았다.

존 번즈 John Burns(1858~1941)

노동조합주의자며, 자유-노동주의Lib-Labism의 지지자며, 탁월한 연설가로 하원의원과 각료직을 수행했다. 번즈는 런던 남부의 복스홀Vauxhall에서 기계공engineer의 아들로 태어났다. 그는 10살이 될 때까지 초등학교에

다니다가 양초공장에서 급사 일을 하기 시작한다. 14살이 되었을 때부터 7년간의 기계공 도제생활을 하게 되었다. 그는 야학을 다니며 공부를 계속하고 폭넓게 독서를 했는데 이 과정에서 페인, 오웬, 밀, 코벳 등의 책을 접하게 되었다. 한 프랑스 동료노동자가 그를 사회주의에 대해 소개했는데 그는 사회주의에 반대하는 밀의 논지가 충분하지 않다고 생각해 사회주의를 받아들였다. 그는 연설 연습을 하기 시작했고, 1878년에는 클랩함 공원에서 야외 연설을 한 것으로 체포되기도 했다. 그는 1879년에는 연합 기계공 협회Amalgamated Society of Engineers에 가입했다. 1881년에는 사회민주동맹의 바터지Battersea 지부를 조직했다. 그는 1년 동안 서아프리카 지역에서 기계공 십장으로 일하기도 했는데 아프리카 노동자들의 비참한 모습에 경악했다. 그는 사회주의가 인종과 계급의 차별을 없앨 수 있다는 생각을 가지게 되었다. 이후 그는 여기서 번 돈으로 6개월 동안 프랑스, 독일, 오스트리아를 돌아보며 각 나라의 정치 경제 상황을 살펴보았다.

영국으로 돌아온 번즈는 1884년 사회민주동맹의 집행부에 선출되었고 호전적인 사회주의자로서 명성을 얻게 되었다. 1885년에는 선거전에 나갔으나 실패했다. 이듬해인 1886년 실업에 항의하는 가두 집회에 나갔으나 이 행사는 웨스트 엔드의 칼톤 클럽Carlton Club(1832년 토리귀족들이 세운 클럽으로 이후 보수당의 정책을 조율하는 기구로 기능했다)을 비롯한 여러 클럽들의 창문을 다 깨뜨리는 결과를 낳았고 그는 체포되었다. 1887년 11월에는 트라팔가 광장에서 벌어진 집회에서 경찰의 해산 요구를 거부한 것으로 다시 체포되었다. 그는 1889년 8월 런던부두파업에서 톰 만, 벤 틸렛 등과 함께 신조합주의 노동운동의 지도자로서 부두노동자들의 파업을 성공적으로 이끌었다. 1889년 바터지 노동자들의 후원 속에서 그는 런던시의회의 의원으로 당선되었다. 그는 시의회 의원으로 활동하면서

라치미어 주택단지로 불린Latchmere Estate 최초의 자치시 임대주택을 건설하는 노력을 했다.

1892년 선거에서 그는 런던의 바터지Battersea에서 하원의원으로 당선되었고 의원직을 1918년까지 유지했다. 그의 정치적 입장은 이 기간 동안 바뀌었는데 그는 마르크시즘과 결별하였으며 그 대신 자유당 안에서 노동계급의 이익을 추구하는 입장을 가지게 되었다. 케어 하디가 노동계급을 대변하는 독립적인 정당을 만들 것을 주장한 반면 번즈는 자유당을 통해 노동계급의 이익을 대변하려고 했다. 1905년에는 캄벨 배너만이 그를 각료로 입각시켰는데 그는 노동계급으로서는 브로드허스트Henry Broadhurst를 이어 두 번째로 장관직을 맡는 사람이 되었다. 하지만 연 5천 파운드의 급여를 받는 의원이 된 후 빈민들에게 원외부조를 해서는 안 된다는 입장을 표명해 동료 노동운동가로부터 격렬한 비판을 받기도 했다. 번즈는 1914년 전쟁에 반대하여 각료직을 사임했고 1918년 의회에서도 물러났다.

버나드 보상케 Bernard Bosanquet(1848~1923)

신자유주의 이론을 제시한 사상가로 정치 사회 철학에서 중요한 영향을 미친 영국의 철학자며 정치 이론가이다. 그린T. H. Green과 함께 그의 사상은 자유주의가 자유방임주의와는 달리 집단주의Collectivism적 요소를 가질 수 있는 근거를 제공했다. 그의 연구는 버트란드 러슬과 존 듀이 등에 영향을 미쳤다. 그는 해로우Harrow School를 거쳐 옥스퍼드의 밸리올 칼리지Balliol College에서 교육을 받았다. 그의 학업성적은 뛰어났으며 졸업하며 옥스퍼드 대학칼리지University College의 연구원Fellow 자리를 제안받았다. 그는 그의 아버지가 죽은 뒤 1881년 런던으로 옮겼는데 여기서 그는 성인교육과 사회운동에 관여하게 되었다. 그는 런던 윤리협회London Ethical Society와

자선협회Charity Organization Society의 회원이 되었다. 보상케는 영국에서 신헤
겔주의 철학운동의 지도자들 중 한 사람이었다. 그는 고대 철학자 플라톤과
아리스토텔레스에 크게 영향을 받았으며 독일 철학자 헤겔에게서 역시
큰 영향을 받았다. 대학에서는 에드워드 케어드Edward Caird와 그린T. H.
Green의 영향을 크게 받았다.

그의 주요 저작 가운데는 『국가에 대한 철학 이론*The Phiolsophical Theory
of the State*』(1899)이 있다. 그의 정치이론은 벤담이나 밀의 효용주의에
대한 응답으로 쓰여진 것이었는데, 비록 그의 사상이 자유주의 전통 위에
놓여 있다 해도 그는 자유주의의 중요한 가정을 특히 개인주의에 대한
공약을 버릴 것을 주장했다. 헤겔은 『백과사전』 95장에서 "유한자의 이상적
성격the ideality of the finite"에 대해 기술했는데 이 구절은 "유한한 것은 실제적
이지 않다"고 해석되었다. 왜냐하면 이상적인 것은 실제적인 것의 반대로
해석되었기 때문이다. 보상케는 헤겔의 추종자였고 보상케의 이상주의의
핵심은 모든 유한한 존재는 필연적으로 자신을 초월하여 다른 존재를
지향하고 결국 전체에 도달하게 된다는 것이었다. 그는 자신의 책 『국가에
대한 철학 이론』에서 유한한 개인이 그가 살고 있는 국가(전체)와 가지는
관계에 대해 기술했다. 여기서 그는 국가가 진정한 개인이며 여기에 비교하
면 개인은 실제적이지 않다고 주장했다. 그러나 보상케는 국가가 개인들에
게 사회주의적 통제를 부과할 권리를 가진다고는 생각하지 않았다. 그는
법이 공동의 선을 증진시키는데 필요하다고 보기는 했지만 법이 사람을
선하게 만들지는 않는다고 보았다. 사회 발전은 사람들의 자발적 행위에
의해 실현될 수 있었다. 그가 자선협회에서 활동한 것은 그의 이런 생각과
무관하지 않다. 하지만 국가의 역할을 적극적으로 평가한 보상케에 대해
비판자들은 보상케가 개인의 가치를 손상시킨다고 공격하기도 했다. 보상

230

케는 논리학, 형이상학, 미학, 정치학 등 광범위한 주제들에 대해 저작을
남겼다.

제임스 섹스턴 James Sexton(1856~1938)

영국의 노동조합 지도자이며 정치가이다. 섹스턴은 뉴카슬 어폰 타인
Newcastle upon Tyne에서 태어났지만 곧 랭카셔의 세인트 헬렌스St. Helens로
이사를 가 여기서 성장했다. 그는 여러 직업을 전전하다 리버풀의 부두노동
자가 되었다. 그는 1889년 부두노동자 전국동맹National Union of Dock Labourers
에 가입했고 제임스 라킨과 경쟁한 끝에 1993년 서기로 선출되었다. 그는
독립노동당의 창건자이기도 했으며 이후 노동당에 가입해 활동했다. 1918
년부터 1931년까지 세인트 헬렌스의 노동당 의원직을 유지했다. 1931년
기사 작위를 받았다.

조지 버나드 쇼 George Bernard Shaw(1856~1950)

쇼는 1856년 아일랜드의 더블린에서 몰락한 귀족집안이었던 제분업자
조지 카 쇼George Carr Shaw의 1남 2녀 중 막내로 태어났다. 알콜중독자였던
아버지를 둔 탓에 그는 대학교육은 받지 못했다. 페이비언 협회의 다른
주요 인물인 시드니 웹, 그래엄 왈라스, 시드니 올리비에와 비교해 본다면
그만 유일하게 대학을 나오지 못한 셈이다. 쇼는 더블린의 부동산 사무소에
서 잠시 일한 뒤 1876년 런던으로 이사했다. 그는 영국 박물관의 도서관에서
공부하면서 사회주의와 조우하게 된다. 그는 1882년 헨리 조지의 토지
국유화론에 영향을 받아 토지의 사적 소유를 비판하며 토지와 자원의
공정한 분배를 주장했다. 이로 인해 쇼는 사회민주동맹과 연관되었고,
사회민주동맹의 리더였던 하인드만은 쇼에게 칼 마르크스의 저작을 소개

했다. 그러나 그는 칼 마르크스의 이론에 끌리지 않았으며, 점진적 개혁을 주장하는 페이비언 협회에 끌렸다.

쇼는 1884년 5월 페이비언 협회에 가입한 이후 시드니 웹, 그래엄 왈라스 등과 페이비언 사회주의의 이론 형성에 중요한 역할을 하게 된다. 그는 혁명적 방법이 아닌 점진적이고 평화적인 방법에 의한 사회개혁이라는 방법론을 제시하였다. 활동적인 페이비언이었으며 많은 연설을 하고 다양한 소책자를 출간했다. 『페이비언 성명서*The Fabian Manifesto*』(1884), 『진정한 급진 계획*The True Radical Programme*』(1887), 『페이비언 선거 성명서*Fabian Election Manifesto*』(1892), 『불가능한 무정부주의*The Impossibilities of Anarchism*』(1893), 『페이비어니즘과 제국*Fabianism and the Empire*』(1900), 『백만장자를 위한 사회주의*Socialism for Millionaires*』(1901) 같은 책들이 좋은 예다. 그는 소책자뿐만 아니라 페이비언 사회주의를 설명하고 알리는 저서도 펴냈는데, 『지적인 여성을 위한 사회주의와 자본주의에 대한 안내서*The Intelligent Woman's Guide to Socialism and Capitalism*』(1928)는 그의 생각이 잘 담겨있는 책이다. 아울러 그는 정치적 주제를 담고 있는 희곡들도 다수 출판했는데 대표적인 작품으로 『범인과 초인*Man and Superman*』(1902), 『존 불의 다른 섬*John Bull's Other Island*』(1904), 『소령 바바라*Major Barbara*』(1905) 같은 작품들이 있다. 극작가로서의 그의 활동은 1925년 그에게 노벨 문학상을 안겨주었다.

그는 『새로운 시대*The New Age*』라는 사회주의 잡지를 창건하는데 기금을 제공했고 독립노동당과 노동당 창건에도 관여했다. 그는 1895년 웹부부 및 왈라스와 함께 헨리 헌트 허친슨이 페이비언 협회에 기부한 2만 파운드의 기금으로 런던경제대학을 세우기도 했다. 런던경제대학에는 그를 기념하는 쇼 도서관이 있으며 여기에는 그가 디자인한 페이비언 창문이 걸려 있다. 그는 94세의 나이로 사망했다.

윌 쏜 Will Thorne(1857~1946)

쏜은 버밍엄의 호클리Hockley에서 벽돌공의 아들로 태어났다. 쏜의 아버지는 쏜의 나이 7세 때 사망했다. 쏜은 6세 때부터 노동하기 시작했는데 아침 6시에서 저녁 6시까지 바퀴 돌리는 일을 했다. 쏜의 가족은 부조금에 의지했고 쏜의 어머니와 세 자매는 바느질을 하면서 하루 종일 노동해야 했다. 쏜은 그의 삼촌과 함께 벽돌 작업을 하기 시작했는데 그의 나이 9세 때 그는 아침 4시에 일어나 4마일을 걸어가 하루의 노동을 시작했다. 쏜은 22세에 결혼했는데 그도 그의 부인도 문맹이라 결혼 서약서에 자신의 이름을 쓰지 못했다.

쏜은 1882년 런던으로 옮겨갔는데 여기서 가스노동자로서 일하기 시작했다. 쏜은 사회민주동맹Social Democratic Federation에 가입했고 곧 캐닝 타운 Canning Town 지부 서기가 되었다. 그는 마르크스의 딸인 엘리아노 마르크스의 도움으로 글을 익히게 되었고, 1889년에는 2만 명의 회원을 가지게 되는 전국 가스노동자 노조National Gasworkers' Union를 결성한 후 총서기가 되었다. 전국 가스노동자 노조는 신조합주의 운동에서 중요한 역할을 맡았던 노조 중 하나였다. 그는 노조 결성 후 12시간 노동제에서 8시간 노동제로의 변화를 이끌어내는 협상을 성공시키기도 했다. 아울러 쏜은 1889년 런던 부두 파업을 조직하는데도 일조했다.

쏜의 가스노조를 약화시키려는 노력은 사우쓰 메트로폴리탄 가스회사가 이윤배분제를 도입하려는 시도에서 나타났고, 1890년 파업에서는 리즈 가스회사가 노조원들을 해고시키는 사태가 발생했다. 그의 노조원 복직을 위한 노력은 엥겔스에게 깊은 인상을 심어 주었다.

그는 1906년 총선에서 런던의 웨스트 햄West Ham에서 출마해 당선되었다. 그의 동료들과는 달리 그는 1차 대전에 영국이 참전하는 것을 지지했다. 그는 1918년 런던의 플레스타우Plaistow에서 노동당 의원으로 의석을 얻었으며 1945년 총선에서 은퇴할 때까지 이 의석을 보유했다.

노아 아블렛 Noah Ablett(1883~1935)

그는 남웨일즈 론다Rhondda의 포쓰Porth에서 태어났다. 그는 광부로서 중앙노동학교Central Labour College에서 공부를 했고 이후 남웨일즈에서 플렙스연맹을 조직했다. 1911년 1월에는 남웨일즈 광부동맹의 집행위원회에 선출되었으며 이후 영국광부동맹의 집행위원회에도 선출되었다. 1918년에는 머서 티드필Merthyr Tydfil의 광부 대리인으로 선출되었으며 사망시까지 그는 이 자리를 유지했다.

아블렛은 윌리엄 아브라함과 같은 구 노동조합 지도자들에 대해 반대했다. 그 결과 수많은 작은 지역 노조들 대신 하나의 단일한 남웨일즈 광부연합이 탄생했다. 그리고 1875년부터 1903년까지 존속하며 광부들의 임금을 통제했던 슬라이딩 스케일 제도를 폐지했다. 아블렛은 단순히 임금인상을 위한 노동운동에서 나아가 신디칼리즘에 기초한 노동운동을 추구했다.

1910년 10월부터 시작되어 1911년 9월까지 지속된 캄브리안 콤바인 파업에서 아블렛은 노동조합이 고용주의 조건을 받아들이라는 제안을 거부하면서 쿡A. J. Cook 등과 비공식위원회를 조직했다. 그리고 여기서 『광부들의 다음 단계The Miners' Next Step』라는 신디칼리즘 사상을 담은 중요한 책자를 만들어 냈다. 여기서 그는 거대한 산별 노조를 세울 것과 산업의 노동자 통제를 주장했다.

234

알프레드 리차드 오라지 Alfred Richard Orage(1873~1934)

오라지는 요크셔 웨스트라이딩West Riding의 해로게이트Harrogate에서 가까운 다크르Dacre에서 출생했다. 그는 비국교도nonconformist 가정에서 자랐으며 성장해 학교 교사가 된 후 독립노동당에 가입했다. 그는 독립노동당 기관지에 철학에 관한 글을 기고했는데 특히 플라톤과 에드워드 카펜터Edward Carpenter의 사상에 관심이 컸다. 1890년대 후반까지 그는 기존의 사회주의에 환멸을 갖게 되었다. 그리고 잠시 신지학theosophy에 관심을 돌렸다. 1900년 그는 홀브룩 잭슨을 리즈의 한 서점에서 만났는데, 이를 계기로 그는 잭슨과 함께 리즈 예술 클럽Leeds Arts Club을 조직하게 된다. 이 조직은 버나드 쇼, 헨릭 입센, 니체 등을 포함해 급진적 사상가들의 작품들을 전파할 의도를 가지고 있었다. 이 기간 동안 그는 사회주의 강령에 관심을 갖게 되며 카펜터의 사회주의를 니체의 사상 및 신지학과 연결시키려고 했다. 그는 리즈 예술 클럽의 동료였던 아더 펜티와 함께 1906년 런던으로 거처를 옮긴 후, 윌리엄 모리스가 묘사한 방식의 길드체제를 회복시킬 연맹을 결성하기로 결심했다. 이 계획은 실패로 돌아갔지만 그는 홀브룩 잭슨과 함께 1907년 주간지 『새로운 시대*New Age*』를 매입하게 된다. 이 잡지에는 정치, 문학, 예술 등을 논의하는 글이 실렸다. 이 잡지는 의회정치에 대해 비판하는 글을 신기 시작했으며 오라지는 유토피아주의에 대한 필요성을 제기했다. 그는 노동조합 지도부에 대해서도 비판을 가했다. 그는 한편으로 신디칼리즘Syndicalism에 대한 지지를 표명하면서 신디칼리즘을 길드체제와 결합시키려고 했다. 이러한 결합이 길드 사회주의로 귀결되었으며 그는 1910년쯤부터 길드 사회주의를 주장하기 시작했다. 그는 1차 대전 후에는 더글라스C. H. Douglas의 영향을 받아 사회대부Social Credit 운동의 지지자가 되었다.

시드니 할대인 올리비에 Sir Sydney Haldane Olivier, 1st Baron Olivier(1859~1943)

올리비에는 잉글랜드 남동부 에식스 주의 콜체스터Colchester에서 태어났다. 엄격한 국교도 목사 아놀드 올리비에Arnold Olivier의 10명의 자녀 중 8번째였다. 올리비에는 톤브리지 스쿨Tonbridge School에서 교육을 받은 후 옥스퍼드의 코퍼스 크리스티 칼리지Corpus Christi College에서 철학과 신학을 공부했다. 옥스퍼드 대학에서 그는 평생 친구로 지낸 그래엄 왈라스를 알게 되었다. 졸업 후 공무원 시험에 응시했는데 그가 수석으로 합격했고, 시드니 웹이 차석을 차지했다. 올리비에는 1882년 식민성 관리로 들어갔으며 시드니 웹이 곧 뒤따라 들어왔다. 두 사람은 절친한 친구가 되었다. 이 때 올리비에는 화이트채펄의 슬럼가에서 살면서, 노동자학교에서 라틴어를 가르치고 이스트 엔드의 토인비 홀에서 활동했다. 그는 토지개혁연합Land Reform Union의 회원이었으며, 챔피온Henry Hyde Champion이 펴내고 있던 『기독교 사회주의자*Christian Socialist*』라는 잡지에 여러 편의 글을 기고했다. 올리비에와 웹은 함스테드 역사 클럽the Hampstead Historic Club에 참여하게 되었는데 여기서 그들은 쇼를 만났다. 그는 자본주의를 단순히 개선하기보다는 도덕적으로 개혁하자는 실증주의자의 전망에 매료되었다.

시드니 올리비에와 시드니 웹은 쇼를 따라서 페이비언 협회에 가입했다. 왈라스는 다음해에 가입했다. 이들 네 사람은 지적으로 긴밀한 관계를 유지하며 그들의 사상을 공유했는데 그들의 지적 연대를 통해 페이비언 사회주의는 완성되었다. 올리비에는 사회주의를 급작스럽게 도입하는 것은 무정부상태나 전제적 상태를 나타나게 할 것이라고 주장했고 마르크시즘이 비경제적 가치들을 무시하는 것을 비판했다. 그는 1886~1890년 동안 페이비언 협회의 서기로 봉사했다. 그는 페이비언 협회의 독서그룹이었던 함스테드 역사협회Hampstead Historic Society에서 연설하기 시작했다.

1888년 올리비에는 7번째 페이비언 소책자Fabian Tract인 『자본과 토지Capital and Land』를 집필했는데 여기서 그는 '조지주의Georgism'를 비판했다. "조지주의"는 급진주의자와 기독교 사회주의자들에게 인기가 있었던 제도로 토지는 사적으로 소유되고 운영되지만 사회를 위해 과세되는 제도를 말한다. 올리비에는 그 대신 토지에 대한 공동소유와 통제를 주장했다. 1889년 그는 『페이비언 논집』에 「사회주의 기초의 도덕적 측면Moral Aspects of the Basis of Socialism」이란 글을 실었다. 그 해에 그는 페이비언 협회의 서기직을 에드워드 피즈에게 넘겨 주었다. 그는 런던경제대학의 연사로 초청되곤 했다.

올리비에는 1890년 10월 영국령 온두라스의 대리 식민지 장관으로 지명되었다. 그는 이후 20년간 식민성에서 활동하면서 자메이카 총독까지 지내게 된다. 1892년 올리비에와 쇼는 선거에서 보수당과 자유당을 모두 보이콧하라고 회원들에게 요청한 것으로 로버트 블래치포드를 비판했다. 2차 보어전쟁에서는 페이비언 협회의 지도부는 분열되었다. 올리비에와 램지 맥도널드 등은 제국주의에 반대하는 입장에 서서 전쟁에 반대했다. 웹과 쇼를 포함한 다른 페이비언들은 군사적 행동이 민주주의와 문명의 증진을 위해 사용될 수 있다고 믿었다. 페이비언들 중 다수는 보어전쟁은 정당한 전쟁이며 원주민들은 보어인들보다는 영국인들 아래서 보다 더 잘 살 것이라고 믿었다. 일련의 투표를 거친 후 집행부는 전쟁을 지지하는 선언을 했다. 체임벌린을 비난하는 목소리를 낸 올리비에는 1900년 자메이카 식민지 장관으로 가게 되었다. 그는 1900년 대리 총독이 되었다가 1902년 역시 재임하게 되었다. 그는 1904년 영국으로 돌아오게 되는데 1897년부터 페이비언 협회가 침체상태에 있다고 생각하고 새로운 회원이었던 웰즈H. G. Wells가 1906년 보다 급진적인 페이비언들의 정책으로 활기를 불어 넣어줄 것을 기대했다. 그렇지만 그해 말에 그는 웰즈가 틀렸다고 생각하게 되었다. 1918년 관직에서 은퇴한 후 그는 페이비언 협회에서 다시 한 번 중요한 역할을 맡게 되었다. 1924년 노동당 정부가 수립되었을 때 램지 맥도널드는 그에게 남작Baron작위를 수여했으며 인도 식민지장관으로 임명했다. 배우인 로렌스 올리비에는 그의 조카이다.

그래엄 왈라스 Graham Wallas(1858~1932)

그래엄 왈라스는 영국의 사회주의자며 페이비언 협회의 지도자였다. 그는 잉글랜드 북부의 더럼Durham과 인접한 선더랜드Sunderland의 몽크위어머스Monkwearmouth에서 태어났다. 쉬루즈베리 스쿨Shrewsbury School에서 공부한 후 옥스퍼드의 코퍼스 크리스티 칼리지Corpus Christi College를 졸업했다. 왈라스가 종교를 포기하고 합리주의로 방향을 바꾼 것은 대학에서였다. 그는 1885년까지 하이게이트 스쿨에서 봉직했다.

왈라스는 1886년 봄 페이비언 협회에 가입했다. 여기서 그는 시드니 웹, 버나드 쇼 등과 사귀게 되었다. 페이비언 사회주의가 형성될 무렵 그는 시드니 웹, 버나드 쇼 등과 긴밀한 관계를 가지며 페이비언 사회주의 이론 형성에 기여했다. 그는 페이비언들의 도움으로 1894년 런던 교육위원회에 선출되었다. 같은 해에 런던시의회 의원으로 선출되었는데 그는 교육위원회에서 활동했다. 1895년 런던 경제 대학London School of Economics이 설립되었을 때 웹부부는 왈라스에게 학장직을 맡아 줄 것을 요청했지만 그는 거절했다. 하지만 여기서 강의를 맡을 것을 수락했고 후에는 이 대학의 정치학 교수(1914~1923)가 되었다.

그는 근대사회를 보다 인간화시킬 것을 추구했다. 그는 교육자들이 제도보다 인간적 요소에 보다 많은 관심을 기울여야 한다고 생각했다.

그는 사회심리와 정치학에 관한 책들을 펴냈다. 그는 1904년 페이비언 협회가 조셉 체임벌린의 관세정책을 지지하는 것에 항의해 협회에서 물러났다.

비어트리스 웹 Beatrice Webb(1858~1943)

비어트리스 웹은 잉글랜드 남서부 지방의 글루스터Gloucester에서 아홉 자매 중 8번째로 태어났다. 그의 할아버지는 급진주의 의원이었던 리차드 포터Richard Potter였으며 그의 아버지는 정치인과 교분이 있는 부유한 철도 사업가였다. 그녀의 가정은 전형적인 상류계층에 속했으며 그녀의 형제들도 모두 상류계층 사람들과 교제하고 결혼했다. 하지만 그녀는 빅토리아기의 번영 속에 숨어 있는 어두운 부분들에 대해 중간계급의 죄의식을 가졌으며 이런 배경에서 사회조사 작업에 관여하게 된다. 그녀는 초기에 허버트 스펜서와 꽁트의 책에 큰 영향을 받았다. 그녀는 사촌인 찰스 부쓰Charles Booth(그의 책 『런던 시민들의 생활과 노동Life and Labour of the People in London』 (1892~1897)에서 런던 시민 중 1/3이 만성적인 빈곤에 시달리고 있다는 점을 밝혔다.)의 사회조사를 돕는 활동을 하면서 런던 부두노동자와 유태인 이민자들의 생활에 대한 보고서를 펴내었다. 그녀는 1891년 협동조합 운동에 대한 조사를 하는 과정에서 시드니 웹을 만나게 되었다. 그녀는 1892년 시드니 웹과 결혼하였으며 이후 페이비언 협회의 활동을 포함하여 시드니 웹의 정치 활동과 연구 활동에서 협력자로서 적극적으로 활동했다. 웹과 만나기 전 그녀는 1882년 급진주의 정치인이었던 조셉 체임벌린과 4년간 교제를 했지만 이는 실패로 끝이 났다. 그녀는 체임벌린에 대한 연정이 그녀를 체임벌린에게 종속되게 할 것을 두려워했다고 한다.

그녀는 페이비언 협회의 회원으로 활동했으며 런던 경제 대학London

School of Economics을 설립하고, 1913년 페이비언 조사국Fabian Research Department을 창설하고, 같은 해 주간지 『새로운 정치가New Statesman』를 출간하는데 모두 관여했다. 특히 그녀는 1905년 구빈법 왕립위원회(1905~1909)가 세워졌을 때 여기에 참여해 다수보고서Majority Report와 대조되는 소수보고서Minority Report를 작성했다. 여기서 그녀는 당대의 구빈법을 종식시키고, 노동력을 효과적으로 이용하기 위한 고용국을 설치하며, 교육과 의료 같은 생활의 기초적인 부분을 향상시킬 것을 제안했다. 허버트 애스퀴쓰Herbert Asquith의 자유당은 다수보고서를 채택했다.

그녀는 시드니 웹과 많은 공동저작을 남겼다. 특히 10권에 달하는 『영국 지방 정부론English Local Government』(10 vols., 1906~1929)은 두 사람의 협력 속에서 나온 역저라고 할 수 있다. 그녀의 저서로는 『나의 도제수업My Apprenticeship』(1926), 『우리들의 협력관계Our Partnership』(1948)가 있다. 그녀는 남편인 시드니 웹이 남작이 되었지만 남작부인이라는 칭호를 거부했다.

시드니 제임스 웹 Sidney James Webb, 1st Baron Passfield(1859~1947)

웹은 3남매 중 둘째로 런던에서 태어났다. 그는 전형적인 하층 중간계급에서 태어났다. 그의 할아버지는 켄트에서 여관업을 했으며 그의 외할아버지는 서포크에서 농사를 지었다. 그의 어머니는 런던 크랜번 가에서 부인모자 판매업을 했는데, 이 상점의 점원으로 일했던 사람이 바로 웹의 아버지였다. 그는 코울이나 러슬처럼 정규 대학 코스를 밟지는 못했지만 상점 서기로 일하면서도 야간대학을 다니며 학업을 계속했다. 그는 지금의 행정고시와 같은 관직 시험에 응시해 차석으로 합격하였다.(동일한 시험에서 시드니 올리비에가 수석으로 합격했다.) 그는 1884년 페이비언 협회가 설립된 지 석 달 만에 협회에 가입한 페이비언 협회의 초기 회원이었다.

그는 버나드 쇼, 시드니 올리비에, 그래엄 왈라스, 아니 베산트, 에드워드 피스, 휴버트 블란트 등과 함께 페이비언 협회를 이끌었다. 특히 버나드 쇼, 그래엄 왈라스, 시드니 올리비에 등과는 긴밀한 지적 공감대를 형성했고 이들과 함께 페이비어니즘 이론을 형성하는데 중요한 역할을 했다. 그는 페이비언 사회주의의 렌트Rent이론을 형성하는데 큰 역할을 했으며, 페이비언 사회주의의 방법론으로 개혁은 점진적, 민주적, 합헌적, 윤리적이어야 한다는 4가지 원칙을 제시한 것으로 유명하다. '점진주의의 불가피성'이라는 말을 만들어 내기도 했다.

1895년에는 페이비언 협회에 기부된 기금으로 런던 경제 대학London School of Economics을 설립했다. 런던 경제 대학에서 1912년 행정학 교수로 임명되었으며 그는 이 직위를 15년간 보유했다. 1913년에는 비에트리스 웹, 버나드 쇼 등과 함께 『새로운 정치가New Statesman』(이 잡지는 아직까지도 발행되고 있다.)라는 주간지를 창간하기도 했다. 1892년 웹은 비에트리스 포터와 결혼하였다. 그는 그와 동일한 관심을 가진 그녀와 함께 이후 『노동조합주의의 역사History of Trade Unionism』,『영국 지방 정부론English Local Government』 등을 비롯한 많은 공동저작을 발표했다. 결혼하면서 비에트리스가 가져온 돈은 웹이 직장을 그만두고 자신의 연구 활동과 대외 활동에 전념할 수 있도록 만들었다.

웹은 활발하게 정치 활동에 참여했는데 노동당 창당에 관여한 노동당 당원이기도 했다. 1892년에는 런던시의회의 뎁트포드 선거구에서 당선되어 이후 18년 동안 시의회 의원을 지냈는데 여기서 기술교육위원회 의장으로 활동했다. 웹은 1923년 총선에서 잉글랜드 북부의 광산 지역인 더람Durham의 시엄Seaham 선거구에서 의원으로 당선되었다. 웹은 비에트리스와 함께 지도적인 정치가들과 당대의 지식인들을 초대하는 코이퍼션트 식사

모임Coefficients dining club을 주관하기도 했다. 하지만 웰즈H. G. Wells는 『새로운 마키아벨리The New Machiavelli』(1911)에서 웹을 베일리Bailey로 묘사하면서 그를 희화적으로 비판하기도 했다.

1929년 그는 패스필드 남작Baron Passfield의 작위를 받은 후 하원을 떠났다. 상원에 들어간 그는 1929년의 램지 맥도널드의 노동당 내각에서 식민지 장관직을 맡기도 했다. 식민지 장관으로 그는 1922년 처칠 백서로 만들어진 팔레스타인 정책을 수정하는 패스필드 백서Passfield White Paper를 작성하기도 했다. 그는 노동당 정부가 물러나는 1931년까지 각료로 봉사했다. 그는 비에트리스 웹과 함께 웨스트민스터 사원에 묻혔다. 그의 주요 저작으로는 『사회주의의 의미What Socialism Means』(1888), 『영국의 사회주의Socialism in England』(1890), 『사회민주주의를 향하여Towards Social Democracy』(1915), 『전후의 영국Great Britain after the War』(1916) 등이 있으며, 비에트리스 웹과의 공동저작으로는 『노동조합의 역사History of Trade Unionism』(1894), 『산업 민주주의Industrial Democracy』(1897), 『영국 지방 정부론English Local Government』(10 vols., 1906~1929), 『영국 사회주의 공화국 헌법A Constitution of the Socialist Commonwealth of Great Britain』(1920), 『소비자 협동조합 운동The Consumers' Co-operative Movement』(1921), 『자본주의 문명의 부패The Decay of Capitalist Civilization』(1923) 등이 있다.

허버트 조지 웰즈 Herbert George Wells(1866~1946)

웰즈는 켄트 주에서 하층중간계급의 소상인의 아들로 태어났다. 그는 토마스 헉슬리 아래에서 지금의 임피리얼 칼리지에서 생물학을 공부했다. 그는 1895년 『타임머신The Time Machine』을 출판했는데, 소설을 현대 사회발전 과정에서 나타난 문제들을 논의하는 매체라고 생각했다. 그는 페이비언

242

협회에도 가입했다. 그러나 그는 잠시(1903~1908) 페이비언 협회에서 활동한 후 곧 페이비언 사회주의에 비판적이 되었다. 웰즈는 1911년 출판된 『새로운 마키아벨리*The New Machiavelli*』에서 페이비언 사회주의의 핵심 인물이었던 웹부부를 베일리 부부the Baileys로 등장시켜 이들을 근시안적인 부르주아 조작가인 것처럼 풍자했다.

그는 민주주의를 환영하지 않았다. 그는 평범한 보통 시민은 결코 사회의 중요 문제를 결정할 정도의 능력을 갖지 못한다고 생각했다. 따라서 선거권도 특별한 사람들에게 제한되어야 한다고 생각했다. 그 연장선상에서 그는 우생학을 지지했다. 그는 1차 대전 후에는 소설이 아닌 다른 저작물에 관심을 기울였는데 1920년에 『세계사 개요*Outline of History*』를 출판한다. 이 책으로 그는 세계평화는 오직 과거의 교훈을 배움으로써만 실현될 수 있다는 생각을 제시했다. 1922년과 1923년에는 런던대학에서 노동당 후보로 출마하기도 했다.

하벨록 윌슨 Havelock Wilson(1858~1929)

하벨록 윌슨은 잉글랜드 북부의 항구도시 선더랜드Sunderland에서 태어나 어린 나이에 선원이 되었다. 1879년에 선더랜드에 세워진 지방 선원 노조에 관여하게 되었으며 1885년에는 노조지부장이 되었다. 그는 인근 항구에 노조지부를 세워나가는 정책을 추구했는데 어느 정도 성공을 거두었지만 지도부 사이의 갈등을 겪어야 했다. 1887년 그는 선더랜드 지부를 깨고 나가 자신의 전국 선원 및 화부 노조National Sailors' and Fireman's Union를 조직했다.

그는 1880년대 후반 런던 부두파업을 비롯한 여러 곳의 파업에 관여하면서 유명해졌다. 그렇지만 윌슨의 노조는 1890년대 초에 어려움을 겪었고

1894년에는 거의 몰락했다. 노조의 부활은 1911년 일어났다. 전국의 부두에서 선원 및 부두노동자들의 파업이 일어났기 때문이다. 윌슨은 상대적으로 온건한 지도자였으며, 그는 되도록 파업이나 공장폐쇄를 피하고 공식적인 조정을 통해 선박회사와 우호적인 관계를 수립할 것을 추구했다. 그의 목적은 선박회사가 1911년 노조를 인정하고 1차 대전 중 관료들과 보다 밀접한 관계를 맺게 되면서 점차적으로 달성되어 나갔다. 1917년 이후 임금과 노동조건은 선박동맹Shipping Federation과 윌슨의 노조가 대표되는 전국 해양청National Maritime Board에 의해 정해지게 되었다.

그는 1892년 잉글랜드 북부 북요크셔North Yorkshire주의 미들스버러 Middlesbrough에서 노동자 후보로 독자적으로 출마해 글래드스톤의 자유당, 자유통합당, 보수당 등과 경쟁해 당선되었다. 당선된 후에는 자유당과 협조하며 자유-노동Lib-Lab 세력으로 활동하였다. 그는 노동당의 성립 후에도 자유당에서 활동했으며 케어 하디나 램지 맥도널드 같은 노동당 인물들에 매우 비판적이었다. 그는 1차 대전이 발발했을 때 영국이 개입할 것을 열렬히 지지한 사람이기도 했다. 1차 대전 후에는 1918년 잉글랜드 북부의 타인 앤 웨어Tyne and Wear주의 사우쓰 실즈South Shields에서 자유당 의원으로 당선되었다.

에드워드 카펜터 Edward Carpenter(1844~1929)

카펜터는 영국의 시인이자 사회주의자다. 사회주의와 성의 자유, 여권 운동을 결합시킨 사상가이기도 했다. 페이비언 협회에서 활동했으며 노동 당에도 관여했다. 카펜터는 브라이튼에서 안락한 중간계급의 아들로 태어 났다. 그의 가계는 할아버지 중 한 명이 제독에까지 오른 해군 집안이기도 했다. 그는 브라이튼 칼리지Brighton College를 거쳐 케임브리지 트리니티

244

홀Trinity Hall에서 수학했다. 그는 졸업 후 국교회the Church of St. Edward의 부목사curate로 활동했는데 여기서 그는 당시 기독교사회주의 운동의 지도자였던 프레드릭 모리스Frederick Denison Maurice에 크게 영향을 받았다. 하지만 그는 점차 교회생활에 흥미를 잃게 되었으며 휘트만Walt Whitman을 읽으면서 노동계급에 대해 관심을 가지게 되었다.

카펜터는 1874년 교회를 떠나 잉글랜드 북부의 공업도시였던 리즈Leeds에서 대학 개방 운동University Extension Movement에 참여했다. 이 운동은 학자들에 의해 주도된 것으로 하층계급에게도 고등교육을 제공하려는 의도를 가지고 있었다. 리즈에서 철강산업으로 유명한 또 다른 공업도시 세필드로 옮기면서 그는 노동계급 학생들을 만날 수 있게 되었다. 세필드에서 그는 점점 급진적이 되어 갔으며 하인드만의 영향을 받아 1883년에는 사회민주동맹에 가입하게 되었다. 그는 세필드에서 사회민주동맹의 지부를 결성하려고 시도하다가 세필드 사회주의 협회Sheffield Socialist Society라는 독립적인 조직을 만들었다. 그 해에 『민주주의를 향하여Towards Democracy』(1883)라는 유명한 서사시집을 출판했으며, "영국이여, 일어나라!England Arise!"라는 사회주의 행진곡을 작곡하기도 했다. 이 노래들은 1890년대에 노동자교회 운동에서 쓰였다. 1884년 사회민주동맹 내에서 불화가 일었을 때 그는 윌리엄 모리스 등과 함께 사회민주동맹을 탈퇴해 사회주의연맹에 참여했다.

그는 자연적 삶에 점점 끌렸으며 러스킨Ruskin에 영향을 받아 그의 사회주의 사상은 빅토리아 시대의 산업사회를 거부하면서 원시적 공산주의를 동경하게 되었다. 그의 사회에서 상호부조와 협동은 자연발생적이며 본능적인 것이었다. 그는 아버지로부터 물려받은 유산으로 더비셔Derbyshire의 밀쏘프Millthorpe에서 채소 재배농장market garden을 차리고 여기서 일하는 생활을 시작했다. 카펜터는 1880년대에 인도 사상에 영향을 받았는데 특히 바가바드기타the Bhagavad-Gita에 큰 영향을 받았다. 그는 1890년 인도로 여행을 갔으며 이 여행은 그의 사상에 커다란 영향을 주어 동방 종교가 그의 사회주의에 결합되게 되었다. 그의 사회주의에 신비적 사회주의mystic socialism라는 명칭이 생기게 된 계기이기도 했다. 그는 사회주의는 경제적 조건에 대해서만 관심을 가질 것이 아니라 인간 의식의 변화에도 관심을 가져야 한다는 점을 발견했다. 이러한 생각 속에서 공기 오염을 우려하는 환경운동, 생체해부에 대한 반대, 채식주의에 대한 주장 등이 나오게 된다.

1892년에는 왈살 무정부주의자Walsall Anarchists 체포 사건(1892년 런던 중심가인 토텐함코트가Tottenham Court Road에서 버밍엄 북부 왈살 출신의 조 디킨Joe Deakin이 폭탄 제조 혐의로 체포되면서 왈살에서 무정부주의자 빅터 카일Victor Cails, 프레드 찰스Fred Charles 등이 체포된 사건을 가리킨다. 이 사건은 80년 동안 경찰이 증거를 은폐했지만 결국 경감 멜빌Melville의 사주에 의해 일어난 사건이란 것이 밝혀졌다. 멜빌은 후에 영국의 국내정보국MI5을 세운 사람이다.)이 일어났을 때 프레드 찰스를 지지하였으며 1893년에는 독립노동당 창건에 참가했다. 카펜터는 평화주의자로 보어전쟁과 1차 대전에 반대했으며 전쟁의 원인이 계급 독점과 사회적 불평등에 있다는 주장을 제시했다. 그는 노동운동과 사회주의에 관여했지만 어떤 특정 정당 활동에 관여하기보다는 오히려 무정부주의적 경향에 서서 발언했다.

그는 성적 평등과 동성애에 대한 관심을 보여준 사회주의자이기도 했다. 1893년 동성애를 옹호한 급진주의자 시몬즈John Addington Symonds가 사망한 이후, 그는 성적 취향을 차별화시켜 동성애를 금기시하는 당시의 경향을 비판하는 글을 썼다. 성지향성의 평등에 대한 생각은 여성의 권리에 대한 주장으로 이어져 평등한 사회는 여성의 경제적 자유와 함께 성적 자유를 함께 증진시켜야 한다고 주장했다. 이런 생각은 당시의 결혼제도에 대한 부정적 생각으로 이어졌다. 그는 영국의 결혼제도를 강제된 금욕주의일 뿐 아니라 일종의 매춘 제도라고 생각했다. 그는 영국에 사회주의 사회가 수립될 때까지 여성들은 자유로워질 수 없을 것이라고 주장했다. 이런 생각이 그로 하여금 남성노동자들은 여성 해방을 지지해야 한다는 입장을 견지하게 만들었다. 그는 『자유로운 사회에서의 성과 사랑 그리고 그것의 자리Sex, Love and Its Place in a Free Society』(1894), 『자유로운 사회에서의 결혼 Marriage in a Free Society』(1894)같은 책들을 펴냈다. 카펜터는 1914년 로렌스 하우스만과 함께 '성심리학 연구를 위한 영국 협회the British Society for the Study of Sex Psychology'를 설립하기도 했다.

카펜터는 자본주의와 토지 귀족에 대해 비판하고 새로운 시대의 민주주의와 사회주의를 옹호하는 활동을 했다. 아울러 그는 성적 자유, 여성해방, 환경운동, 채식주의, 생체해부 반대 등 사회주의의 영역을 정치, 경제 문제로부터 개인적 삶과 환경의 문제로 확대시켰다. 그의 사상은 당시의 많은 사회주의자들로부터 거부당했지만 사회주의가 정치 경제 제도의 개혁을 넘어선 여러 차원의 문제를 연루하고 있음을 보여준 경우라고 할 수 있다. 페미니스트인 세일러 로우보탐Sheila Rowbotham이 2008년 그에 관한 전기를 펴냈다.

조지 더글라스 하워드 코올 George Douglas Howard Cole(1889~1959)

웹이나 쇼보다 한 세대 뒤의 인물로 영국의 정치이론가며 역사가이다. 그는 세인트 폴St Paul's School을 거쳐 옥스퍼드의 벨리올 칼리지Balliol College에서 수학한 후 1925년 옥스퍼드의 유니버시티 칼리지의 리더Reader(영국 대학에서 전임강사와 교수 사이의 직위. 우리로 치면 부교수 정도에 해당한다.)가 되었다. 1944년 옥스퍼드 대학에서 최초의 치첼Chichele 사회정치이론 교수직(켄터베리 대주교며 올소울즈 칼리지를 창건한 치첼을 기념하여 만들어진 교수직으로 현재 다섯 분야의 교수직이 있다. 사회정치이론 분야에서는 코울이 최초의 교수였으며 이자이아 벌린, 존 플라메나츠, 찰스 테일러 등이 뒤를 이었고 현재는 제랄드 코헨이 1985년부터 이 직위를 가지고 있다.)을 맡게 되었다. 그는 페이비언 협회의 회원이었으며 협동조합운동의 지지자였다. 1918년 마가렛 포스트게이트와 결혼하였으며 1924년 옥스퍼드로 이사했다.

코울은 옥스퍼드의 밸리올 칼리지에서 수학하는 동안 페이비언사회주의에 관심을 가지게 되었다. 그는 시드니 웹의 후원 하에 페이비언 협회의 집행부에 참여하게 되었다. 그러나 코울은 이후 노동불안기Labour Unrest의 사회현상을 관찰하게 되면서 페이비언 사회주의이론에 대해 문제를 제기하며 길드 사회주의 이론을 제시하게 된다. 그는 길드 사회주의 이론을 지지하면서 마르크시스트 정치경제 이론에 대신하여 자유주의적 사회주의 이론을 제시하게 된다. 그는 이러한 사상들을 1차 대전 이전 『새로운 시대The New Age』와 『새로운 정치가The New Statesman』 등의 잡지에서 제시했다. 비에트리스 웹은 코울과 시드니 웹이 서로 다른 견해로 상대를 자극했다고 일기에 기록했다.

그는 마르크시스트가 아니었으며 독일식 사회민주주의자 혹은 페이비언 식의 국가 사회주의자도 아니었다. 그는 참여현상이 활발하게 일어나는 방식으로 민주주의가 실현되는 분산된 조직들의 사회주의를 추구했다. 민주주의가 실현되는 그의 기본적 단위는 중앙집권적 국가와 같은 거대한 조직이 아니라 작업장이나 지역 사회 같은 작은 공간이었다. 그는 피기스와 영국 다원주의pluralism 사상가들에게 큰 영향을 받아 사회는 자치적인 자발적 결사들의 복합체로서 조직되어야 한다는 생각을 가졌다. 그는 사회의 여러 기능적 영역들은 자율적으로 규제되어야 한다고 주장했다. 코울은 그가 가르친 해롤드 윌슨Harold Wilson에게 커다란 영향을 미쳤다. 윌슨은 두 번이나 노동당 정부의 수상(1964~1970, 1974~1976)을 지냈는데 그는 코울을 노동당이 가야 할 방향을 가르쳐 준 사람으로 기억했다. 윌슨 이전의 노동당 당수(1955~1963)였던 휴 게이츠켈Hugh Gaitskell도 코울의 제자였다.

코울은 협동조합 운동의 이론가이기도 했다. 그는 협동조합 이론과 역사에 커다란 공헌을 했다. 그의 책『사회주의 사회에서 영국의 협동조합 운동The British Co-operative Movement in a Socialist Society』은 잉글랜드의 도매협동조합CWS: Co-operative Wholesale Society(협동조합의 전신에 해당한다)에 대해 상세하게 연구한 책이다. 그는 이 조직을 국가의 도움없이 협동조합 국가를 성취할 능력이 있는 기구로 평가했다.『협동조합의 세기A Century of Co-operation』에서는 협동조합운동의 역사를 조사했다. 로치데일의 선구자들로부터 그 이후의 발전과정을 상세히 다루고 있다.

코울의 주요 저서로는『산업의 자치경영Self-Government in Industry』(1917), 『다시 쓰는 길드 사회주의Guild Socialism Restated』(1920),『노동의 세계The World of Labour』(1923),『로버트 오웬Robert Owen』(1923),『윌리암 코벳의 생애The Life of William Cobbett』(1925),『평민들, 1746~1946The Common People, 1746~1946』(1946),『영국노동계급운동에 대한 간단한 역사, 1789~1947A Short History of the British Working Class Movement, 1789~1947』(1947),『1914년 이후의 노동당의 역사A History of the Labour Party from 1914』(1948),『마르크스주의의 의미The Meaning of Marxism』(1950),『사회주의 사상사A History of Socialist Thought: 7 Volumes』(2003) 등이 있다. 이외에도 그의 부인인 마가렛 코울과 함께

다수의 추리소설들을 남겼다.

아더 제임스 쿡 Arthur James Cook(1883~1931)

광산노조의 지도자였으며 1926년 전국 소수자 운동National Minority Movement의 핵심 인물이었다. 그는 소머셋Somerset의 우키Wookey에서 태어났으나 18세 때 남웨일즈의 광산지역인 포쓰Porth로 이사를 갔다. 그후 다시 머서 티드필Merthyr Tydfil로 옮겼다. 그는 여기서 독립노동당 활동을 하였으며 캄브리안 콤바인 파업 과정에서 노동운동의 지도자로 등장한다. 1911년 비공식 개혁위원회의 창건에 관여하였고 이 단체는 1912년 『광부들의 다음 단계』라는 신디칼리스트 내용을 담은 책자를 발간했다. 그는 1921년 남웨일즈 광부동맹의 서기로 뽑혔으며 1924년부터 1931년까지 영국 광부동맹의 서기를 지냈다. 1926년 총파업에 대해 『9일 *The Nine Days*』이라는 책자를 쓰기도 했다.

잭 태너 Jack Tanner(1889~1965)

태너는 휘스터블Whitstable에서 태어났지만 런던에서 성장했고, 14세의 나이에 선반공이 되었다. 그는 사회민주동맹과 연합기사회에 가입해 활동했고 여성노동자 전국동맹을 창립하는데 일조했다. 그는 노동불안기에 신디칼리스트로 활동했으며 특히 산업신디칼리스트 교육연맹에서 활발하게 활동했다. 1차 대전 동안에는 프랑스로 건너가 엔지니어로 생활하면서 프랑스의 신디칼리스트 조직인 노동총동맹CGT에서 활동했다. 1917년 영국으로 돌아와 작업장 대표자운동(샵스테워드 운동shop stewards' movement)에 참여했다. 하지만 후기로 가면서는 차츰 노동운동 우파 쪽으로 기울어지는 모습을 보여준다.

벤 틸렛 Ben Tillett(1860~1943)

신조합주의 지도자이며 노동불안기의 노동운동 지도자였고 런던시의회 의원, 노동당 의원으로 활동하였다. 벤 틸렛은 영국 남서부의 항구도시 브리스톨Bristol에서 노동자의 아들로 태어났으며, 어린 시절 가출한 후 서커스단에 들어가기도 하고 구두노동자 일을 하는 등 떠돌이 생활을 했다. 13살에 해군에 들어갔지만 16세에 부상을 입고 전역했다. 그는 런던의 베쓰날 그린Bethnal Green에 정착한 후 부두에서 노동을 하게 되었다. 런던 부두에서 일하며 그는 부두노동자들의 참상과 빈곤을 목격하게 되었다. 특히 비정규직 노동자들의 참상을 목격한 후 그는 노동조합을 조직하게 된다. 1887년 그의 나이 27세 때부터 노동조합 조직가로서 활동하기 시작했다. 1889년 런던 부두파업에서 그는 시간당 6펜스의 임금을 요구하며 파업을 주도했고, 매닝 추기경Cardinal Manning의 중재를 이끌어 내면서 성공을 거두었다. 노동불안기Labour Unrest에는 1911년과 1912년의 부두파업에서 파업지도자로서 탁월한 지도력을 발휘했다. 1910년에는 하벨록 윌슨 Havelock Wilson의 선원 조합Seamen's Union과, 25만 명이 가입한 전국 운수노동자 동맹National Transport Workers' Federation을 조직했다. 그는 파업이 야기하는 고통을 잘 알고 있었던 터라 파업보다는 강제 조정이 필요하다는 점을 역설하기도 했다. 그는 부두노동자 노조와 운수노동자 노조를 강화해 나갔는데 이러한 노력은 1922년 운수 및 일반 노동자 조합Transport and General Workers' Union 결성으로 결실을 맺었다. 틸렛은 1914년 1차 대전이 발발했을 때 전쟁을 열렬히 지지했는데 이러한 행동은 다른 노조운동가들로부터 커다란 반감을 불러 일으켰다.

그는 1892년부터 1898년까지 런던시의회London County Council의 의원 alderman(1835년의 자치시개혁법에 의해 시의회 의원은 카운실러councillor

[구민이 직접 선출함]와 올더맨으로 구성되었다. 이 중 올더맨은 선거구민이 뽑지 않고 시의회와 퇴임하는 올더맨에 의해 선출되었다. 그는 올더맨으로 선출되었다.)으로 활동했으며, 1917~1924년과 1929~1931년의 기간 동안 현재는 맨체스터 광역시에 속하는 북샐퍼드Salford North에서 노동당 의원으로 활동했다. 1928~1929년 동안은 노동조합회의Trade Union Congress의 의장으로 활동하기도 했다. 그는 이론가는 아니었지만 뛰어난 연설가였으며 1893년 브랫포드에서 열린 독립노동당 창립대회에서 교조적인 사회주의자들을 격렬히 비난하기도 했다. 그는 페이비언 협회Fabian Socoety, 독립노동당Independent Labour Party, 사회민주동맹Social Democratic Federation, 브리스톨 사회당Bristol Socialist Party 등에 관여했다.

아더 펜티 Arthur Penty(1875~1937)

영국의 건축가며 길드 사회주의 이론가이다. 그는 처음 페이비언 사회주의자였으며 윌리엄 모리스William Morris와 존 러스킨John Ruskin의 추종자였다. 1900년 무렵 그가 리즈의 건축 사무소에서 일하고 있었을 때 오라지를 만나게 되었고, 그는 홀브룩 잭슨 등과 함께 리즈 아츠 클럽the Leeds Arts Club을 창건했다. 세 사람은 1905년에서 1906년 런던으로 가게 된다. 1906년부터 잠시 동안 펜티의 생각은 큰 영향력을 행사했다. 하지만 1차 대전 후 길드 사회주의는 영국 노동운동에서 그 영향력이 줄어들었다. 펜티의 책들은 1920년대에 독일어로 번역되었으며, 스페인 저술가 라미로 드 마에즈뚜Ramiro de Maeztu에게 큰 영향을 주었다.

펜티는 분배주의자이기도 했는데 이 사상은 그와 힐레어 벨록, 세실 체스터튼 등의 사상이 혼합된 것이었다. 이 사상은 1907년 페이비언 예술 그룹the Fabian Arts Group의 형태로 나타난 페이비언 사회주의자들 사이의 분리 현상을 반영했다. 1918년 더글라스C. H. Douglas가 오라지를 만난 이후 오라지는 더글라스의 이론에 대해 사회대부Social Credit라는 새로운 용어를 만들어 내었다. 이런 가운데 사회대부(더글라스가 제안한 이론으로 생산의 목적은 소비이므로 충분한 구매력을 가진 소비자들이 생산 정책을 수립해야 한다는 주장이다.) 옹호자와 분배주의자distributist(체스터튼과 벨록 등이 제안한 이론으로 생산수단을 지역협동조합이나 가족 혹은 소생산자가 소유하는 체제를 지향한다.)로 갈라지는 또 다른 분열이 일어났다. 펜티는 분배주의자로 행동했다. 분배주의는 1920년대에 독자적인 방향을 취했는데 영국 노동당은 1922년 사회대부 운동에 반대한다고 선언했다.

제임스 케어 하디 James Keir Hardie(1856~1915)

스코틀랜드 출신의 사회주의자다. 버나드 쇼, 시드니 웹 등과 거의 비슷한 시기에 태어났지만 그들과는 달리 그는 빈곤한 노동계급에서 태어났다. 케어 하디는 스코틀랜드의 글래스고우와 가까운 북라낙셔North Lanarkshire 지역의 작은 마을에서 탄생했다. 그는 매우 가난한 환경 속에서 어린 시절을 보냈다. 그는 8살 때부터 빵집 배달부로 일하면서 성장했다. 당시에는 그가 가족의 유일한 수입원이었는데 하루 12시간 이상 일하면서 그가 받은 급여는 주 3실링 6펜스에 불과했다. 그는 병든 동생을 보살피느라 빵 배달이 늦은 것으로 인해 해고당하는 경험을 해야 했다. 11살 때부터는 라낙셔의 광산 막장에서 노동을 하기 시작했다. 그는 정규 교육을 받지 못했으나 야학을 다니면서 독학으로 공부했는데 여기서 그는 로버트 번즈 Robert Burns의 책을 읽게 되었다. 그는 신문을 읽으면서 노동조합을 알게 되었고 라낙셔Lanarkshire에서 1880년 최초의 파업을 이끌었다. 이 일로 인해 그는 일자리를 잃었고 저널리스트가 되기 위해 아이어셔Ayrshire로 옮기게 된다.

저널리스트로 일하는 동안 그는 라낙셔와 아이어셔의 광부들을 조직하는 일을 했다. 1886년에는 아이어셔 광산 노조 서기를 거쳐 스코틀랜드 광부동맹the Scottish Miners' Federation의 서기가 되었고, 1887년에는 스코틀랜드 노동당the Scottish Labour Party의 의장이 되었다. 다음 해 하디는 『광부*The Miner*』라는 잡지를 발간했는데 이 잡지는 후에 『노동 지도자*Labour leader*』로 잡지명을 바꾸게 된다.

하디의 정치적 입장은 처음에는 자유당을 지지하는 것이었다. 그러나 글래드스톤의 경제정책에 실망하면서 자유당은 노동자들의 이해를 대변하지 못한다는 생각을 하게 되었다. 자유당은 단지 노동자들의 표만을 원하고 있다고 생각했다. 그는 자신이 직접 의회에 나가기로 마음먹었다. 그는 1888년 4월 미드 라낙Mid Lanark에서 노동계급 후보로 출마했다. 표를 얻는데 실패했지만 그는 좌절하지 않고 오히려 그해 8월 글래스고우에서 스코틀랜드 노동당Scottish Labour Party(1888~1893)을 창건해 초대 서기가 되었다.

1892년 그는 사우쓰 웨스트 햄South West Ham에서 노동계급 출신의 후보로 독자적으로 당선되었다. 보수당 후보를 상대로 한 선거전에서 그는 5268표를 얻어 4036표를 얻은 보수당 후보를 따돌렸다. 그는 웨스트민스터에 참석하면서 다른 노동계급 의원들이 받아들였던 검정색 프록코트와 검정색 실크모자 같은 정형화된 의원 복장을 거부했다. 그 대신 그는 트위드 재킷과 노동자들이 쓰는 모자를 쓰고 의사당에 들어섰다. 의회에서 그는 톰 페인Tom Paine이 인간의 권리Rights of Man에서 제시했던 정책들을 주장했다. 연 1천 파운드 이상의 소득을 가진 사람들에게 누진 소득세를 부과하고, 여기서 조성된 기금으로 양로연금과 무상교육을 실시할 것을 주장했다. 아울러 상원폐지, 여성투표권 등도 주장했다.

1893년 그는 독립노동당the Independent Labour Party을 조직했는데 이는 독립노동당이 노동자들의 표를 뺏어 갈 것이라는 자유당의 우려를 낳았다. 1894년 251명의 목숨을 앗아간 폰티프리드Pontypridd 광산 사고 이후 이들에 대한 애도의 표시를 둘러싸고 빚어진 갈등으로 하디는 왕정을 공격했고 이 행위는 하원을 매우 소란스럽게 만들었다. 하디는 1895년 의원직을 잃게 되었다. 노동운동을 강화하는 5년 동안의 노력 이후 1900년 하디는 노동조합들과 사회주의 단체 등 여러 조직들을 규합하여 노동대표위원회 Labour Representation Committee를 조직하게 되었다. 그는 1900년 선거에서 남웨일즈의 머서 티드필 및 아버대어Merthyr Tydfil and Aberdare 선거구에서 의원으로 당선되었다. 하디가 조직한 정당은 이 해의 선거에서 단 두 명이 당선되었을 뿐이지만 25년 뒤 집권당으로 성장하게 된다. 원래 무신론 자였던 하디는 1897년 기독교로 개종했는데 종교는 그의 정치사상에 커다 란 영향을 미쳤다.

1903년에는 보수당에 대항하기 위한 전략으로 반反보수당 표를 분산시키 지 않기 위해 자유-노동연합Lib-Lab pact이 이루어졌다. 이러한 협약은 맥도 널드와 글래드스톤(윌리엄 글래드스톤의 아들)의 노력으로 이루어졌는데 30개의 선거구에서 자유당은 노동대표위원회와 대결하지 않기로 약속했 다. 1906년 노동대표위원회는 노동당으로 이름을 바꾸었고 그 해 치러진 선거에서 29석의 의석을 얻는 쾌거를 거두었다.

1908년 하디는 노동당 당수직을 아더 헨더슨Arthur Henderson에게 넘겨주 었다. 이후 그는 여성참정권 운동을 지지하는 활동을 폈으며 실비아 팡크허 스트Sylvia Pankhurst와 긴밀한 관계를 유지했다. 그는 여권운동에서 유권자로 서만이 아니라 어머니, 노동자, 인간으로서의 여성의 권리를 주장하였다. 인도의 자치를 옹호하는 입장도 견지했다. 평화주의자로서 그는 1차 대전에 반대했으며 다른 나라의 노동운동 지도자들과 함께 전쟁을 종식시키기 위해 국제적 총파업을 시도하려 하기도 했다. 케어 하디는 영국에서 사회주의를 마르크시즘적 사회주의에서 노동조합주의적 사회주의로 이끌어낸 사람이었다. 이 사회주의는 실용적이고 유연했으며 영국에서 사회주의 정당을 만들어 내었다. 그는 1915년 글래스고우에서 사망했다.

헨리 마이어스 하인드만 Henry Mayers Hyndman(1842~1921)

사회민주동맹을 창건한 사람이다. 그는 부유한 사업가의 아들로 런던에서 태어났다. 그는 케임브리지 대학의 트리니티 칼리지 Trinity Cillege 에서 공부했으며 저널리스트가 되기로 결심한다. 그는 1866년 팰맬가젯 Pall Mall Gazette 에 오스트리아와 이탈리아의 전쟁에 대한 기사를 썼는데 전쟁의 실상에 큰 충격을 받았다. 하인드만은 이탈리아 민족주의 운동의 지도자들과 대화할 기회가 있었는데 그들의 이야기에 공감을 얻게 되었다. 그는 팰맬가젯에 계속 기사를 썼는데 영국의 제국주의를 찬양하며 아일랜드 자치운동과 미국의 민주주의에 대해서는 비판적인 성향을 보였다. 그는 라살에 관한 책을 읽으면서 그에게 매료되었으며 부유한 사회주의자였던 라살이 마르크스를 재정적으로 후원했다는 사실을 알게 되었다. 그는 라살에 이어 칼 마르크스의 저작을 읽게 되었으며 마르크스의 자본주의 비판에 공감을 하게 되었다.

그는 최초로 영국에서 사회주의 정당을 만들기로 결심한다. 사회민주동맹은 1881년 6월 최초로 모임을 가졌다. 그가 초기에 사회주의에 반대했으므로 우려도 있었으나 그는 자신의 생각이 바뀌었음을 알렸고 이 모임에는 윌리엄 모리스, 어니스트 박스, 에드워드 아벨링, 헨리 하이드 챔피온, 조지 란스베리, 엘레아노 마르크스(마르크스의 딸) 등이 참석했다. 그러나 엥겔스는 참석하지 않았다. 하인드만은 곧 『모든 사람을 위한 영국*England for All*』(1881)이라는 책을 출판했고, 사회민주동맹은 챔피온H. H. Champion이 편집을 맡은 『정의*Justice*』라는 잡지를 출판했다. 사회민주동맹은 보통선거와 생산수단의 국유화를 주장했다. 그러나 하인드만은 매우 권위주의적이었으므로 사회민주동맹의 노선에 대한 민주적 토론을 무시했다. 1884년 12월 집행부 모임에서 10대 8로 그는 불신임당했으나 사임을 거부하였으므로 윌리엄 모리스와 엘레아노 마르크스 등이 사회민주동맹을 탈퇴하는 사태가 빚어졌다.

하인드만은 1887년 트라팔가 광장에서 집회를 조직하고 주도했는데 이 집회는 '피의 일요일'이라고 불린 사건을 낳았다. 엥겔스는 이 집회와 그 결과를 두고 하인드만을 비판했다. 엥겔스는 하인드만이 아직 지적으로 준비되지 않은 노동자들을 이용해 혁명을 이끌어내려 한다고 보았다. 1890년 다시 한번 사회민주동맹 내에서 내분이 발생해 톰 만과 존 번즈가 탈퇴했다. 이들은 사회민주동맹이 노동조합 활동에 보다 적극적일 것을 희망했지만 하인드만은 사회혁명에 보다 관심이 컸다.

사회민주동맹은 1900년 노동대표위원회를 창건하는데 참여했고 12명의 위원 중 2명의 위원을(노동조합이 7명, 독립노동당과 사회민주동맹이 2명, 페이비언 협회가 1명을 대표했다) 차지했지만 이 조직이 자신들의 노선과 다르다는 점을 발견한 후 결별했다. 그는 1911년 영국사회당British Socialist Party을 창건했다. 그는 1차 대전이 발발하자 전쟁을 찬성해 당원들을 놀라게 했다. 정당은 갈라졌고 하인드만은 다시 국가사회주의당National Socialist Party을 조직했다.

버논 핫숀 Vernon Hartshorn(1872~1931)

남웨일즈 광부동맹의 의장이었으며 영국 광부동맹 집행위원회의 위원이었다. 그는 1918년 총선에서 남웨일즈 오그모어Ogmore 선거구에서 노동당 의원으로 선출된 후 1931년 그가 사망할 때까지 의원으로서 활동했다.

새무얼 조지 홉슨 Samuel George Hobson(1870~1940)

홉슨은 아일랜드 얼스터Ulster 지방의 아마Armagh주에서 출생했다. 케임브리지 남부의 사프론 월든Saffron Walden에서 퀘이커 교육을 받았으며 웨일즈의 카디프Cardiff로 이사를 간 후 열성적인 사회주의자가 되었다. 처음에는 페이비언 협회에 가입했다가 이후 독립노동당의 창립멤버가 되었다. 그는 독립노동당의 기관지였던 『노동 지도자*Labour Leader*』에 기고하기 시작했으며 1900년에는 페이비언 협회의 집행부에 선출되기도 했다. 그는 1895년 총선에서 브리스톨Bristol East에서 독립노동당의 대표로 입후보하기도 했으며 이후 몇 년간 브리스톨사회주의 협회Bristol Socialist Society의 회원이 되기도 했다. 1906년에는 현재 맨체스터 광역시에 속하는 로치데일Rochdale 선거구에서 독자적으로 입후보했으며 이때쯤 이르면 그는 노동당의 의회활동을 넘어서서 활동하는 것에 관심을 갖게 된다.

1906년 이후 그는 길드에 기초한 사회주의 이론을 발전시키게 되는데 이것은 중세 길드 조직에 영감을 받아 노동자 자치 경영을 추구하는 내용을 가졌다. 그는 1910년 페이비언 협회에서 이탈했으며 곧 알프레드 리차드 오라지가 편집하는 『새로운 시대*The New Age*』에 기고하기 시작했다. 그는 '길드 사회주의Guild Socialism'라는 용어를 만들어 내었으며 그의 글들은 1914년 『전국 길드 : 임금제와 탈출구에 대한 연구*National Guilds: an Inquiry into the Wage System and a Way Out*』라는 책으로 출판되었다. 그는 전국 길드연맹

National Guild League을 창립하는데 일조했지만 전략과 관련해 코울과 불화를 빚었으며, 사회 대부Social Credit를 지지하는 『새로운 시대』와도 불화를 빚으면서 이론적 작업을 중단하게 된다. 그는 건설 길드builllders' guild를 조직하려는 시도를 했으나 결국은 실패하게 되었다. 그는 『좌파로의 여정- 한 근대 혁명가의 비망록』이라는 책을 1938년 출판했다.

조지 힉스 George Hicks(1879~1954)

영국에서 노동운동가 및 정치가로 활동한 인물이다. 노동불안기에는 신디칼리스트로서 활동했다. 힉스는 햄셔주에서 태어났다. 그는 1904년 영국 사회당 창건에 관여했지만 1910년 당과 결별한다. 이후 그는 노동운동에서 두드러진 활동을 보였다. 그는 노동불안기의 신디칼리스트 활동에서 두드러졌으며 특히 마지막 해인 1914년 런던 건설업 록아웃 과정에서 유명해졌다. 그는 산업 신디칼리스트 교육연맹에 관여하였으며, 그 후신인 산업민주연맹에도 관여했다. 그는 벽돌공협회Operative Bricklayers' Society의 조직책이 되었으며 1919년에서 1921년까지 협회의 서기직을 맡았다. 이어 그는 1921년부터 1941년까지 건설노동자 연합회의 서기를 맡았으며 1926년 총파업 조직을 돕기도 했다. 그는 1931년 보궐선거에서 울위치 이스트 Woolwich East에서 노동당 의원으로 당선되어 의회활동을 시작했다. 1950년까지 의원직을 유지했다.

부록 2. 노동불안기 영국의 노동조합 가입자 수와 파업일 수

연도	노동조합의 수	노동조합가입자수	파업발생 건수	파업일수
1909	1,260	2,477,000	422	2,690,000
1910	1,269	2,565,000	521	9,870,000
1911	1,290	3,139,000	872	10,160,000
1912	1,252	3,416,000	834	40,890,000
1913	1,260	4,135,000	1,459	9,800,000
1914	1,260	4,145,000	972	9,880,000

출전 : H. Pelling, *A History of Trade Unions* (London, 1992), p.303.

1) 파업일수가 1910년부터 크게 늘어나고 있는 것을 관찰할 수 있다.

2) 노동조합 가입자 수는 1911년부터 크게 증가하고 있음을 알 수 있다.

부록 3. 노동불안기를 전후한 노동당 득표수와 득표율 및 의석수

연도	득표수	득표율(%)	의석수
1900	62,698	1.3	2
1906	329,748	5.9	29
1910(1월)	505,657	7.6	40
1910(10월)	371,802	6.4	42
1918[1]	2,245,777	20.8	57
1922	4,237,349	29.7	142
1923[2]	4,439,780	30.7	191
1924	5,489,087	33.3	151
1929[3]	8,370,417	37.1	287
1931	6,649,630	30.9	52
1935	8,325,491	38.0	154
1945[4]	11,967,746	48.0	393

출전 : Keith Laybourn, *A Century of Labour* (London, 2001), p.174.

1) 21세 이상의 성인 남자 모두와 30세 이상의 여성들에게 선거권이 주어진 후 치러진 선거이다. 이 선거에서 노동당의 총 득표수는 이전 선거보다 5배 이상 늘어났다.
2) 노동당이 최초로 집권한 선거이다. 노동당은 원내 제2당이었지만 자유당과 연합해 집권할 수 있었다.
3) 21세 이상의 여성에게도 선거권이 주어진 후 치러진 선거이다. 이 선거 결과 노동당은 원내 제1당이 된다. 하지만 과반 의석 확보에는 실패했다. 노동당은 두 번째로 집권하게 된다.
4) 노동당은 거의 과반에 가까운 득표율을 올렸다. 그리고 노동당은 처음으로 의석 과반수 확보에 성공했다.

참고문헌

Active Workers. 1910, "Symposium on Syndicalism," *The Industrial Syndicalist*, vol.1, no.5, Nov.

Allen, E. J. B. 1912, "Is Sabotage Un-English," *The Syndicalist*, Oct.

__________. 1912, "Is Syndicalism Un-english?" *The Syndicalist*, July.

Barrow, Logie and Bullock, Ian. 1996, *Democratic Ideas and the British Labour Movement, 1880-1914*, Cambridge.

Beer, Max. 1940, *A History of British Socialism*, London.

Bellamy, Richard. 1990, "Book Review on Brian Lee Crowley," *The Self, The Individual, and the Community, History of European Ideas*.

Bevir, Mark. 2000, "Republicanism, Socialism, and Democracy in Britain: The Origins of the Radical Left," *Journal of Social History*, vol.34, no.2, winter.

Birnbaum, 1988, *States and Collective Action*, Cambridge University Press.

Bower, Fred. 1913, "Why Syndicalists Organise by Industry," *The Syndicalist*, March-April.

Briggs, A. and Saville, J.(ed.), 1971, *Essays in Labour History 1886-1923*, London.

Brown, Geoff. 1974, "Introduction," in *The Industrial Syndicalist*, Nottingham.

Burgess, K. 1990, *The Challenge of Labour*, London.

Callaghan, John. 1990, *Socialism in Britain since 1884*, Oxford.

Cannon, John. 2002, *The Oxford Companion to British History*, Oxford.

Carpenter, Nile. 1922, *Guild Socialism*, London.

Church, R. 1987, "Edwardian Labour Unrest and Coalfield Militancy, 1890-1914,"

262

Historical Journal 30, 4.

Clayton, J. 1926, *The Rise and Decline of Socialism in Great Britain 1884–1924,* London.

Cole, G.D.H. 1913, *World of Labor,* London.

__________. 1914, "The World for the workers: Guild Socialism and Syndicalism," *Daily Herald,* 30 June.

__________. 1914, "Freedom in the Guild," *New Age,* no.5.

__________. 1915, "Conflicting Obligations," in *Proceedings of the Aristotelian Society 1914–15,* vol.XV.

__________. 1917, *Self-Government in Industry,* London.

__________. 1918, "Recent Development in the British Labour Movement," *The American Economic Review,* 8(3) Sep.

__________. 1918, *Labor in the Commonwealth,* London.

__________. 1920, "National Guilds Movement in Great Britain," *Monthly Labor Review,* July 1919 in D. Bloomfield(ed.), *Modern Industrial Movements,* New York.

__________. 1920, "Reviving the Guild Idea", *Living Age,* July 26, 1919, in D. Bloomfield(ed.), *Modern Industrial Movements,* New York.

__________. 1920, *Guild Socialism Re-Stated,* London.

__________. 1920. *Social Theory,* London.

__________. 1921, *The Future of Local Governmen,* London.

__________. 1923, "Next Steps in the Guild Movement I," *The Guild Socialist,* April.

__________. 1923, "Next Steps in the Guild Movement II," *The Guild Socialist,* May.

__________. 1923, "Next Steps in the Guild Movement IV," *The Guild Socialist,* August.

__________. 1924, *Organized Labour,* London.

__________. 1941, *British Working Class Politics,* London.

__________. 1950, *British Working Class Politics 1832–1914,* London.

__________. 1952, *A Short History of the British Working Class Movement 1789–1947,* London.

__________. 1967, *History of Socialist Thought,* vol.3. London.

__________. 1969, *History of Socialist Thought,* vol.4. London.

__________. 1978, "What is Socialism?" in Anthony de Crespigny and Jeremy Cronin(ed.), *Ideologies of Politics,* London.

Cole, G.D.H. & Mellor, W. 1914, "The Class War and the State," *Daily Herald,*

3 March.

Cook. C. and Stevenson, J. 1988, *The Longman Handbook of Modern British History*, London.

Cronin, J. 1984, "Industrial Conflict in Modern Britain; Strikes, 1870-1914," in C. J. Wrigley(ed.). *A History of British Industrial Relations 1875-1914*, London.

__________. 1985, "Strikes and the Struggle for Union Organization: Britain and Europe," in Wolfgang J. Mommsen, Hans-Gerhard Husung(eds.), *The Development of Trade Unionism in Great Britain and Germany, 1880-1914*, London.

Cronin, J. E. and Weiler, Peter. 1991, "Working-Class Interests and the Politics of Social Democratic Reform in Britain, 1900-1940," *International Labor and Working-Class History*, No.40, Fall.

Crowley, Brian Lee. 1987, *The Self, The Individual, and the Community*, Oxford.

Dair, Alan. 1914, "How We Shall Not Make the Revolution," *The Syndicalist*, Jan.

Dangerfield, G. 1935, *The Strange Death of England 1910-1914*, London.

Daniels, A. 1914, "The Newest Fabianism," *The Syndicalist*, Jan.

Davis, M. J. 1912, "Syndicalism & Trade Unionism," *The Syndicalist*, May.

Eisenberg, Christiane. 1989, "The Comparative View in Labour history: Old and New Interpretations of the English and German Labour Movements before 1914," *International Review of Social History*, XXXIV.

Feldman, D. 1989, "Class or Conjuncture? Explanations and Deductions of Liberal Politics," *Journal of British Studies*, 28(3), July.

Fisherman, W. J. 1975, *East End Jewish Radicals*.

Flynn, E. 1911, "Trade Unionism and Solidarity," *The Transport Worker*, vol.1, no.4, nov.

Foote, G. 1985, *The Labour Party's Political Thought*, London.

Fraser, Hamish. 1999, *A History of British Trade Unionism 1700-1998*, Hampshire.

Green, E. H. H. 1997, "An Age of Transition: An Introductory Essay," *Parliamentary History*, vol.16.

Halevy, E. 1934, *The Rule of Democracy*, London.

Hay, W. F. 1913, "The Working-Class and Political Action," *The Syndicalist and Amalgamation News*, February.

Hay, W. F. & Ablett, Noah. 1913, "A Minimum Wage for Miners," *The Industrial Syndicalist*, vol.1, no.8, Feb.

Hewlett, G. S. 1912, "From a Miner to a Labour Leader, Mr. W. Brace, M. P.," *The Syndicalist*, Nov.

Hikins, H. R. 1961, "Liverpool General Transport Strike," *Historical Society of Lancashire and Cheshire Transactions*, 113.

Hinton, J. 1969, review article of *The Revolutionary Movement in Britain, 1920-1921: The Origins of British Communism*, by Walter Kendall, in *Bulletin of the Society for the Study of Labour History*, No.19, Aut.

________. 1974, "G. D. H. Cole and the Stage Army of the Good," *Bulletin of the Society for the Study of Labour History*, No.28, Spring.

________. 1983, *Labour and Socialism*, Brighton, Sussex.

________. 1989, "Some Dynamics of Working-Class Politics," *History Workshop Journal*, vol.28, Aut.

Hirst, P. 1988, "Associational Socialism in a luralist State," *Journal of Law and Society*, vol.15, no.1, Spring.

Hobsbawm, E. J. 1984, "The Formation of British Working-Class Culture," in *Worlds of Labour*, London.

Hobson, J. A. 1932, *From Capitalism to Socialism*, London.

Hobson, S. G. 1920, *National Guilds and the State*, London.

Holton, Bob. 1976, *British Syndicalism 1900-1914*, London.

Holton, R. J. 1974, "Daily Herald v. Daily Citizen, 1912-15," *International Review of Social History* 19.

Holton, R. J. 1980, "Syndicalist Theories of The State," *Sociological Review*, vol.28, no.1, Feb.

________. 1985, "Revolutionary Syndicalism and the British Labour Movement," in Mommsen, Wolfgang J. Husung, Hans-Gerhard(eds.), *The Development of Trade Unionism in Great Britain and Germany, 1880-1914*, London.

Hopkin, Deian. 1982, "The Socialist Press during the Great Unrest, 1910-14," *Bulletin of the Society for the Study of Labour History*, no.44, Spr.

Hyman, Richard. 1985, "Mass Organization and Militancy in Britain: Contrasts and Continuities," in Wolfgang J. Mommsen and Hans-Gerhard Husung(eds.), *The Development of Trade Unionism in Great Britain and Germany, 1880-1914*, London.

Kendall, Walter. 1969, *The Revolutionary Movement in Britain, 1900-22*, London.

Kirk, Neville. 1994, *Labour and Society in Britain and the USA*, vol.2, Scolar Press.

__________. 1998, *Change, continuity and class: Labour in British society, 1850-1920*, Manchester.

Laidler, H. W. 1968, *History of Socialism*, New York.

Landauer, Carl. 1959, *European Socialism*, University of California Press.

Laybourn, Keith. 1992, *A History of British Trade Unionism*, Alan Sutton.

__________. 1995, "The Rise of Labour and the Decline of Liberalism: The State of Debate," *History*, vol.80, no.259, June.

Levy, C. 1987, "Education and Self-Education: Staffing the Early ILP," in C. Levy(ed.), *Socialism and Intelligentsia 1880-1914*, London.

Lewis, Arthur D. 1914, "Clerical Militarism," *The Syndicalist and Amalgamation News*, June.

Lewis, Arthur D. 1914, "Revolutionary Syndicalism," *The Syndicalist*, Jan.

Lindsay, A. D. 1914, "The State in Recent Political Theory," *Political Quarterly*, no.1, Feb.

Mann, Tom. 1910, "All Hail, Industrial Solidarity!" *The Industrial Syndicalist*, vol.1, no.4, Oct.

__________. 1910, "Forging the Weapon," *The Industrial Syndicalist*, vol.1, no.3, Sep.

__________. 1910, "Prepare for Action," *The Industrial Syndicalist*, vol.1, no.1, July.

__________. 1911, "A Twofold Warning," *Industrial Syndicalist*, April.

__________. 1911, "The Weapon Shaping," *The Industrial Syndicalist*, vol.1, no.9, Mar.

__________. 1912, "Labour Saving Appliances demand an Eight Hour Day," *The Transport Worker*, vol.1, no.7, Feb.

266

__________. 1912, "Looking Backward and Forward," *The Transport Worker*, vol.1, no.6, Jan.

__________. 1912, "Now for the Fight," *The Syndicalist*, vol.1, no.2, Feb.

__________. 1912, "The Unemployment Question: The Cause and Cure," *The Transport Worker*, vol.1, no.8, Mar.

__________. 1913, "Syndicalism and the State," *The Syndicalist and Amalgamation News*, March–April.

__________. 1913, *The Labourer's Minimum Wage*, Manchester.

__________. 1923, *Tom Mann's Memoirs*, London.

Marmol, F. Tarrida del. 1914, "The Black International," *The Syndicalist and Amalgamation News*, Aug.

Matthew, H. C. G. 1988, "The Liberal Age," in K. O. Morgen(ed.), *The Oxford History of Britain*, Oxford.

McGrath, Phil. 1911, "Red Sunday, Aug. 13th, 1911," *The Transport Worker*, vol.1, no.4, Nov.

Meacham, S. 1972, "'The Sense of an Impending Clash': English Working-Class Unrest before the First World War," *American Historical Review* 77.

Meltzer, Albert. 1995, *First Flight: The Origins of Anarcho-Syndicalism in Britain*, London.

Middlemas, Keith. 1979, *Politics in Industrial Society: The Experience of the British System since 1911*, London.

Newman, Otto. 1981, *The Challenge of Corporatism*, London.

Pelling, H. 1954, *The Challenge of Socialism*, London.

__________. 1968, *Popular Politics and Society in Late Victorian England*, London.

__________. 1992, *A History of British Trade Unionism*, London,

Penty, A. J. 1920, "On Guilds and Self-Governing Workshops," *The Guildsman*, Jan.

Perkin, H. 1989, *The Rise of Professional Society*, London

Phillips, G. A. 1971, "The Triple Industrial Alliance in 1914," *Economic History Review* 24.

Pierson, S. 1979, *British Socialists*, London.

Pribicévić, Branco. 1959, *The Shop Stewards' Movement and Workers' Control 1910-1922*, Oxford.

Price, R. 1980, *Masters, Unions and Men: Work Control in Building and the Rise of Labour, 1830-1914*, Cambridge.

________. 1998, "Contextualising British syndicalism, c. 1907—c. 1920," *Labour History Review*, vol.63, no.3.

Pugh, Martin. 1982, *The Making of Modern British Politics 1867-1939*, Oxford.

Quail, John. 1977, *The Slow Burning Fuse: The Lost History of British Anarchists*, London.

Radcliffe, Jack. 1912, "About Gadflies-and Other Things," *The Syndicalist*, Oct.

__________. 1912, "Syndicalism and Socialism," *The Syndicalist*, June.

__________. 1913, "The Past of Social Democracy," *The Syndicalist*, Dec.

__________. 1914, "Fat and His Mule," *The Syndicalist and Amalgamation News*, June.

__________. 1914, "What is Syndicalism?" *The Syndicalist and Amalgamation News*, Feb.

Reid, Alastair. 1985, "The Division of Labour and Politics in Britain, 1880-1920," in Wolfgang J. Mommsen and Hans-Gerhard Husung(eds.), *The Development of Trade Unionism in Great Britain and Germany, 1880-1914*, London.

"REMUS." 1914, member of the national executive N. U. C. "Syndicalism for Clerks, I," *The Syndicalist and Amalgamation News*, June.

"REMUS." 1914, member of the national executive N. U. C. "Syndicalism for Clerks, II," *The Syndicalist and Amalgamation News*, vol.III, no.4, July.

"REMUS." 1914, member of the national executive N. U. C. "Syndicalism for Clerks, III," *The Syndicalist and Amalgamation News*, Aug.

Robert Benewick and Philip Green(eds.). 1992, *Twentieth Century Political Thinkers*, London.

Russel, B. 1919, *Roads to Freedom: Socialism, Anarchism and Syndicalism*, London.

________. 1919, "Why I am a Guildsman," *The Guildsman*, Sep.

Sancton, A. 1976, "British Socialist Theories of the Division of Power by Area," *Political Studies*, no.24.

Saville, John. 1973, "The Ideology of Labourism," in R. Benewick, R. N. Berki and B. Parekh(eds.). *Knowledge and Belief in Politics*, London.

Schecter, Darrow. 1994, *Radical Theories, Paths beyond Marxism and Social Democracy,* Manchester.

Shaw, G. B. 1916, "On Guild Socialism," in E. Pease, *The History of the Fabian Society,* London.

Stedman-Jones, Gareth, 1971, *Outcast London,* Oxford.

Taplin, Eric. 1994, *Near to Revolution, The Liverpool General Transport Strike of 1911,* Liverpool.

Thompson, E. P. 1976, "Romanticism, Moralism, and Utopianism: The Case of William Morris," *New Left Review,* No.99, Sep.-Oct.

Thompson, Paul. 1992, *The Edwardians, the Remaking of British Society,* London.

Torr, Dona. 1936, *Tom Mann,* London.

Tsuzuki, Chushichi. 1991, *Tom Mann. 1856-1941: The Challenges of Labour,* Oxford.

Unofficial Reform Committee. 1912, *The Miners' Next Step: Being a Suggested Scheme for the Reorganization of the Federation,* Tonypandy.

van der Linden, Marcel and Thorpe, Wayne(eds.). 1990, *Revolutionary Syndicalism: an international perspective,* Scolar Press.

van Eden, Frederik. 1912, "Syndicalism: The Reformation of Socialism," *The Syndicalist,* May.

Webbs. 1912, "What Syndicalism Means," *Crusade,* 3. 8 Aug(supplement).

______. 1913, "What is Socialism? XIX," *New Statesman,* 16 Aug.

______. 1913, "What is Socialism: In Itself a Demonstration of the Impossibility of Syndicalism and Anarchism," *New Statesman,* 23 Aug.

______. 1920, *Problems of Modern Industry,* London.

______. 1920, *Constitution for the Socialist Commonwealth of Great Britain,* London.

______. 1921, *The Consumer's Co-operative Movement,* London.

White, J. 1978, *The Limits of Trade Union Militancy, The Lancashire Textile Workers, 1910-1914,* London.

White, Joe. 1982, "1910-1914 Reconsidered," in J. E. Cronin and Jonathan Schneer(eds.), *Social Conflict and the Political Order in Modern Britain,* London.

White, Joseph. 1990, "Syndicalism in a Mature Industrial Setting: the Case of Britain," in Marcel van der Linden and Wayne Thorpe(eds.).

Evolutionary Syndicalism:an international perspective, Scolar Press.

__________. 1991, *Tom Mann*, Manchester.

Wilson, C. 1911, "The Capitalist Orge Unmasked," *The Transport Worker*, vol.1, no.4, Nov.

Winter, J. M. 1974, *Socialism and the Challenge of War*, London.

Wright, A. 1978, "Fabianism and Guild Socialism: Two Views of Democracy," *International Review of Social History*, 23(2).

Wrigley, C. 1985, "Labour and the Trade Unions," in K. D. Brown(ed.), *The First Labour Party 1906-1914*, London.

Young, J. D. 1977, "The Problems and Progress of the Social History of the British Working Classes 1880-1914," *Labor History*, vol.18, no.2, Spring.

__________. 1989, *Socialism and the English Working Class, A History of English Labour 1883-1939*, London.

1912, "Militarism and the Politicians," *The Syndicalist*, Oct.

1912, "Open Letter to British Soldiers." *The Syndicalist*, Jan.

1912, "Open Letter to the Delegates to the Trade Union Congress at Newport," *The Syndicalist*, September.

1912, "Sabotage," *The Syndicalist*, Jan.

1912, "Syndicalism at Work," *The Syndicalist*, March-April.

1912, "The Legacy of 1911 to 1912," *The Syndicalist*, Jan.

1912, "The Moral of the Labour Unrest," *Crusade*, 3, 7, July.

1912, "The Policy of the Syndicalist Weekly," *The Syndicalist*, Oct.

1912, "The Trade Union Congress and Syndicalism," *The Syndicalist*, Oct.

1912, "Workers of the World, Unite!" *The Syndicalist*, May.

1913, "Syndicalism and Anarchism," *New Statesman*, 23 Aug.

1913, "Syndicalism in Birmingham," *The Syndicalist*, Dec.

1914, *Debate between Tom Mann and Arthur M. Lewis*, Chicago.

1914, "Straight Talks: Fifty Points against Parliament," *The Syndicalist and Amalgamation News*, vol.III, no.4, July.

1914, "Trades Councils News," *The Syndicalist and Amalgamation News*, Aug.

1914, "Trite and Tripe," *The Syndicalist and Amalgamation News*, Feb.

270

http://en.wikipedia.org
http://www.britannica.com
http://www.spartacus.schoolnet.co.uk
http://yba.llgc.org.uk/en/index.html

1장 1911년은 무슨 의미를 지닐까?

1) 결국 단식 투쟁을 하는 수감자에게 음식을 강제 주입하는 조치가 취해졌고 1913년에는 고양이와 생쥐법Cat and Mouse Act(단식죄수 가출옥법)이 제정되었다.

2장 노동불안기에 무슨일이 일어났을까?

1) 잉글랜드 북동부 동요크셔의 트렌트 강 하구에 위치한 항구도시.

2) 잉글랜드 남부 햄셔에 위치한 항구도시.

3) 잉글랜드 북동부의 광산 지역. 스코틀랜드와 접하고 있는 최북단 지역이다.

4) 잉글랜드 북동부의 광산 지역. 노썸버랜드와 접하고 있다.

5) 서요크셔에 위치한 광산마을이다.

6) 남요크셔에 위치한 광산마을이다.

7) 서요크셔에 위치한 광산마을이다.

8) 뉴캐슬의 광산마을이다.

9) 스코틀랜드의 광산 마을이다. 에딘버러 북쪽으로 18마일의 거리에 있으며 파이프 Fife주에 속해 있다.

3장 노동불안기는 체제의 위기였을까?

1) Letter of 12 March 1912 in Sir Austin Chamberlain, *Politics from Inside* (London, 1936), pp.443~444/G. Brown, *Introduction to The Industrial Syndicalist* (Nottingham, 1974), p.16에서 재인용.

2) H. Perkin, *The Rise of Professional Society* (London, 1989), p.186.

3) Hamish Fraser, *A History of British Trade Unionism 1700-1998* (Hampshire, 1999), p.127.

4) *Ibid.*, p.122.

5) Richard Hyman, "Mass Organization and Militancy in Britain: Contrasts and Continuities," in *The Development of Trade Unionism in Great Britain and Germany, 1880-1914*, eds. Wolfgang J. Mommsen and Hans-Gerhard Husung (London, 1985), p.259.

6) Neville Kirk, *Labour and Society in Britain and the USA*, vol.2 (Scolar Press, 1994), p.109.

7) Paul Thompson, *The Edwardians*, second edition, (London, 1992), pp.228, 246, 248, 249, 297. 레이번도 1914년 이전에 위협은 없었다고 주장한다. K. Laybourn, *A History of British Trade Unionism* (Alan Sutton, 1992), p.119.

8) Laybourn, *A History of British Trade Unionism*, p.119.

9) R. J. Holton, "Daily Herald v. Daily Citizen, 1912-15," *International Review of Social History* 19 (1974), p.376.

10) Dona Torr, *Tom Mann* (London, 1936), p.38.

11) Chushichi Tsuzuki, *Tom Mann, 1856-1941, The Challenges of Labour* (Oxford, 1991), p.153.

12) Torr, *Tom Mann*, p.43.

13) K. Burgess, *The Challenge of Labour* (London, 1980), p.138.

14) *Ibid.*, p.145.

15) Bob Holton, *British Syndicalism 1900-1914* (London, 1976), p.189.

16) Laybourn, *A History of British Trade Unionism*, p.102 ; Hinton, *Labour and Socialism* (Brighton, Sussex, 1983), p.87.

17) Bob Holton, *British Syndicalism*, p.189.

18) Hinton, *Labour and Socialism*, p.87.

19) *Ibid.*

20) Eric Taplin, *Near to Revolution, The Liverpool General Transport Strike of*

1911 (Liverpool, 1994), p.9.

21) 2실링의 임금인상과 주당 노동시간을 60시간에서 54시간으로 줄이자는 요구가
전국적으로 제기되었다. Perkin, *The Rise of Professional Society*, p.179.

22) Joe White, "1910-1914 Reconsidered," in *Social Conflict and the Political Order
in Modern Britain*, eds. J. E. Cronin and Jonathan Schneer (London, 1982),
pp.80~81.

23) Dangerfield, *The Strange Death of England 1910-1914* (London, 1935), pp.218~219.

24) J. E. Cronin, "Strikes and the Struggle for Union Organization: Britain and
Europe," in *The Development of Trade Unionism in Great Britain and Germany,
1880-1914*, p.62.

25) E. H. H. Green, "An Age of Transition: An Introductory Essay," *Parliamentary
History* 16 (1997): 7.

26) Brown, Introduction, p.21.

27) Joseph White, "Syndicalism in a Mature Industrial Setting: the Case of Britain,"
in *Revolutionary Syndicalism: an international perspective*, eds. Marcel van der
Linden and Wayne Thorpe (Scolar Press, 1990), p.104.

28) Brown, Introduction, pp.22~23.

29) Henry Pelling, *Labour Unrest, 1911-1914*, p.150. Geoff Brown, Introduction
to *The Industrial Syndicalist* (Nottingham, 1974), p.23에서 재인용.

30) R. J. Holton, "Revolutionary Syndicalism and the British Labour Movement,"
in *The Development of Trade Unionism in Great Britain and Germany, 1880-1914*,
p.275.

31) Taplin, *Near to Revolution*, p.10.

32) R. J. Holton, "Revolutionary Syndicalism and the British Labour Movement,"
p.276.

33) Taplin, *Near to Revolution*, p.11. Cole이 대표적이다.

34) Brown, Introduction, p.22.

35) Kirk, *Labour and Society in Britain and the USA*, p.105. 토지소유자와 제조업자들의
사치스런 생활이 사회적 차별감을 낳았으며 대중적 불안을 야기시켰다는 것이다.

36) Brown, Introduction, p.22.

37) Perkin, *The Rise of Professional Society*, pp.171~172.

38) J. D. Young, *Socialism and the English Working Class, A History of English Labour 1883-1939* (London, 1989), p.115.

39) Thompson, *The Edwardians*, p.246.

40) Hyman, "Mass Organization and Militancy in Britain: Contrasts and Continuities," p.261.

41) *Ibid.*, pp.260~261.

42) Fraser, *A History of British Trade Unionism 1700-1998*, p.119.

43) *Ibid.*, p.106.

44) Bob Holton, *British Syndicalism*, p.149.

45) *Ibid.*, p.113.

46) Keith Middlemas, *Politics in Industrial Society: The Experience of the British System sicnce 1911* (London, 1979), pp.54~55.

47) Marcel van der Linden, "Second Thoughts on Revolutionary Syndicalism," *Labour History Review*, vol.63, no.2 (1998): 185.

48) *Ibid.*, p.188.

49) *Ibid.*, p.185.

50) Bob Holton, *British Syndicalism*, p.80.

51) 영Young은 이런 점에서 스턴스Stearns가 노동불안의 원인을 제대로 이해하지 못했다고 비판한다. J. D. Young, "The Problems and Progress of the Social History of the British Working Classes 1880-1914," *Labor History*, vol.18, no.2 (Spring, 1977): 265~266.

52) Joe White, "1910-1914 Reconsidered," p.81.

53) Young, *Socialism and the English Working Class*, pp.111~114.

54) Hyman, "Mass Organization and Militancy in Britain: Contrasts and Continuities," p.261.

55) Young, *Socialism and the English Working Class*, pp.93, 97, 111, 114.

56) 홀튼 같은 경우는 신디칼리스트 운동의 발전을 중지시킨 주범으로 전쟁을 단정적으로 지목한다. Bob Holton, *British Syndicalism*, p.134.

57) Tsuzuki, *Tom Mann*, p.154.

58) Torr, *Tom Mann*, pp.40~42.

59) Hinton, *Labour and Socialism*, p.87.

60) Joe White, "1910-1914 Reconsidered," p.87.

61) Keith Middlemas, *Politics in Industrial Society*, p.63.

62) 조셉 화이트는 이 점에 대해 많은 노동사가들이 동의하고 있음을 지적한다. Joseph White, "Syndicalism in a Mature Industrial Setting: the Case of Britain," p.105.

63) R. J. Holton, "Daily Herald v. Daily Citizen, 1912-15," p.376.

64) Perkin, *The Rise of Professional Society*, p.171.

65) *Ibid.*, p.186.

4장 노동불안기에 노동자들의 연대는 이루어졌을까?

1) 이들은 프랑스 학자들인 리오타르Jean-François Lyotard, 소쉬르Ferdinand Saussure, 푸꼬Michel Foucault의 영향을 받았다. 리오타르는 '중심의 사망', 소쉬르는 '기표와 기의의 연관에 대한 부정', 푸꼬는 '권력의 편재'를 주장했다.
K. Laybourn, *The Rise of Socialism in Britain* (Gloustershire, 1997), pp.x-xi.

2) 베버는 이러한 현상의 원인으로 두 가지를 지적한다. 첫째는 언어적 전환이며 둘째는 공화주의적 전통에 대한 정치사상사가들의 작업이다. 전자는 역사가들로 하여금 운동의 성격에 대해 참여자의 객관적인 사회적 위치에서 정의하기보다 당대 사람들의 세계를 구성하는 언어나 믿음의 관점에서 접근하게 만들었다. 후자는 미덕virtue, 부패corruption 등에 초점이 맞추어진 공화주의적 전통을 복원시켰다. G. Claeys, J. Pocock 등의 작품이 여기 해당된다.
Mark Bevir, "Republicanism, Socialism, and Democracy in Britain: The Origins of the Radical Left," *Journal of Social History*, vol.34, no.2 (winter, 2000), p.351.

3) 그런가 하면 고용주도 결속을 강화해 나갔다기보다는 서로의 이해관계에 입각해 마찰을 빚고 있었다는 것이다. 이러한 주장은 19세기 후반에 자본과 노동은 각기 결속을 강화해 나갔다는 주장과는 정면으로 배치된다. 즉 노동과 자본은 그 안에서 각기 분열되어 서로 싸우고 있었다는 것이다. Alastair Reid, "The Division of Labour and Politics in Britain, 1880-1920" in Wolfgang J. Mommsen and Hans-Gerhard Husung(eds.), *The Development of Trade Unionism in Great Britain and Germany, 1880-1914* (London, 1985).

4) N. Kirk, *Change, Continuity and Class: Labour in British society, 1850-1920* (Manchester, 1998), p.148.

5) *Ibid.*, p.155.

6) Laybourn, *The Rise of Socialism in Britain*, p.x.

7) 리버풀 파업의 와중에서 발간된 『운수노동자』에서도 강조된 것은 산업의 연대였다. *Transport Worker*, Aug. 1911.

8) Chushichi Tsuzuki, *Tom Mann, 1856-1941, The Challenges of Labour* (Oxford, 1991), p.167.

9) Logie Barrow and Ian Bullock, *Democratic Ideas and the British Labour Movement, 1880-1914*, (Cambridge, 1996), p.251 ; Joe White, "1910-1914 Reconsidered," in J. E. Cronin and Jonathan Schneer(eds.), *Social Conflict and the Political Order in Modern Britain* (London, 1982), pp.80~81.

10) C. Wrigley, "Labour and the Trade Unions," in K. D. Brown(ed.), *The First Labour Party 1906-1914* (London, 1985), p.149.

11) E. J. Hobsbawm, "The Formation of British Working-Class Culture," *Worlds of Labour* (London, 1984), p.207.

12) Joe White, "1910-1914 Reconsidered," p.86.

13) J. E. Cronin, "Strikes and the Struggle for Union Organization: Britain and Europe," in Wolfgang J. Mommsen, Hans-Gerhard Husung(eds.), *The Development of Trade Unionism in Great Britain and Germany, 1880-1914* (London, 1985), pp.57~58.

14) Neville Kirk, *Labour and Society in Britain and the USA*, vol.2 (Scolar Press, 1994), p.105.

15) 파업은 6월 14일 500명의 선원들이 the Canadian Pacific and White Star Lines 에 대해 파업을 시작하면서 비롯되었다. 만과 파업위원회가 파업노동자들을 설득해 8월 4일 합의를 받아들이게 되어 백서합의the White Book Agreement가 작성되었다. 하지만 백서합의가 나온 바로 다음날 랭카셔 및 요크셔철도의 화물 포터들이 노동시간축소와 임금인상을 외치며 파업을 시작했고 파업은 8월 24일까지 끌게 된다. 파업은 72일간 지속되었다.
Joseph White, *Tom Mann* (Manchester, 1991), pp.174~175.

16) H. M. Pelling, *Popular Politics and Society in Late Victorian Britain* (London, 1979), p.151.

17) Joseph White, *Tom Mann*, p.179. ; Kirk, *Labour and Society*, p.107.

18) Kirk, *Labour and Society*, p.101.

19) Eric Taplin, *Near to Revolution, The Liverpool General Transport Strike of 1911* (Liverpool, 1994), p.12.

20) Geoff Brown, Introduction to *The Industrial Syndicalist* (Nottingham, 1974), p.15.

21) Tom Mann, *Tom Mann's Memoirs* (London, 1923), p.269.

22) *Ibid.*, p.268.

23) letter from the Chief Postmaster of Liverpool, 14th August 1911 in Eric Taplin, *Near to Revolution, The Liverpool General Transport Strike of 1911* (Liverpool, 1994), p.90.

24) Dona Torr, *Tom Mann* (London, 1936), p.40.

25) *Ibid.*, p.39.

26) Bob Holton, *British Syndicalism 1900-1914* (London, 1976), p.100.

27) Joseph White, *Tom Mann*, p.180.

28) 따라서 톰 만이 여기서 파업을 지도하기로 한 것은 결코 우연이 아니었다. Tsuzuki, *Tom Mann*, p.156.

29) 코터Joe Cotter, 피어스Fred Pearce 같은 사람들을 지적한다. Joseph White, *Tom Mann*, p.174.

30) Joseph White, "Syndicalism in a Mature Industrial Setting: the Case of Britain," in Marcel van der Linden and Wayne Thorpe(eds.), *Revolutionary Syndicalism: an international perspective* (Scolar Press, 1990), p.108.

31) Joseph White, *Tom Mann*, p.178.

32) 그는 1910~14년간 일어난 중요한 노사분규 14건 중 신디칼리즘의 영향이 크게 느껴진 경우를 두 개의 사건에만 국한시킨다. 캄브리안파업과 리버풀 파업이 그것이다.
K. Laybourn, *A History of British Trade Unionism* (Alan Sutton, 1992), p.96.

33) Tsuzuki, *Tom Mann*, p.156.

34) 올림픽호는 이제까지 만들어진 기선 중 가장 큰 배였다. Mann, *Memoirs*, p.258.

35) Tsuzuki, *Tom Mann*, pp.155~156 ; Mann, *Memoirs*, p.257.

36) Tsuzuki, *Tom Mann*, p.160.

37) Hikens의 지적에 따르면 리버풀 파업의 성격은 부두노동자들이 '선원들의 요구가 관철되는 것이 그들의 요구도 관철되는 것이라고 스스로 결정하였던' 6월 28일부터 '근본적으로 변화되었다.' Joseph White, *Tom Mann*, p.174.

38) Taplin, *Near to Revolution*, pp.15~16.

39) *Ibid.*, p.28.

40) Bob Holton, *British Syndicalism*, p.104.

41) 4천명의 철도원들이 1911년 8월 7일 노동시간 축소와 임금인상을 내걸고 파업을 시작하자 모든 운수노동자들이 동조행위를 통해 이들을 지지하기로 합의했던 것이다. Taplin, *Near to Revolution*, pp.14~15.

42) 전혀 다른 산업에 종사하는 노동자들 사이의 연대도 볼 수 있다. 그런 예로 라넬리에서 나타난 철도원들과 양철노동자들tin plate workers 사이의 연대, 1911년의 항만운수파업에서 힐Hull지역의 제분공장 노동자들과 리버풀의 기름찌꺼기oil cake 처리 노동자들 사이에 나타난 동조현상 등을 지적해 볼 수 있다. Bob Holton, *British Syndicalism*, p.91.

43) Mann, *Memoirs*, p.279. 노동불안기에 상무성 조정관으로 활동했던 G. 애스크워드도 맨체스터에서 18개의 서로 다른 노조들과 협상을 벌이는 과정에서 모든 노조들이 다른 17개의 노조가 만족하지 않는 한 일터로 돌아가지 않으려 하는 상황에 직면했다. Hinton, *Labour and Socialism* (Brighton, Sussex, 1983), p.86.

44) Robert J. Holton, "Revolutionary Syndicalism and the British Labour Movement," in Wolfgang J. Mommsen, Hans-Gerhard Husung(eds.), *The Development of Trade Unionism in Great Britain and Germany, 1880-1914* (London, 1985), p.272.

45) Tsuzuki, *Tom Mann*, p.156.

46) Bob Holton, *British Syndicalism*, p.100.

47) *Ibid.*, p.99.

48) Taplin, *Near to Revolution*, p.47.

49) Torr, *Tom Mann*, p.38.

50) E. Flynn, "Trade Unionism and Solidarity," *The Transport Worker*, vol.1, no.4 (nov. 1911).

51) 예컨대 부두노동자들과 선원들의 경우 1880년대 후반 신조합주의운동은 각기 NUDL과 NASFU라는 노조조직을 만들어내었다. 그러나 NUDL의 영향은 축소되어 노쓰엔드 지역에서는 거의 미미했다. NASFU는 1890년대 중반까지 선박동맹에 의해 붕괴되었고 그 후신으로 NSFU가 만들어졌지만 약체였다. Havelock Wilson이 의장이었다. Taplin, *Near to Revolution*, p.16.

52) Joe White, "1910-1914 Reconsidered," pp.79~80.

53) Taplin, *Near to Revolution*, p.26.

54) 석탄화부들은 선박에 석탄을 싣는 노동을 하는 사람들로 힘들게 노동해야 하는 위험한 일을 하는 노동자들이었다. 그들은 지역을 각기 대표하는 두 개의 노조로 조직되어 있었다.

55) 리버풀 항구는 Pierhead를 중심으로 하여 남쪽의 사우쓰엔드와 북쪽의 노쓰엔드로 나뉘어지는데 각기 Toxteth 와 Bootle까지 이어진다.
Taplin, *Near to Revolution*, pp.13, 16, 26.

56) *Ibid.*, p.36.

57) Hinton, *Labour and Socialism*, p.87.

58) Taplin, *Near to Revolution*, pp.16~17.

59) Mann, *Memoirs*, p.259.

60) Taplin, *Near to Revolution*, p.91.

61) Mann, *Memoirs*, p.263. 2차 대전 중에 처칠이 영국 공군의 노고를 치하한 "그렇게 많은 사람들이 그렇게 적은 사람들에게 그렇게 큰 신세를 진 적은 없다"고 한 발언은 톰 만의 발언 형식과 너무나도 비슷하다. 처칠은 노동불안기에 각료를 맡고 있었다.

62) 1913년 여름 '들불과 같은' 파업이 미들랜즈Midlands를 휩쓸고 지나가는 과정에서 연대는 조직되지 않은 노동자들에게로 파급되었다. 이 과정에서 일반노조general unions의 수는 급격히 늘어나게 된다. Hinton, *Labour and Socialism*, p.88.

63) Joe White, "1910-1914 Reconsidered," p.81.

64) Bob Holton, *British Syndicalism*, p.192.

65) Joe White, "1910-1914 Reconsidered," p.81 ; Hinton, *Labour and Socialism*, p.88 ; Kirk, *Labour and Society*, p.107. 여성노동자들의 파업은 다른 한편으로는 중산층 여성운동과의 괴리를 보여 주었다. '여성노조연맹Women's Trade Union League'과 '전국여성동맹National Federation of Women'을 주도한 중산층 여성 지도자들과

여성 파업노동자들 사이에 일정한 간극이 드러났다는 말이다.
J. D. Young, "The Problems and Progress of the Social History of the British Working Classes 1880-1914," *Labor History*, vol.18. no.2 (Spring 1977), p.265.

66) Brown, Introduction, p.29.

67) Hinton, *Labour and Socialism*, p.86.

68) 파업에 여성노동자들이 참여하자 파업행위에는 춤과 노래, 축제와 같은 분위기들이 가미되어 종종 흥겨운 분위기가 연출되었다. Fraser, *A History of British Trade Unionism*, p.120.

69) Hinton, *Labour and Socialism*, p.87.

70) Bob Holton, *British Syndicalism*, p.91.

71) *Ibid.*, pp.105~106.

72) *Ibid.*, p.173.

73) *Ibid.*, p.191.

74) *Ibid.*, p.173.

75) 1911년 카디프 운수파업에 대하여 Glamorgan 경찰서장이 한 말이다. Bob Holton, *British Syndicalism*, p.89.

76) Taplin, *Near to Revolution*, pp.29, 50, 51, 52.

77) Laybourn, *A History of British Trade Unionism*, p.108. 단지 '기관사 및 화부연합회Associated Society of Locomotive Engineers and Firemen'와 '철도서기협회Railway Clerks' Association'만이 빠졌다. Fraser, *A History of British Trade Unionism*, p.117.

78) Tom Mann, *The Labourer's Minimum Wage* (Manchester, 1913), p.11.

79) Robert J. Holton, "Revolutionary Syndicalism and the British Labour Movement," p.273.

80) Tsuzuki, *Tom Mann*, p.167.

81) Bob Holton, *British Syndicalism*, p.153.

82) E. Flynn, "Trade Unionism and Solidarity," *The Transport Worker*, vol.1, no.4 (nov. 1911).

83) Joe White, "1910-1914 Reconsidered," p.78.

84) Mann, *Memoirs*, pp.258~259.

85) H. R. Hikins, "Liverpool General Transport Strike," *Historical Society of Lancashire and Cheshire Transactions*, 113(1961), p.194.

86) Taplin, *Near to Revolution*, pp.66, 72. 1911년 8월의 런던 운수파업도 유사한 효과를 낳았다. 틸렛Tillet은 "운수노동자들이 모든 서비스를 방해"했으며 "석탄, 수도, 가스, 전기, 고기, 밀가루, 얼음, 야채, 상업용품, 공장생산품[등의 수송이 중단되었고], 공장, 목초지와 경작지[수송], 철도서비스, 육상운수, 해상 및 하천 등에서의 운행이 모두 중지되었다"고 지적했다. 전차승무원들은 런던 시내교통을 마비시켰으며, 병원, 요양소등을 제외하고는 물품 제공 허가를 금지한다는 결정이 내려졌다. 약 10만 명의 노동자들이 런던의 시티City거리를 통과하며 벌이는 행진이 조직되었다. Tsuzuki, *Tom Mann*, pp.152~153.

87) letter from Tom Mann to his wife Friday 7.20 a.m. 18 Aug. 1911 in Eric Taplin, *Near to Revolution, The Liverpool General Transport Strike of 1911* (Liverpool, 1994), p.93.

88) Taplin, *Near to Revolution*, p.93. 군대, 경찰, 파업파괴자들이 한 배에 타고 있는 사진도 볼 수 있는데 이들이 파업에 대항함에 있어 서로 연계되어 있었음을 짐작하게 한다. *Ibid.*, p.11.

89) Taplin, *Near to Revolution*, p.90.

90) Fraser, *A History of British Trade Unionism*, p.117.

91) Joseph White, *Tom Mann*, p.177. 하지만 복직은 느리게 진행되어 1911년 12월이 되어서야 모두 이루어졌다.

92) *Ibid.*, p.178.

93) *Ibid.*, p.180.

94) Taplin, *Near to Revolution*, p.72.

95) Torr, *Tom Mann*, p.40.

96) Mann, *Memoirs*, p.277.

97) *Ibid.*, p.278 ; Tsuzuki, *Tom Mann*, p.17.

98) Cronin, "Strikes and the Struggle for Union Organization: Britain and Europe," p.58.

99) Fraser, *A History of British Trade Unionism*, p.117.

100) *Ibid.*, p.119.

101) 연대가 전투적인 양상으로 발전할 때 더욱 그러했을 것이다. 1912년에 발생한 런던운수파업은 이스트 엔드East End에서 센트럴런던Central London까지 십만 명의 노동자들이 참가한 일종의 위협적인monster 행진을 보여주었을 뿐 아니라 파업노동자와 파업파괴자 사이에 권총을 든 격렬한 싸움도 낳았다. 7월말에는 시티 오브 콜롬보City of Colombo호에서 총싸움이 벌어졌는데 사건은 빅토리아 부두에서 그치지 않고 확대되는 모습을 보여주었다. 로열알버트 부두the Royal Albert, 웨스트 인디아 부두West India, 서리 상업부두Surrey Commercial, 틸뷰리 부두Tilbury Docks 등에서 유사한 충돌이 일어났다. Bob Holton, *British Syndicalism*, p.123.

102) Letter of 12 March 1912 in Sir Austin Chamberlain, *Politics from Inside* (London, 1936), pp.443~444/ Geoff Brown, Introduction to *The Industrial Syndicalist* (Nottingham, 1974)에서 재인용.

103) Brown, Introduction, p,16.

104) Taplin, *Near to Revolution*, p.17.

5장 신디칼리즘은 노동불안기를 주도했을까?

1) Joseph White, *Tom Mann* (Manchester, 1991), p.156.

2) R. Price, *Labour in British Society: An Interpretative History* (New York, 1986), p.154.

3) K. Laybourn, *A History of British Trade Unionism* (Alan Sutton, 1992), pp.103, 104, 106.

4) *Ibid.*, p.107.

5) *Ibid.*, p.119.

6) Logie Barrow and Ian Bullock, *Democratic Ideas and the British Labour Movement, 1880-1914,* (Cambridge, 1996), p.253.

7) Bob Holton, *British Syndicalism* (London, 1976), pp.74~76.

8) F. Faithful Begg, Annual Report of the Association of Chambers of Commerce, 1914. Bob Holton, *British Syndicalism* (London, 1976), p.131에서 재인용.

9) Bob Holton, *British Syndicalism*, p.116.

10) Logie Barrow and Ian Bullock, *Democratic Ideas and the British Labour Movement, 1880-1914,* pp.248, 253 ; Geoff Brown, Introduction to *The Industrial Syndicalist* (Nottingham, 1974).

11) Joseph White, "Syndicalism in a Mature Industrial Setting: the Case of Britain," in Marcel van der Linden and Wayne Thorpe(eds.), *Revolutionary Syndicalism: an international perspective* (Scolar Press, 1990), p.103.

12) *Ibid.*, p.105.

13) R. Price, "Contextualising British syndicalism, c. 1907 ‒ c. 1920," *Labour History Review*, vol.63, no.3 (1998), pp.262~266.

14) Keith Laybourn, "The Rise of Labour and the Decline of Liberalism: The State of Debate," *History*, vol.80, no.259 (June, 1995), p.209.

15) *Ibid.*, p.223.

16) E. Halevy, *The Rule of Democracy* (London, 1934) ; G. Dangerfield, *The Strange Death of England* (London, 1936) ; Richard Hyman, "Mass Organization and Militancy in Britain: Contrasts and Continuities," in Wolfgang J. Mommsen and Hans‒Gerhard Husung(eds.), *The Development of Trade Unionism in Great Britain and Germany, 1880-1914* (London, 1985), p.258.

17) 이 3년의 기간이 특별하기는 특별한가 보다. 여기에 대해 화이트Joe White는 아예 '다사다난했던 특별한 기간anni mirabili'이라는 표현을 쓰고 있는 것을 보면 말이다 Joe White, "1910-1914 Reconsidered," in J. E. Cronin and Jonathan Schneer(eds.), *Social Conflict and the Political Order in Modern Britain* (London, 1982), p.91.

18) *Ibid.*, p.73.

19) 펠링에게 1911~13년간의 집단적 투쟁은 '상대적으로 완전고용이 이루어진 시기의 관점에서 나타날 수 있는' 성질의 사건이었다. 그러나 이런 설명에 대하여는 비판이 가능하다. 실업률이 더욱 낮았던 1898~1900년의 기간에 파업의 횟수는 오히려 감소했기 때문이다. 펠링은 '노동자들은 명목임금과 실질임금 사이의 관계에 대해 여전히 혼란이 있었을 것'이라는 식으로 다른 역사가들이 대부분 강조하는 실질임금의 하락도 무시하고 있는데 이 점도 역시 의문을 던질 수 있는 부분이다. H. Pelling, *Popular Politics and Society in Late Victorian England* (London, 1968), p.155 ; Hyman, "Mass Organization and Militancy in Britain," pp.258, 264.

20) Eric Taplin, *Near to Revolution, The Liverpool General Transport Strike of 1911* (Liverpool, 1994), p.8.

21) J. Hinton, *The First Shop Stewards' Movement* (George Allen &Unwin, 1973), p.278.

284

22) Bob Holton, *British Syndicalism*, p.133 ; C. Wrigley, "Labour and the Trade Unions," in K. D. Brown(ed.), *The First Labour Party 1906-1914* (London, 1985), p.150 ; Branco Pribićević, *The Shop Stewards' Movement and Workers' Control 1910-1922* (Oxford, 1959), p.16.

23) G. A. Phillips, "The Triple Industrial Alliance in 1914," *Economic History Review* 24 (1971), pp.55~67 ; Hyman, "Mass Organization and Militancy in Britain," p.258.

24) Joe White, "1910-1914 Reconsidered" J. E. Cronin and Jonathan Schneer(eds.), *Social Conflict and the Political Order in Modern Britain* (London, 1982), p.74.

25) Chushichi Tsuzuki, *Tom Mann, 1856-1941, The Challenges of Labour* (Oxford, 1991), p.167.

26) 로이 처치는 피고용인당 상실한 노동일은 1890년대에 1.0이었고 1908~13년 사이는 1.4였다고 주장한다. 가장 큰 증가는 직물과 운수분야에서 나타났다. 후자의 경우 4배가 증가했다. 금속과 기계, 조선분야에서 상실한 노동일은 1.3에서 1.2로 떨어졌다. 건설분야에서 하락은 더욱 커서 1890년대에 0.7에서 1908~13년 사이 0.2로 떨어졌다. 광산에서 숫자는 6.5 노동일로 양 기간에 걸쳐 동일했다고 본다. Hamish Fraser, *A History of British Trade Unionism 1700-1998* (Hampshire, 1999), p.122.

27) R. Church, "Edwardian Labour Unrest and Coalfield Militancy, 1890-1914," *Historical Journal*, vol.30, no.4 (1987), p.857.

28) Neville Kirk, *Labour and Society in Britain and the USA*, vol.2 (Scolar Press, 1994), p.109.

29) Hyman, "Mass Organization and Militancy in Britain," p.259.

30) S. Meacham, "The Sense of an Impending Clash: English Working-Class Unrest before the First World War," *American Historical Review* 77 (1972), pp.1343~1364 ; Hyman, "Mass Organization and Militancy in Britain: Contrasts and Continuities," p.258.

31) Bob Holton, *British Syndicalism*, p.93.

32) Robert J. Holton, "Revolutionary Syndicalism and the British Labour Movement," in Wolfgang J. Mommsen, Hans-Gerhard Husung(eds.), *The Development of Trade Unionism in Great Britain and Germany, 1880-1914* (London, 1985), p.269.

33) Bob Holton, *British Syndicalism*, p.186. 다양한 세력들이 DHL에서 활동하였음을

지적하면서도 소호지부, 해머스미스지부 등에서 신디칼리스트의 활동이 두드러
지는 것으로 평가한다.

34) *Ibid.*, p.21.

35) R. J. Holton, "Syndicalist Theories of The State," *Sociological Review*, vol.28,
no.1 (Feb. 1980), p.13.

36) Joe White, "1910-1914 Reconsidered," p.91.

37) H. Perkin, *The Rise of Professional Society* (London, 1989), pp.171~172.

38) Price, *Labour in British Society*, p.154.

39) Joe White, "1910-1914 Reconsidered," p.74.

40) R. Price, "Contextualising British syndicalism, c. 1907 - c. 1920," *Labour History
Review*, vol.63, no.3 (1998), pp.265~266. 프라이스는 길드 사회주의에 대하여
'신디칼리즘을 생산주의productivism를 넘어서서 이론화해 나가 소비자와 사회생
활을 전반적으로 끌어안으려는 시도'로 간주했다.

41) Joe White, "1910-1914 Reconsidered," p.74.

42) Fraser, *A History of British Trade Unionism 1700-1998*, p.125.

43) Laybourn, *A History of British Trade Unionism*, p.106.

44) *Ibid.*, p.105.

45) Church, "Edwardian Labour Unrest and Coalfield Militancy, 1890-1914," p.848.

46) Laybourn, *A History of British Trade Unionism*, pp.105. 119.

47) Jonathan Zeitlin, "'Rank and Filism' in British Labour History: A Critique,"
International Review of Social History: 34 (1989), p.60.

48) Taplin, *Near to Revolution, The Liverpool General Transport Strike of 1911*,
p.11.

49) *Ibid.* ,p.12.

50) *Ibid.*

51) Robert J. Holton, "Revolutionary Syndicalism and the British Labour
Movement," p.268. 홀튼은 우리들이 어떤 범주에도 들어가지 않는 의식의 복잡한
층에 대해 관심을 가져야 할 것을 지적한다. 이런 지적은 분명 실재를 파악하는
타당한 방법을 말하고 있지만 과연 그러한 의식의 층을 어떻게 파악하여야

할 것인가 하는 점은 여전히 어려운 문제로 남는다.

52) Geoff Brown, "Introduction," in *The Industrial Syndicalist* (Nottingham, 1974), p.24.

53) Bob Holton, *British Syndicalism*, p.111.

54) Brown, "Introduction," p.23.

55) G. D. H. Cole, *World of Labour* (London, 1913), p.33.

56) Bob Holton, *British Syndicalism*, p.77.

57) *Ibid.*, p.97.

58) Joseph White, "Syndicalism in a Mature Industrial Setting: the Case of Britain," p.108.

59) J. E. Cronin, "Strikes and the Struggle for Union Organization: Britain and Europe," in Wolfgang J. Mommsen, Hans-Gerhard Husung(eds.), *The Development of Trade Unionism in Great Britain and Germany, 1880-1914* (London, 1985), p.66.

60) 마르셀 반 데어 린덴Marcel van der Linden은 작업장과 조직의 수준을 이데올로기적 수준과 대비시킨다. Marcel van der Linden, "Second Thoughts on Revolutionary Syndicalism," *Labour History Review*, vol.63, no.2 (1998), p.183.

61) E. Thompson, *The Poverty of Theory* (Merlin, 1978), p.199/ Marcel van der Linden, "Second Thoughts on Revolutionary Syndicalism," *Labour History Review*, vol.63, no.2 (1998), p.192에서 재인용.

62) 유사한 주장들을 찾아볼 수 있다. G. 브라운도 많은 젊은이들이 비록 신디칼리스트 이론을 충분히 알지는 못했지만 신디칼리스트 실천의 효율성을 알고 있었다고 주장함으로써 신디칼리스트적 분위기를 인정하고 있는 것을 볼 수 있다. 쓰즈키도 1911년의 운수노동자파업에서 6월은 투쟁하기에 좋은 달로서 선택되었음을 지적하면서, 운수파업에서 나타나는 자발적 요소와 계획된 요소의 수렴현상 속에서 '분위기로서의 신디칼리즘syndicalism as a mood'이 만들어졌다는 점을 인정하고 있다.
G. Brown, *Introduction to the Industrial Syndicalist* (Nottingham, 1974), p.24 ; Chushichi Tsuzuki, *Tom Mann, 1856-1941, The Challenges of Labour* (Oxford, 1991), p.155 ; Marcel van der Linden, "Second Thoughts on Revolutionary Syndicalism," *Labour History Review*, vol.63, no.2 (1998), p.183.

63) J. D. Young, *Socialism and the English Working Class, A History of English Labour 1883-1939* (London, 1989), pp.101~112.

64) Paul Thompson, *The Edwardians* (London, 1992), pp.248~249.

65) Price, "Contextualising British syndicalism, c. 1907 – c. 1920," p.267.

66) Joseph White, "Syndicalism in a Mature Industrial Setting: the Case of Britain," p.105.

67) *Ibid.*, p.106.

68) *Ibid.*, p.107.

69) Laybourn, *A History of British Trade Unionism*, p.102.

70) 아블렛Noah Ablett, 리스Noah Rees, 메인웨어링W. H. Mainwearing, 헤이W. F. Hay 등이 활동을 하였으며 이들은 플렙스Plebs연맹과 밀접한 관련을 맺고 있었다. Joseph White, "Syndicalism in a Mature Industrial Setting: the Case of Britain," p.107.

71) Bob Holton, *British Syndicalism*, p.80.

72) J. Hinton, *Labour and Socialism* (Brighton, Sussex, 1983), p.85.

73) Thompson, *The Edwardians*, p.242.

74) Bob Holton, *British Syndicalism*, p.84.

75) *Ibid.*, p.81.

76) *Ibid.*, p.82.

77) *Ibid.*, p.83.

78) *Ibid.*, p.82.

79) *Ibid.*, pp.94, 101, 106.

80) *Ibid.*, p.101.

81) Taplin, *Near to Revolution, The Liverpool General Transport Strike of 1911*, p.9.

82) Bob Holton, *British Syndicalism*, p.96.

83) *Ibid.*, p.94.

84) *Ibid.*, p.123.

85) Hinton, *Labour and Socialism*, p.89.

86) Bob Holton, *British Syndicalism*, pp.177~186.

87) *Ibid.*, p.212.

88) *Ibid.*, p.109.

89) Young, *Socialism and the English Working Class*, p.115 ; Tom Mann, *Tom Mann's Memoirs* (London, 1923), p.278.

90) Young, *Socialism and the English Working Class*, p.101.

91) Robert J. Holton, "Revolutionary Syndicalism and the British Labour Movement," p.273.

92) Hyman, "Mass Organization and Militancy in Britain," p.261.

93) *Ibid.*

94) Keith Middlemas, *Politics in Industrial Society: The Experience of the British System sicnce 1911* (London, 1979), p.66.

95) Price, *Labour in British Society*, p.153.

96) Pribicévić, *The Shop Stewards' Movement and Workers' Control 1910-1922*, p.8.

97) Max Beer, *A History of British Socialism* (London, 1940), p.363.

98) Price, *Labour in British Society*, p.153.

99) Birnbaum, "States, Ideologies and Collective Action in Western Europe," in Ali Kazanç,gil(ed.), *The State in Global Perspective, 1986; Birnbaum, States and Collective Action* (Cambridge University Press, 1988) ; Marcel van der Linden, "Second Thoughts on Revolutionary Syndicalism," *Labour History Review*, vol.63, no.2 (1998), p.189.

100) Young, *Socialism and the English Working Class*, p.114.

101) G. D. H. Cole, *British Working Class Politics 1832-1914* (London, 1950), p.226.

찾아보기